教育部人文社会科学青年项目（18XJC790001）

教育部人文社会科学研究专项任务项目（18JF111）

重庆市哲学社会科学规划项目（2018QNGL25）

小农户与现代农业有机衔接：路径和政策

路径和政策

戴中亮 蒋永穆 李苑凌◎著

A Study on Organic Connection between
Small Household Farmers and Modern Agriculture:
Paths and Policy

人民出版社

策划编辑:郑海燕

封面设计:林芝玉

责任校对:白 玥

图书在版编目(CIP)数据

小农户与现代农业有机衔接:路径和政策/戴中亮,蒋永穆,李苑凌 著.—北京:
人民出版社,2020.10
ISBN 978－7－01－022465－7

Ⅰ.①小…　Ⅱ.①戴…②蒋…③李…　Ⅲ.①现代农业-农业发展-研究-
中国　Ⅳ.①F323

中国版本图书馆 CIP 数据核字(2020)第 167753 号

小农户与现代农业有机衔接:路径和政策

XIAONONGHU YU XIANDAI NONGYE YOUJI XIANJIE LUJING HE ZHENGCE

戴中亮　蒋永穆　李苑凌　著

人民出版社 出版发行

(100706　北京市东城区隆福寺街 99 号)

北京盛通印刷股份有限公司印刷　新华书店经销

2020 年 10 月第 1 版　2020 年 10 月北京第 1 次印刷
开本:710 毫米×1000 毫米 1/16　印张:15.75
字数:220 千字

ISBN 978－7－01－022465－7　定价:68.00 元

邮购地址 100706　北京市东城区隆福寺街 99 号
人民东方图书销售中心　电话 (010)65250042　65289539

前　言

党的十九大报告指出,实现小农户与现代农业发展有机衔接是实施乡村振兴战略的内在要求。家庭经营是中国农业基本经营制度的基础,其主要载体是为数众多的小农户,而农业现代化是实现社会主义现代化的重要方面。实现小农户与现代农业发展二者有机衔接关乎乡村振兴战略的成败,是贯彻新发展理念,建立现代化经济体系的必经之路。

长久以来,小农户在农业生产经营过程中存在土地零散化、经营兼业化、劳动力老龄化、技术低度化等诸多问题,造成了小农户与现代农业发展之间的断裂:小农户既不能有效参与现代农业的生产经营活动,融入现代农业发展,又不能与现代农业各个主体形成稳定的利益联结机制,实现自身成长。因此,在坚持和完善中国农村基本经营制度的前提下,本书尝试回答:小农户与现代农业如何实现有机衔接。这一问题又可以分解为四个子问题:(1)小农户为什么要与现代农业有机衔接? (2)小农户与现代农业有机衔接的内涵是什么? (3)小农户与现代农业有机衔接的路径是什么? (4)实现小农户与现代农业有机衔接需要哪些政策措施来加以保障?

针对上述问题,结合前人的研究成果,本书将小农户与现代农业的有机衔接解读为"连接—嵌入—价值创取"三个紧密联系的动态过程,基于资源贡献型和生产经营型小农户分类,采集小农户的现实案例,进行分类比较研究,揭示了不同类型小农户连接现代农业中不同主体的结构差异,基于此差异推演出从关系型嵌入转化为结构型嵌入的演化过程,并最终实现价值创造和获取的路径。

本书的研究发现主要体现在四个方面:

第一，通过建构小农户在现代农业中的连接对象、连接工具与连接结构理论，研究发现：资源贡献型和生产经营型小农户与不同的连接对象如家庭农场、农民合作社、农业企业，会依靠不同类型的连接工具——资源链、产品链和创新链——形成不同类型的连接结构。更进一步阐明，不同连接结构的稳定性有差异，基于产品链的连接结构强于其他结构。

第二，通过解析小农户在现代农业中与连接对象的关系嵌入（由双边关系驱动）和结构嵌入（由多边关系驱动），以及由关系嵌入到结构嵌入的演进过程，研究发现：一方面，资源贡献型小农户应着重在资源链下建构关系嵌入；另一方面，生产经营型小农户则应逐步成长为家庭农场后再逐步形成关系嵌入。小农户的多重关系嵌入会在主体联结型关系延伸、资源需求型关系延伸和任务推动型关系延伸三大推动力下交织，最终形成小农户的结构嵌入。资源贡献型小农户在嵌入结构中居于边缘位置，而生产经营型小农户则可能逐步走向嵌入结构的中心位置。

第三，探析小农户如何与其他农业经营主体共同创造价值以及如何获取价值的问题，研究发现：资源贡献型小农户主要通过优化要素资源来创造价值，生产经营型小农户则主要通过优化组织资源的配置方式来增强价值创造能力。在农业产业价值链中，掌握制定资源要素或者农产品"标准"的权利，将导致小农户获取更多的价值。

第四，根据构建的小农户与现代农业有机衔接评价指标体系，政策建议为："连接"过程的政策将聚焦于强化小农户的主体意识和禀赋资源，培育多元化和开放性的连接端口，迅捷快速地搭建关系；"嵌入"过程的政策将聚焦于在资源匹配、战略合作、知识共享等方面为小农户与现代农业中的多主体提供支持，扩展、深化和交织它们间的双边与多边关系；"价值创取"过程的政策将聚焦于嵌入基础上的价值共创模式创新和合理的价值分配，优化小农户的价值创取过程。

本书是教育部人文社会科学项目"我国小农户和现代农业有机衔接的内在机理和政策选择研究"（18XJC790001）、教育部人文社会科学研究专项任务项目"新时代'强起来'的中国特色社会主义政治经济学体系构建"（18JF111）、重庆市哲学社会科学规划项目"农村'三变'改革背景下重庆小农户与现代农业有机衔接的内在机理与政策选择研究"（2018QNGL25）资助的研究成果。同时,本书得到了人民出版社编辑团队的大力支持,在此表示最诚挚的感谢!

目　　录

导　论 ……………………………………………………………… 1

　　第一节　研究背景与研究意义 ……………………………… 1

　　第二节　小农户与现代农业关系的相关研究 ……………… 3

　　第三节　研究目标和主要内容 ……………………………… 15

　　第四节　研究方法 …………………………………………… 18

第一章　核心概念与理论基础 ………………………………… 19

　　第一节　核心概念 …………………………………………… 19

　　第二节　经济学的相关理论 ………………………………… 26

　　第三节　其他学科的相关理论 ……………………………… 39

　　第四节　不同理论视角的比较与综合 ……………………… 49

第二章　小农户与现代农业有机衔接的依据 ………………… 51

　　第一节　历史回顾:演变与经验 …………………………… 51

　　第二节　现实依据:国情与农情 …………………………… 56

　　第三节　客观必然:顺势与选择 …………………………… 63

第三章　小农户与现代农业有机衔接的总体框架 …………… 75

　　第一节　小农户的类型划分 ………………………………… 75

　　第二节　小农户与现代农业有机衔接的内涵阐释 ………… 84

　　第三节　小农户与现代农业有机衔接的路径设计 ………… 87

第四章　小农户与现代农业的连接 ……………………… 105

　　第一节　连接对象 ……………………………………… 105

　　第二节　连接工具 ……………………………………… 117

　　第三节　连接结构 ……………………………………… 119

　　第四节　对连接问题的进一步思考 …………………… 140

第五章　小农户对现代农业的嵌入 ……………………… 144

　　第一节　资源贡献型小农户的关系嵌入 ……………… 144

　　第二节　生产经营型小农户的关系嵌入 ……………… 155

　　第三节　两种类型小农户的结构嵌入 ………………… 165

　　第四节　对嵌入问题的进一步思考 …………………… 175

第六章　小农户在现代农业中的价值创取 ……………… 177

　　第一节　小农户在现代农业中的价值创造 …………… 177

　　第二节　小农户在现代农业中的价值获取 …………… 184

　　第三节　小农户价值创取的现实案例 ………………… 192

　　第四节　对价值创取问题的进一步思考 ……………… 196

第七章　小农户与现代农业有机衔接的政策选择 ……… 198

　　第一节　小农户与现代农业有机衔接的评价指标体系 … 199

　　第二节　巩固小农户与现代农业的连接结构 ………… 206

　　第三节　深化小农户与现代农业的嵌入关系 ………… 213

　　第四节　优化小农户在现代农业中的价值创取机制 … 220

结　语 …………………………………………………… 227

参考文献 ………………………………………………… 234

后　记 …………………………………………………… 244

导　论

第一节　研究背景与研究意义

一、研究背景

长久以来,以家庭为单位从事农业生产的小农户是中国农业的重要经营主体。"中国是有着悠久农业文明传统的东方大国,由此型构了当代中国的一个基本国情——'大国小农',即由数亿个农户构成的农民大国;并在长期历史进程中形成了特有的'中国特性',其中包括特有的中国家户传统。"[①]在历史长河中,中国农业生产经营的单位一直是个体基础之上的家庭农户,其在封建主义内部不断复制再生,延绵不绝。几千年来都是个体经济,一家一户就是一个生产单位的历史传统,深刻影响着中国农村农业的发展方向和路径。

进入到新时代,中国农村社会经济正在发生着剧烈的变化,农业现代化是这一巨变过程中最为突出的现象之一。邓小平同志就曾指出,农业的"第二个飞跃,是适应科学种田和生产社会化的需要,发展适度规模经营,发展集体经济。这是又一个很大的前进,当然这是很长的过程"[②],这一重要思想和论断可以说为中国农业的现代化指明了发展方向。现代农业是中国建设现代化经济体系的重要组成部分,也是中国农业发展的必由之路。

---

① 徐勇:《中国家户制传统与农村发展道路——以俄国、印度的村社传统为参照》,《中国社会科学》2013年第8期。
② 《邓小平文选》第一卷,人民出版社1994年版,第355页。

在这一过程中,小农户这个农村社会中的最小"原子"也在经历震荡和裂变,他们不可避免地被卷入到一个不断扩大、不断深化、日益复杂的社会化分工体系之中,逐渐成为"社会化小农"。这一过程,一方面自然是社会经济发展的历史趋势,另一方面也是传统农业向现代农业转型的必然结果。在中国的制度环境中,兼具自给性与市场性的小农户本应是现代农业的最基础单元,但由于其在土地、雇工、资金、技术等方面的弱势,小农户既难以在市场中与家庭农场、农民合作社、农业企业等新型农业经营主体竞争,又难以长期与它们保持良好的合作关系,造成了小农户与现代农业发展之间的断裂。这一矛盾随着市场经济的不断发展日益突出,严重影响了中国农业和农村的发展。经过多年的实践探索和经验总结,党的十九大报告首次提出要"实现小农户和现代农业发展有机衔接",而对于"有机衔接"的规律挖掘与路径建构亟待深入研究。因此,本书以"小农户如何实现与现代农业的有机衔接"为研究问题,探索中国小农户与现代农业有机衔接的路径,并通过相应的政策选择来有效推进中国小农户与现代农业的共同发展。

二、研究意义

"三农"问题历来是理论界研究的热点和重点问题,特别是在党的十九大报告提出要实施乡村振兴战略之后,小农户如何在农业农村现代化的过程中与时俱进、共同发展就成为一个亟待解决的理论和现实问题。因此,本书的研究意义可以从理论意义和现实意义两个方面来说明。

在理论意义方面:(1)从动态视角将"衔接路径"分解为三个相互独立但又密切联系的过程,而不是仅仅将"衔接"解读为静态的关系状态,从而实现了静态结构分析和动态过程分析的结合,有助于通过深入挖掘小农户衔接现代农业的过程,揭示有机衔接的科学规律。(2)基于资源论观点建构对小农户的类型化研究,探究行为层面不同类型的小农户与新型农业经营主体的行为互动过程,丰富对衔接路径在微观层面的解析。(3)突破小农户和其他农业经营主体双边关系的分析局限,借助网络理论和嵌入观点,探讨它们之间的多边关系结构和嵌入过程,从而丰富小农户与现代农业关系的理论研究。(4)对小农户与现代农业有机衔接规律的理论总结,有助于构筑和丰富中国特色农业现代化道路的相关理论,创新世界农业发展的模式。

在现实意义方面:(1)以小农户的类型化为基础来探索小农户衔接现代农业的路径,有利于指导小农户因地制宜地选择和现代农业的衔接方式。(2)通过挖掘和发现小农户与现代农业之间的"结构—互动—价值获取"的过程,在中国实施乡村振兴战略的大背景下,通过制定和选择行之有效的政策措施,既有利于提升农业现代化水平,又有利于小农户通过价值分享获得快速成长,从而实现二者的共同发展,为中国农业农村发展尽到绵薄之力。

第二节　小农户与现代农业关系的相关研究

研究小农户与现代农业相关主题的文献可以说是浩瀚如烟。研究者从不同的视角、使用不同的理论框架来分析和解读小农户和现代农业的关系问题,取得了丰硕且高质的成果。"有机衔接"是党的十九大提出的全新概念,在这一概念下对小农户与现代农业的关系进行研究尚处于起步阶段,可以直接借鉴的优质研究成果还不多。因此在这部分将主要以小农户与现代农业的关系为线索对国内外的相关文献进行梳理和回顾。

一、小农户与现代农业兼容性的相关研究

小农户要与现代农业进行有机衔接,二者的兼容是前提。对于这一问题,学者们持有两种截然不同的观点。一部分学者认为小农户和现代农业是难以兼容的,黄祖辉、俞宁[1],张红宇[2],王国敏等[3]分别对小农户

---

　　① 黄祖辉、俞宁:《新型农业经营主体:现状、约束与发展思路——以浙江省为例的分析》,《中国农村经济》2010 年第 10 期。

　　② 张红宇:《中国特色农业现代化:目标定位与改革创新》,《理论参考》2015 年第 6 期。

　　③ 王国敏、翟坤周:《确权赋能、结构优化与新型农业经营主体培育》,《改革》2014 年第 7 期。

与新型农业经营主体在制度条件、生成路径、组织方式、经营绩效等方面进行了对比研究，认为传统小农户由于拥有的土地过于零散、生产方式过于落后以及组织形式和规模上的劣势，无法适应现代农业发展的要求，难以和其他新型农业经营主体相匹配；另一部分学者认为小农户实际上具有高理性和高效率，能够在农业这一特殊行业中作为一种独立的组织形式，成为现代农业不可或缺的重要组成部分。如贺雪峰等认为，中国小农户是当前农业经营的基础和主流，是符合中国农业现实情况的必然选择，应该长期坚持并不断发展[1]；对于小农户不具备规模性的弱点，罗必良[2]认为农业具有不同于工业的特殊性，从产业性质、资产构成、组织费用、市场交易方式以及利润产生方式来看，农业本身就不具有显著的规模效率。黄宗智认为中国正在经历一场"隐性农业革命"[3]，在中国特殊的土地制度背景下，小农生产具有很强的韧性，在中国农业发展中具备竞争优势；姚洋认为小农经济为现代农业培养了众多经营人才，这是现代农业不可或缺的[4]。

从上面的分析可以看出，小农户与现代农业的兼容性并没有一个统一的结论。究其原因，主要是因为学者们对小农户如何兼容现代农业的方式存在分歧，对兼容的机制还未充分理解和发现，这为后续研究工作埋下了伏笔。

二、小农户与新型农业经营主体关系的相关研究

小农户与现代农业的关系，学者们主要是从小农户与新型农业经营主体的关系来研究，其中重点是与农民合作社和农业企业的关系。

对于小农户和合作社的关系，首先学者们认为合作社最初就是一种弱者的联合[5]。合作社本质是"所有者和惠顾者统一"，其特征表现为资本有限报酬、利润按照惠顾额分配返还、坚持民主管理等。从理论上说，

---

① 贺雪峰、印子：《"小农经济"与农业现代化的路径选择——兼评农业现代化激进主义》，《政治经济学评论》2015 年第 2 期。
② 罗必良：《农地经营规模的效率决定》，《中国农村观察》2000 年第 5 期。
③ 黄宗智：《中国的隐性农业革命》，《中国乡村研究》2011 年第 8 期。
④ 姚洋：《重新认识小农经济》，《中国合作经济》2017 年第 8 期。
⑤ 林坚、黄胜忠：《成员异质性与农民专业合作社的所有权分析》，《农业经济问题》2007 年第 10 期。

合作社与小农户是天然连接在一起的,也是小农户融入现代农业的最佳途径①。然而,农民合作社理论上的制度优势并不一定能在现实中发挥。由于农民合作社在发展过程中的成员异质性现象,控制权掌握在少数成员手中,普通社员在合作社中势单力薄,"合作社在发展过程中出现了内部管理不民主、利益分配不均匀、农户参与积极性不高等问题,甚至一些'假大空'合作社套取国家财政支持"②,以至于有学者发出了"中国到底有没有真正的农民合作社"③的疑问。

对于小农户与农业企业的关系,学者们也做了非常多的分析。学者们最初认为"公司+农户"的模式体现了二者之间利益共享的关系,小农户拥有土地、劳动力要素,而公司具有资金、技术、管理、市场渠道优势,二者可以实现优势互补。④ 尽管在合作中企业占据主导地位,但也为小农户带来更大的收益。⑤

但随着这一模式的不断发展,其存在的缺陷也不断暴露出来。万俊毅⑥认为由于公司和农户之间存在信息不对称、合约不完全以及事后的败德行为,使得这一模式存在较大的风险;徐忠爱⑦通过"互动—嵌入"模型指出,如果公司和农户之间缺乏诸如信任等社会资本的支撑,关系是极为脆弱的;韩振国等认为在关系治理缺乏的情况下,由于农业生产本身的复杂性和不可控性,农户与公司之间难以长期合作⑧。从上面的研究中

① 温涛、王小华、杨丹等:《新形势下农户参与合作经济组织的行为特征、利益机制及决策效果》,《管理世界》2015 年第 7 期。

② 刘西川、徐建奎:《再论中国到底有没有真正的农民合作社——对"合作社的本质规定与现实检视"一文的评论》,《中国农村经济》2017 年第 7 期。

③ 邓衡山、王文烂:《合作社的本质规定与现实检视——中国到底有没有真正的农民合作社?》,《中国农村经济》2014 年第 7 期。

④ 李成贵:《农民合作组织与农业产业化的发展》,《河北科技师范学院学报》(社会科学版)2002 年第 11 期。

⑤ 刘凤芹:《"公司+农户"模式的性质及治理关系探究》,《社会科学战线》2009 年第 5 期。

⑥ 万俊毅:《"公司+农户"的组织制度变迁:诱致抑或强制》,《改革》2009 年第 1 期。

⑦ 徐忠爱:《"农联模式"的产权结构和治理机制——基于公司与农户契约关系的视角》,《山西财经大学学报》2009 年第 9 期。

⑧ 韩振国、刘启明、李抬娣等:《社会资本与治理视角下"公司+农户"养殖模式契约稳定性分析》,《农村经济》2014 年第 8 期。

可以看出，"公司+农户"模式最大的问题在于两点：一是相互违约现象非常普遍；二是双方会尽可能攫取对方的准租金从而实现自身利益最大化。

小农户和家庭农场的关系，是一个非常有意思的研究主题，当前学者在这方面也做了一些探索和研究。首先，学者一致认为，家庭农场是不同于传统小农户的新型农业经营主体。与小农户相比，家庭农场具有适度规模化、生产标准化、经营市场化、管理现代化的典型特征①②。其次，在小农户与家庭农场的关系上，学者们认为家庭农场要发展，最重要的就是要解决家庭农场发展所需资源要素的来源问题③。第一要解决土地规模问题，只有适度规模化才能发挥家庭农场的优势，这是通过从小农户手中流转土地而实现的④。第二就是雇佣劳动力问题。虽然家庭农场以家庭劳动力为主，但随着家庭农场规模的扩大，雇佣劳动力会成为现实需要。郭亚萍分析了家庭农场不同发展阶段对雇佣劳动力的需求问题⑤，认为随着家庭农场不断的成长，雇佣劳动力的数量会不断增加；杨柳和万江红⑥则从家庭农场主的身份和资产专用性两个维度对家庭农场进行了类型划分，指出无论哪种类型的家庭农场，它的雇佣劳动力的主要来源都是当地农民，其模式一般为当地农民将土地经营权流转给家庭农场主，同时受雇于该家庭农场。最后，是家庭农场主的形成和来源。学者认为，在社会经济发展过程中，小农户之间发生了分化，一部分有知识、有见识、有能力的农民在农业生产经营领域看到了机会，通过土地流转、投入资金、雇佣劳动力变成了"专业大户"，进而在国家政策的带动下成立家庭农场⑦。因此小农户和家庭农场之间存在天然的联系，家庭农场是由小农户发展而来。

---

① 高强、刘同山、孔祥智：《家庭农场的制度解析：特征、发生机制与效应》，《经济学家》2013 年第 6 期。

② 伍开群：《家庭农场的理论分析》，《经济纵横》2013 年第 6 期。

③ 陈明鹤：《论新型农业生产经营主体：家庭农场》，《农村经济》2013 年第 12 期。

④ 苏昕、刘昊龙：《中国特色家庭农场的时代特征辨析》，《经济社会体制比较》2017 年第 2 期。

⑤ 郭亚萍：《家庭农场中新型雇佣制度探析》，《改革与开放》2008 年第 11 期。

⑥ 杨柳、万江红：《生产要素、身份特征与家庭农场组织形态》，《改革》2018 年第 1 期。

⑦ 姜涛：《家庭农场在新型农业经营体系中的作用解析》，《中州学刊》2017 年第 1 期。

虽然小农户和家庭农场存在天然的联系,但二者之间的关系依然存在诸多不稳定因素。第一,学者们普遍提及的共同问题就是土地流转问题。①② 土地流转不规范、成本高、不稳定的现象,使得家庭农场和小农户就土地流转问题进行协商时比较艰难,通常只能借助社会关系来润滑。一方面,小农户出让土地只能获得较少的固定租金,如果要价太高则会受到村委会的压力③,家庭农场也无法承受。另一方面,在土地流转后如果家庭农场经营不善,则会连带损害小农户的利益,这也阻碍了土地流转。第二,在劳动力的提供上,由于家庭农场规模有限以及农业经营本身的弱质性,经营利润有限,提供的雇佣工资比较少,低于城市中的平均水平,因此雇佣的劳动力素质较低④,职业农民的数量远远不够⑤。第三,经过最近几年家庭农场大规模发展之后,家庭农场的绩效并不尽如人意⑥。张德元等讨论了家庭农场主的个体特征对组织绩效的影响,指出"农场经营者的管理经验与家庭农场经营绩效之间呈显著的正相关关系,农场经营者的农业生产技能对其管理经验和农场绩效起正向调节作用;农场经营者的农业生产技能对农场经营绩效的提高有显著影响"⑦。这说明小农户向家庭农场的过渡并非一个容易的过程,多数小农户并不具备上述个体特征。

除了从经济学角度研究,学者们还结合新经济社会学中的"内嵌性"理论,对小农户与新型农业经营主体的关系进行了研究。饶旭鹏认为"国家对农户经济行为的影响就不是一种使动和受动关系,而是国家通

---

① 王贻术、林子华:《土地集体所有制下的家庭农场生产经营方式研究》,《福建论坛》(人文社会科学版)2013年第7期。

② 韩朝华:《个体农户和农业规模化经营:家庭农场理论评述》,《经济研究》2017年第7期。

③ 杨柳、万江红:《生产要素、身份特征与家庭农场组织形态》,《改革》2018年第1期。

④ 刘婧、王征兵、张洁:《家庭农场的个体差异、要素投入与规模经济研究——基于山西省109家果蔬类家庭农场的实证分析》,《西部论坛》2017年第3期。

⑤ 高海:《美国家庭农场的认定、组织制度及其启示》,《农村经营管理》2017年第1期。

⑥ 孔令成、郑少锋:《家庭农场的经营效率及适度规模——基于松江模式的DEA模型分析》,《西北农林科技大学学报》(社会科学版)2016年第5期。

⑦ 张德元、李静、苏帅:《家庭农场经营者个人特征和管理经验对农场绩效的影响》,《经济纵横》2016年第4期。

过某种方式嵌入农户经济行为系统内部,改变农户各生产要素和消费品的配置方式,引起农户经济行为系统的效能变迁,从而影响农户经济行为的模式。反过来讲,农户的经济行为也可以理解为对国家权力这种外部力量的自觉反应过程。因此,嵌入实际上不是单向的,而是双向互嵌过程"[1]。张桂颖等从政治嵌入、认知嵌入、文化嵌入、网络嵌入分析了农户的土地流转行为[2],认为网络规模和网络密度、关系强度和关系质量、网络同质性等因素会影响小农户的土地流转行为。张蒙萌和李艳军[3]则运用社会网络理论和案例研究,说明农户与农资零售商的信任关系是基于各自的网络以及网络地位产生的。万江红和杨柳研究了农村金融组织的形态,认为农村金融形态所嵌入的社会结构与制度结构既决定了其自身的组织特征[4],也影响了农民对金融资源获取路径的偏好。任芃兴和陈东平[5]认为农户的资金借贷行为是在"嵌入性"理论框架范围内,根据社会资本禀赋进行匹配的结果,验证了社会关系网络在这一过程中的作用。王进和赵秋倩[6]则研究了在"合法性"这个视角上农户和合作社的关系,认为合作社集经济实力、组织认同、权威基础于一体的性质会影响到与农户之间的关系。徐忠爱[7]提到了社会资本在农户和农业企业契约关系中的重要性,并分析了社会资本嵌入这一关系的条件与机制。谢家平等[8]

---

① 饶旭鹏:《嵌入性视角中的国家与农户经济行为——以甘肃乔村为例》,《广西社会科学》2013 年第 8 期。

② 张桂颖、吕东辉:《乡村社会嵌入与农户农地流转行为——基于吉林省 936 户农户调查数据的实证分析》,《农业技术经济》2017 年第 8 期。

③ 张蒙萌、李艳军:《农户"被动信任"农资零售商的缘由:社会网络嵌入视角的案例研究》,《中国农村观察》2014 年第 5 期。

④ 万江红、杨柳:《农村金融的组织形态、运作逻辑与结构嵌入》,《南通大学学报》(哲学社会科学版)2016 年第 3 期。

⑤ 任芃兴、陈东平:《农村民间借贷行为中农户社会资本匹配研究——关系嵌入视角》,《现代财经》2014 年第 9 期。

⑥ 王进、赵秋倩:《合作社嵌入乡村社会治理:实践检视、合法性基础及现实启示》,《西北农林科技大学学报》(社会科学版)2017 年第 5 期。

⑦ 徐忠爱:《社会资本嵌入:公司和农户间契约稳定性的制度保障》,《财贸经济》2008 年第 7 期。

⑧ 谢家平、刘鲁浩、梁玲等:《农业社会企业价值网络协同机理:社会嵌入视角的实证分析》,《财经研究》2017 年第 10 期。

通过引入关系嵌入和结构嵌入机制,探究了农业企业基于传统订单式农业的商业模式创新,认为这有利于农户和农业企业利益的捆绑。与其他学者研究嵌入性问题时强调非经济性因素不同,赵光勇[1]强调了农村社会中经济嵌入的重要性,认为经济利益已经成为农民行为的心理基础。速水佑次郎(Hayami)[2]基于资源禀赋的动态变化,研究了小农户与农业企业的匹配关系,在社会网络的基础上把前人对小农户和其他农业经营主体的关系由静态均衡发展为动态均衡。费斯(Faysse)等[3]以墨西哥的牛奶产业为例,研究了农户在不同的政治和文化环境下与农业企业联系的不同模式,并提到了社会关系对模式选择的重要性。

理论界探讨小农户和现代农业关系是非常广泛的,也取得了很多成果。从上面文献梳理中可以看出,小农户与农民合作社、农业企业等新型农业经营主体的关系并不稳定,小农户在现代农业发展中总是处于比较尴尬的位置。要理顺小农户和新型农业经营主体的关系,就要从小农户的资源禀赋条件入手,结合中国农业的宏观制度背景,清晰阐明小农户与农民合作社、农业企业和家庭农场之间关系的内涵,即这些新型农业经营主体对小农户有什么样的需求,小农户又对它们有什么样的要求,二者能否进行资源的相互匹配,以及这种匹配以什么形式体现出来。

"嵌入性"理论在农户与现代农业关系上的应用是广泛且深入的。理论界在考察和探究小农户在现代农业中的行为时,认为经济利益不是唯一的因素,社会资本等非经济因素已经成为学者们关注的重点,深化了对农业中组织行为的理解和认识。但当前研究依然有不足之处,下面几个方面是值得进一步扩展的:(1)大多数文献都涉及了"关系型嵌入"或

---

① 赵光勇:《经济嵌入与乡村治理——来自浙江农村的思考》,《浙江学刊》2014 年第 4 期。

② Hayami Y., "On the Use of the Cobb-douglas Production Function on the Cross-country Analysis of Agricultural Production", *American Journal of Agricultural Economics*, 1970, Vol. 52, No.2, pp.327-329.

③ Faysse N., Srairi M. T., Errahj M., "Local Farmers' Organisations: A Space for Peer-to-Peer Learning? The Case of Milk Collection Cooperatives in Morocco", *Journal of Agricultural Education & Extension*, 2012, Vol.18, No.3, pp.285-299.

者"结构型嵌入"，把二者综合起来研究的很少，但现实中这二者是并存并相互影响的。因此"关系型嵌入"和"结构型嵌入"的相互关系以及这一关系是如何演变的，还需要进一步研究；(2)多数文献都把"嵌入性"作为一个既存事实来对待，并在此背景下来分析小农户与现代农业的关系，很少有文献去探讨这种嵌入性的形成过程和机制，嵌入过程缺乏合理的微观解释；(3)多数文献的研究思路都是聚焦于制度性要素或者已有的社会关系网络对组织间关系的影响，即在"嵌入环境—组织行为"的框架中进行研究，鲜有文献注意到经济主体主动性的行为对社会关系的影响，即对"组织行为—嵌入环境"的框架研究较少；(4)由于当前研究对小农户的资源禀赋没有进行详细的探讨和分型，所以对小农户的嵌入行为只能做笼统的研究，没有针对小农户的资源禀赋特点来分析不同嵌入关系和结构的特点、条件以及它们发生效果的机制。

三、小农户在现代农业中价值创造和分配的相关研究

对于小农户价值创造和分配问题的文献回顾，可以从两个方面来进行。一方面是组织价值创造和分配的一般性理论，另一方面是小农户在农业中价值创造和分配问题。

"价值链"这个概念是由波特(Porter)在1985年率先提出的，他把其描述成一个企业用以"设计、生产、销售、交货以及维护其产品"的内部过程或作业。海因斯和李奇(Hines P.和Rich N.)则从企业协同的角度来定义价值链，重视"价值链各个环节的交互作用和影响"①，这大大深化人们对价值链的认识。瑞波特(Rayport)等人强调了信息技术对价值创造的作用②，并提出了"虚拟价值链"的概念。其后，学者们在价值链概念的基础上，提出了"价值网"概念。即价值传递的方式由原来的链式结构变为

---

① Hines P., Rich N., " Outsourcing Competitive Cdvantage: The Use of Supplier Associations", *International Journal of Physical Distribution & Logistics Management*, 1998, Vol.52, No.7, pp.524-546.

② Rayport J.F., Sviokla J.J., "Managing in the Marketspace" *Harvard Business Review*, 1994, Vol.72, No.6, pp.141-150.

错综复杂的网式结构,强调了各个参与主体之间的交互影响。

对于价值创造问题,以波特和奈特(Knight)为代表的过程活动观认为价值创造并不源于资源本身,而是源于组织的经营活动和管理过程,是组织行为的结果。但这一观点受到了资源基础观的挑战,蒙哥马利(Montgomery)①、皮特瑞夫(Peteraf)②等人在考察了组织所具有的资源禀赋之后,认为企业战略的选择是由资源驱动的,独特资源本身就具有价值,是组织创造价值的基础。持有这一观点的学者把企业价值创造的过程视为寻求"租"的过程,而租等同于由稀有性、所有权和有价值资源所获得的价值剩余③。当前的趋势是对上述两种观点进行整合,认为价值创造既来自独特的资源,包括知识、技术诀窍、社会关系以及其他难以描述的独特资源,也来自进行联合、处置、合并、获取、合资等资源合作的过程。

和价值创造问题相比,学者们认为价值获取问题同样重要。波多尼(Podolny)④认为组织的一个重要任务就是要将创造的价值进行合理的分配,价值应被分配到创造价值的单位,才能更好地促进价值链的发展。马科夫斯基(Makowski)和奥斯特罗伊(Ostroy)⑤也认为从经济学的角度看,完美竞争就是要让经济单元得到其所创造的价值。学者们认为,在价值链中成本和收入是"一个硬币的两面",因此价值获取问题的核心是中间品的定价问题。托马斯(Thomas)首先对中间产品转移的定价进行了开创性的研究,提出用边际成本定价法是最优的。瓦伊斯曼(Vaysman)⑥提

---

① Lieberman M. B., Montgomery D. B., " First Mover Advantage", *Strategic Management Journal*, 1998, Vol.9, No.S1, pp.41–58.

② Peteraf M. A., "The Cornerstones of Competitive Advantage: A Resource-based View", *Strategic Management Journal*, 1993, Vol.14, No.3, pp.179–191.

③ 窦炜、施军、魏建新:《价值链理论与应用研究述评》,《中国管理信息化》2013 年第2 期。

④ Joel M., Podolny, "Networks as the Pipes and Prisms of the Market", *American Journal of Sociology*, 2001, Vol.107, No., pp.33–60.

⑤ Makowski L., Ostroy J. M., "Perfect Competition and the Creativity of the Marke", *Journal of Economic Literature*, 2001, Vol.39, No.2, pp.479–535.

⑥ Vaysman I., "A Model of Cost-Based Transfer Pricing", *Review of Accounting Studies*, 1996, Vol.1, No.1, pp.73–108.

出信息不对称条件下的中间品应按照成本加成定价，考虑了信息和代理人的价值获取问题。萨海（Sahay）[1]认为组织价值获取与上游企业的投资形式有关，其决定了组织价格加成的比例。除了中间品定价问题之外，安德森（Anderson）和埃里克（Eric）[2]还讨论了供应链中各个利益主体利益分配的机制设计问题。廖成林和孙洪杰[3]认为价值链的稳定性取决于链上各个主体的利润分配机制。夏皮罗（Shapiro）[4]使用了两阶段博弈模型研究产业组织价值获取问题。

小农户在现代农业中如何获得利益也是学者们关注的话题。刘西川和陈恩江[5]认为大量的小农户能够从价值链主导的现代农业中获益。米运生和罗必良[6]注意到小农户所拥有的普通资源能够通过农业企业导入价值链的高端环节，从而产生额外的价值增值。姜长云[7]从新型农业经营主体、农业生产性服务业、农业产业组织体系三个方面阐明了提高农户家庭经营在价值链中的地位和作用。洪银兴和郑江淮[8]认为可以通过将现代化的生产过程与标准运用到小农户传统的生产活动之中从而产生价值，或者农户将土地、劳动力资源用于高附加值的价值链中来获得更大收益。董翀[9]以奶业价值链为例量化研究了农户的资本、劳动力等资源禀

---

[1] Sahay B.S., "Supply Chain Collaboration: The Key to Value Creation", *Work Study*, 2003, Vol.52, No.2, pp.76-83.

[2] Anderson, Eric T., "Sharing the Wealth: When Should Firms Treat Customers as Partners?", *Management Science*, 2002, Vol.48, No.8, pp.955-971.

[3] 廖成林、孙洪杰：《均势供应链及其利润分配机制探讨》，《管理工程学报》2003年第4期。

[4] Shapiro C., "The Theory of Business Strategy", *Rand Journal of Economics*, 1989, Vol.20, No.1, pp.125-137.

[5] Liu X., Cheng E., "Chinese Agricultural Value Chain Finance: Typical Cases and Theoretical Implication", *Finance & Trade Economics*, 2013, Vol.34, No.8, pp.47-57.

[6] 米运生、罗必良：《契约资本非对称性、交易形式反串与价值链的收益分配：以"公司+农户"的温氏模式为例》，《中国农村经济》2009年第8期。

[7] 姜长云：《关于构建新型农业经营体系的思考——如何实现中国农业产业链、价值链的转型升级》，《人民论坛·学术前沿》2014年第1期。

[8] 洪银兴、郑江淮：《反哺农业的产业组织与市场组织——基于农产品价值链的分析》，《管理世》2009年第5期。

[9] 董翀：《农业产业价值链金融、价值链组织与农户技术采纳》，《农村经济》2017年第12期。

赋条件,以及农户的社会资本对融入价值链的影响、对提升价值贡献的影响。李宇和杨敬[1]研究了农业企业主导下农户融入价值链的条件,指出农户的资金、技术和资源等要素和合作模式的匹配是关键。赵晓飞和李崇光[2]运用演化博弈研究了农户和龙头企业的利益分配问题;涂国平和冷碧滨[3]则使用契约稳定性模型揭示了农户和公司利益分配机制。梁雯、陈广强和袁帅石[4]基于讨价还价博弈模型推演了农户与农产品加工中心利益分配的均衡契约。

上述研究的理论构建是非常充分的,方法上也多有创新之处。值得进一步深入研究的地方是:第一,中国的国情与国外有较大的区别,特别是农业产业方面更是具有独特性,如果直接运用国外的理论,将会忽视掉中国农业中的诸如地少人多、技术落后等特殊约束,从而降低理论的实用性;第二,当前大多数的文献在研究农业组织的价值创造问题时,对小农户的重视程度不够,过度关注了新型农业经营主体的作用,对小农户在价值链中的独特作用没有进行深度挖掘;第三,当前的文献是一种以核心企业为中心的视角,并假定组织间的契约都能够得以履行,这显然并不符合现实。

四、小农户与现代农业关系的进一步思考

从上面对小农户与现代农业关系的综述可以看出,学者们从不同的角度、不同的内容、不同的层面已经进行了大量的研究,并取得了非常丰硕的成果。但就本书主题而言,当前已有的研究成果还需要在下面两个方面拓展。

---

① 李宇、杨敬:《创新型农业产业价值链整合模式研究——产业融合视角的案例分析》,《中国软科学》2017年第3期。
② 赵晓飞、李崇光:《农产品供应链联盟的利益分配模型与策略研究》,《软科学》2008年第5期。
③ 涂国平、冷碧滨:《基于博弈模型的"公司+农户"模式契约稳定性及模式优化》,《中国管理科学》2010年第3期。
④ 梁雯、陈广强、袁帅石:《"农户——农产品加工中心"二级供应链激励契约研究——基于Rubinstein讨价还价博弈模型》,《哈尔滨商业大学学报》(社会科学版)2017年第2期。

第一，小农户与现代农业的关系问题从来都不是一个新问题，如何理解党的十九大提出来的"有机衔接"，当前理论界并没有一个统一的看法和认识。显然，它不同于连接，也不同于融入，当然更不是要在现代农业的发展中放弃小农户。以农户为基本单元的家庭经营模式，依然是中国农村基本经营制度的核心，是中国将要长期存在的农业生产经营方式。虽然当前的研究涉及了小农户与合作社、农业企业等新型农业经营主体的关系，但对于小农户是否能够适应现代农业的发展要求这一问题，不同的研究者有不同的看法。究其原因，正是因为尚未寻找到小农户在现代农业中的接入端口、作用定位、发展方向和成长路线，所以政界、学界、社会界才会对小农户与现代农业的关系问题有疑惑和争论。换言之，现在亟须构建一幅更为精细的小农户和现代农业关系的图景，来促进小农户在现代农业中不断地成长、融合，使其成为中国农业现代化发展中最具活力的微观单元，才能更好地坚持和完善中国的农村基本经营制度。

第二，从当前的研究来看，小农户在现代农业中是处于被动和弱势的一方，经常被视为现代农业发展中的"累赘"。部分文献把小农户作为"一个一个的人"来看待，而没有注意到小农户并不等同于农民个体，其是一个"五脏俱全"，内部有分工、有结构、有目标的完整组织。进一步，家户制作为中国的本源型传统，"本身具有很强的张力，对于整个现代社会的发展具有本源性，是整个社会发展的基础性制度"[①]。基于此，笔者认为对小农户的认识应该更深刻、丰富和完整。具体而言，首先，应该注意到小农户所拥有的资源的独特性，即除了土地、劳动力等显性要素之外，还应挖掘小农户所拥有的经营能力、冒险精神、农技诀窍等隐形资源要素和环绕在他们周围由血缘、亲缘和业缘关系形成的乡村网络关系，以及它们通过小农户这种独特组织转换后所展现出来的独特价值。其次，小农户和新型农业经营主体的关系，还应视为一种组织间的关系。小农户的行为，并不简单地等同于个体的行为，而应该是农户家庭中所有成员

---

① 徐勇：《中国家户制传统与农村发展道路——以俄国、印度的村社传统为参照》，《中国社会科学》2013 年第 8 期。

行为的集合,某种程度上体现为一种组织行为,这种组织行为不仅受制于个体行为规则,还应遵循组织行为的规范。最后,如果小农户还没有被作为一个组织来认真看待,那么小农户这种组织与外部环境之间的关系也就被当前的研究所忽视了。根据新制度主义经济学的观点,小农户、新型农业经营主体及其相互之间的关系结构,会受制于环境的影响。上述这些都需要在前人成果的基础上进一步研究。

第三节　研究目标和主要内容

一、研究目标

本书研究的目标将聚焦于两点:衔接路径和政策选择。从逻辑上讲,只有搞清楚了小农户和现代农业是如何衔接在一起的,才能采取政策措施让二者更好地衔接在一起,即在"衔接路径"基础之上进行"政策选择"。具体而言,本书的目标如下:

目标一:结合世界农业发展的总体趋势和中国农业发展的现实情况,阐释作为农业基本生产单元的小农户需要与现代农业进行有机衔接的客观依据;

目标二:根据党的十九大报告中关于"实现小农户和现代农业发展有机衔接"的要求,阐释小农户与现代农业有机衔接的内涵,建构小农户和现代农业有机衔接的理论分析框架;

目标三:剖析小农户与现代农业有机衔接的耦合方式和结构关系,阐明有机衔接各个环节的运行方式;

目标四:提出有利于促进小农户与现代农业有机衔接的政策措施,促进小农户与现代农业的共同发展。

二、主要内容

本书将基于过程视角,将"衔接"解读为"连接—嵌入—价值创取"三个动态过程,深入解析小农户与现代农业衔接路径的形成过程与作用规律。"连接"是小农户寻找接入现代农业的端口，并与之建立初步联系的过程，主要解决"和谁连接""如何连接"的问题；"嵌入"是在初步联系基础上深化、稳固、发展连接关系的过程，主要解决"关系深化"和"发展融合"问题；"价值创取"是小农户在现代农业中与其他参与主体共同创造价值，并最大程度地获取利益的过程，主要解决小农户的"价值创造"和"价值获取"问题。

具体而言，本书的主要内容安排如下：

导言介绍了研究背景、选题意义、文献综述、研究目标与内容、研究方法等。

第一章首先对本书涉及的基本概念进行了界定，明确研究的对象与范畴；其次对研究主题所涉及的相关理论进行介绍和阐述。

第二章从中国农业发展的过往经验、现实情况、未来趋势三个方面论述小农户与现代农业有机衔接的客观依据。

第三章在划分小农户类型的基础上，构建了小农户与现代农业有机衔接的总体路径框架，阐释了小农户与现代农业有机衔接的内涵，对小农户衔接现代农业的动态过程——连接问题、嵌入问题和价值创取问题——进行了理论上的阐释，并分别搭建分析三个问题的子框架。

第四章研究小农户接入现代农业的连接对象、连接工具和连接结构。作为单个小农户，要接入包含多主体、复杂关系的现代农业，需要找寻可接入的连接点。本章在农业产业组织理论的基础上，首先从家庭农场、合作社、农业企业三个方面识别现代农业中的连接对象，着重分析它们的连接动机、利益诉求与行为方式，解决小农户"和谁连接"的问题。进一步，本章还将在前一章的基础上剖析不同类型小农户与前述对象的动机耦合过程，形成对要素驱动的资源链、能力驱动的产品链和科技驱动的创新链的理论解释，建构不同类型小农户与不同连接对象的多种连接结构，解决"如何连接"的问题。

第五章研究小农户嵌入现代农业的嵌入类型与过程。本章采用组织经济学中的"嵌入"观点，首先，建构现代农业产业组织背景下产业嵌入的理论维度,主要从双边主体为主的"关系嵌入"与多边主体为主的"结构嵌入"角度,形成对小农户嵌入现代农业的理论概念解析。其次,本章将分析小农户与现代农业中单个连接主体的关系嵌入过程,探讨双边"关系深化";进而探讨小农户经由关系嵌入单个主体,到多个主体的结构嵌入过程,揭示小农户与现代农业中多主体间如何形成错综复杂的多边关系,从而探讨多主体"发展融合"问题,以建立对小农户深度嵌入现代农业的过程分析。

第六章研究小农户参与现代农业过程中的价值共创与价值获取问题。从连接走向嵌入,小农户取得了在现代农业中的主体位置,然而参与现代农业的价值创造并获取价值才是驱动小农户获得成长的关键。因此,本章借鉴组织经济学中的价值创造和价值分配理论,首先分析小农户在现代农业产业价值链中所从事的价值活动以及其他主体的价值活动配置,探讨小农户与现代农业多主体共创价值的多种方式。在此基础上,结合"合作造饼、竞争分饼"的竞合理论,分析小农户如何通过提升自身能力,分割现代农业产业价值链所创造的价值,建构对价值获取方式和过程的理论解释。

第七章研究小农户与现代农业有机衔接的政策选择问题。本部分首先构建了一套包含3个一级指标、6个二级指标和25个三级指标的评价指标体系,以期对小农户与现代农业有机衔接的三个动态过程以及整体衔接状况进行评价,并以此为基础推动政策选择。具体而言,"连接"过程的政策将聚焦于培育多元化和开放性的现代农业连接端口,强化小农户的主体意识和禀赋资源,使小农户更为便捷、快速地与现代农业建立连接关系;"嵌入"过程的政策将聚焦于为小农户与现代农业中的多主体在资源匹配、战略合作、知识共享等方面提供支持,使它们之间的双边关系和多边关系进一步的扩展、深化和交织;"价值共创"过程的政策将聚焦于鼓励共创价值模式的创新和小农户合法权益的保护,使小农户更好地参与价值创造过程和分享价值。

结语部分对本书的主要研究结论进行回顾与总结,归纳本书的基本观点,讨论本书存在的不足之处以及对未来进一步的研究进行展望。

第四节　研究方法

一、文献研究法

通过文献梳理,采用元分析研究,建构对小农户和新型农业有机衔接的整体框架、步骤过程、内在联系,以及异质性小农户的类型和特征等问题的理论维度分析与解释。

二、案例研究法

采用案例分析,优化并建构小农户和新型农业经营主体连接的动机耦合、小农户对多元化连接对象和连接工具的选择机制等问题的理论维度;分析小农户关系嵌入和结构嵌入的交织、小农户价值获取的方式和过程等问题。

三、数理研究法

运用数理分析的研究方法,构建小农户关系嵌入模型、小农户价值获取博弈模型等,解决小农户与现代农业有机衔接的指标体系的赋权问题,并对上述理论分析进行了印证。

第一章　核心概念与理论基础

第一节　核心概念

一、小农户

小农户，是人类历史上迄今为止最久远、最基本的集社会、经济和文化功能于一体的最小组织，是农民进行生产活动、家庭生活、社会交往的最基本单元。在学术研究中，理论界目前对小农户并没有一个统一的确定性认识和概念。一般而言，对于小农户的界定可以从小农户生产的客体、小农户的主体，以及二者的相互结合这三个角度来进行。

小农户生产的客体角度，即是从农民所拥有的土地规模、农具农机数量、劳动力的范围等广义劳动对象方面去界定小农户。美国的《不列颠简明百科全书》把"农民（Peasant）"定义为"耕种土地的小土地所有者或农业劳工"[1]。《中国大百科全书》认为小农户是"建立在生产资料私有制的基础上，从事小规模耕作的个体农民"。世界银行则从土地规模的角度，认为土地经营规模在 30 亩以下的统称为小农户。艾利思（Ellis）认为小农"主要是从农业生产中获得生活资料、在农业生产中主要利用家庭劳动的农户。农民部分地参与不完全或不全面的投入和产出市场"[2]。弗里德曼（Friedman）将"小农"定义为"首先是使用家庭劳动力——并由

---

① 美国不列颠百科全书公司：《不列颠简明百科全书》，中国大百科全书出版社 2014 年版，第 335 页。

② ［英］艾利思：《农民经济学：农民家庭农业和农业发展》，胡景北译，上海人民出版社 2006 年版，第 14 页。

此以家庭作为生产单位——来主要为生存而进行生产，其次是依赖于非商品化的关系进行家庭再生产"①。

小农户的主体角度，即是从主体意识、行为特征等方面去界定小农户。舒尔茨(Schultz)在《改造现代农业》一书中指出，小农户是在配置农业生产资料、进行经济社会交往和参与集体行动时的理性经济人，其可以通过新古典经济学所提出的成本收益计算来实现家庭福利最大化。恰亚诺夫(Chayanov)在考察了俄罗斯农业和斯科特在考察了亚洲部分地区的农村农业状况之后，认为小农户其实质是一种"自我剥削"者，农业产出仅仅能满足自身的生存需要，和赢利动机比较起来，小农户是更看重生存需要、风险规避和伦理道义的社会经济人②③。黄宗智在考察了中国华北地区农民的情况之后，认为小农户是在耕地不足和就业机会匮乏的既定约束下，为求生存而作出理性选择的综合体，即"综合小农"。④ 苟建华认为，小农户一般为家庭农户构成的生产联合组织，其只有农业生产功能但没有涵盖农产品的再次加工、销售等方面。⑤

界定小农户的第三个角度，是综合了前面两种视角和思想，从主客体的角度全面审视小农户。马克思指出，小农"这种生产方式是以土地和其他生产资料的分散为前提的。它既排斥生产资料的积聚，也排斥协作，排斥同一生产过程内部的分工，排斥对自然的社会统治和社会调节，排斥社会生产力的自由发展"⑥。恩格斯亦指出，"我们这里所说的小农，是指小块土地的所有者或租佃者——尤其是所有者，这块土地既不大于他以自己全家的力量通常所能耕种的限度，也不小于足以让他养家糊口的限度"⑦。沃尔夫(Wolf)在研究了拉丁美洲的农业之后，认为小农是"一些

---

① Friedman H., "Household Production and the National Economy: Concepts for the Analysis of Agrarian Formations", *Journal of Peasant Studies*, 1980, Vol.7, No.2, pp.158-184.

② [俄]恰亚诺夫：《农民经济组织》，萧正洪译，中央编译出版社1996年版，第67页。

③ [美]斯科特：《农民的道义经济学》，程立显、刘建译，译林出版社2013年版，第39—40页。

④ [美]黄宗智：《华北的小农经济与社会变迁》，中华书局2000年版，第84页。

⑤ 苟建华：《基于小农户组织化的农产品供应链优化探究》，《当代经济》2007年第2期。

⑥ 《马克思恩格斯选集》第2卷，人民出版社2012年版，第298页。

⑦ 《马克思恩格斯选集》第4卷，人民出版社2012年版，第358页。

耕作者,他们的剩余被转移到统治者群体中,后者用这些剩余巩固了自己的生活水平……而耕作者附庸于他社会阶层之外的权势拥有者"①。付会洋与叶敬忠认为中国"小农"是指这样的群体或个人的组合:他们拥有自己的土地(以"集体所有,家庭承包"的名义而拥有),生产和生活资料私有,生产生活不完全商品化,劳动产品部分自给部分供给市场;处于一个以血缘关系为纽带的地缘政治村落中;有自己独特的文化认同和丰富的地方性知识。② 杨华提出"小农户的特点为小规模的经营主体方式,精耕细作式的农业耕作,农副业结合的家庭经济,家庭内部的男女劳动性别分工,劳动密集型的生产传统等"③。杜鹏从生产关系出发,提出了小农户生产的社会性,并把其作为理解小农生产行为的一把钥匙。④

从上述三个视角对小农户的界定可以看出,第一和第二个视角强调了小农户的经济属性,其中第一个视角重点放在小农户经济性的外部表现,即土地规模、农机数量、雇工范围等可量化的资源上。第二个视角重点放在小农户经济性的内在表现,即小农户"理性"的内涵到底是什么,并以此为基础来刻画和解释小农户的行为。上述两个视角所界定的小农户具有统一性,第一视角是第二视角下小农户行为逻辑的结果。第三视角与它们有明显差异,更强调小农户的社会性,重点在于绘制小农户与整个社会经济的关系图景,谓之"社会化小农"。这一概念用来描述农民生产、生活和交往都被卷入"社会化"大分工网络的现象,强调了小农户和外部社会化体系之间的关系。⑤ 除此之外,其他一些学者也从当代小农户特征的归纳中提出了一些相应的概念,比如"市场化小农""过渡小农"

① 潘璐:《"小农"思潮回顾及其当代论辩》,《中国农业大学学报》(社会科学版)2012年第2期。
② 付会洋、叶敬忠:《论小农存在的价值》,《中国农业大学学报》(社会科学版)2017年第1期。
③ 杨华:《论中国特色社会主义小农经济》,《农业经济问题》2016年第7期。
④ 杜鹏:《社会性小农:小农经济发展的社会基础——基于江汉平原农业发展的启示》,《农业经济问题》2017年第1期。
⑤ 徐勇、邓大才:《社会化小农:解释当今农户的一种视角》,《学术月刊》2006年第7期。

"去自给化小农""后工业化小农"等。①

纵观不同学者对"小农户"这一概念的理解，至少可以归纳出两个方面的结论：一方面，不同学者之所以会得出不同的小农户的概念，一个重要的原因就是小农户在不同的历史时期、不同的制度环境中会呈现出不同的多面性特征，当人们试图从这些差异性的特征中抽象出小农户的一般性概念时，就会导致概念的差异性。换言之，小农户的概念并不是固化的、一成不变的，其必然随着外部环境的变化而呈现出动态性；另一方面，小农户概念的多变性意味着，西方发展理论中的一些概念，并不能直接用来理解中国背景下的小农户。要对中国的小农户进行定义和解释，应该在中国特定的时空背景中进行。目前中国正在实施的乡村振兴战略无疑是这一时空背景中最为显著的因素之一。小农户在乡村振兴战略中无疑将扮演不可或缺的角色，因此将其置于与现代农业中其他组织平等的地位上进行审视、比较和界定，是一件非常必要的事情。

基于上述理解，综合各位学者在"小农户"这一概念上的真知灼见，结合中国的制度环境和时代特征，本书把当前中国的小农户界定为根据中国农村基本经营制度的规定，拥有国家法律所规定的承包土地和少量农业生产工具，以家庭为单位，在家庭劳动力范围内，主要从事农业生产性活动并优先满足自身消费需要，具有融入现代农业发展和社会化大生产的可能性和必要性，但又存在诸多障碍的农业生产基本单元。从这一定义看，本书所指的小农户是以承包土地为限进行自主经营的农户，不包括进行商品化农业生产的新型农业经营主体，比如"专业大户"、家庭农场、农民合作社等。

二、现代农业

一般而言，农业可以分为原始农业、传统农业和现代农业三个历史发展阶段。在原始农业阶段，人类对自然规律的了解程度非常低，农业生产基本上为刀耕火种方式，生产效率极为低下，农业生产者处于食不果腹的

---

① 潘璐：《"小农"思潮回顾及其当代论辩》，《中国农业大学学报》（社会科学版）2012 年第 2 期。

状态;在传统农业阶段,人类对自然规律有了一定的掌握,在高度依赖自然的条件下采用一些传统技术进行农业生产,具有较大的不稳定性,基本处于自给自足的状态;在现代农业阶段,人类对自然规律有了较高的认识和掌控,在一定程度上能够依靠科学技术的力量来突破自然时空的限制,农业生产的效率提高,农业自给自足的状态被打破,全面的商品化和市场化成为农业生产经营的常态和主流。

根据上述农业发展阶段,学者们对现代农业进行了界定。邓秀新认为现代农业是指广泛应用现代科技、现代工业提供的生产要素和科学经营管理方法进行的社会化农业生产,其核心是科学化,特征是商品化,方向是集约化,目标是产业化。[1] 也有学者认为"现代农业是指以保障农产品供给、增加农民收入、促进环境友好与可持续发展为目标,以提高劳动生产率、资源产出率和农业商品率为途径,以现代科技和装备为支撑,在家庭承包经营基础上,在市场机制与政府调控的综合作用下,农工贸紧密衔接,产加销融为一体,多元化的产业形态和多功能的产业体系"[2]。陈纪平[3]指出现代农业是一个涵盖技术、制度和组织三方面内容的综合性概念,其中技术层面表现为劳动节约型、土地节约型和复合型,大量工业品的使用以及相应生产模式的改变;制度层面表现为农业生产单位能够迅捷响应市场变化,快速满足甚至引导市场对农产品的需求;组织层面表现为农业组织体系能够将各类生产要素以适当的方式组织结合起来产生最大化的合作剩余。杜青林认为"现代农业是以保障农产品供给,增加农民收入,促进可持续发展为目标,以提高劳动生产率,资源产出率和商品率为途径,以现代科技和装备为支撑,在家庭经营基础上,在市场机制与政府调控的综合作用下,农工贸紧密衔接,产加销融为一体,多元化的产业形态和多功能的产业体系"[4]。

---

① 邓秀新:《现代农业与农业发展》,《华中农业大学学报》(社会科学版)2014 年第 1 期。
② 石传延:《关于推进现代农业的现实思考》,《生产力研究》2010 年第 12 期。
③ 陈纪平:《家庭与现代农业经济组织的功能与界限》,《西部论坛》2017 年第 5 期。
④ 杜青林:《强化社会主义新农村建设的产业支撑——以科学发展观为指导,推进现代农业建设》,《国家行政学院学报》2006 年第 2 期。

现代农业的主要特征有以下几个方面：第一，农业具备较高的土地产出率和劳动生产率，其经济效益能够达到社会平均水平且具有较强的市场竞争力。第二，通过采用绿色农业、有机农业和生态农业等先进的农业生产技术，实现土地资源、水资源等的可持续利用，达到农业生态系统的可循环和可持续发展。第三，市场机制成为农业资源配置的主要方式，建立起完善的农产品生产体系和流通体系，农产品的商品化率非常高，部分农产品的商品化率可到100%。第四，农业生产率提高以现代化的生产条件为基础，通过水、电力、农膜、肥料、农药、良种、农业机械等物质投入和高素质的农业劳动力投入实现农业的集约高效发展。第五，综合采用节约劳动力和节约土地的农业技术，以适应市场对农产品需求优质化、多样化、标准化的发展趋势为目标，改善农产品的品质、降低农产品生产成本。第六，在农业生产中广泛采用先进的经营管理方式和手段，在农业生产的采购、生产、运输、销售环节形成紧密联系、有机衔接的农业产业链条，把各个农业生产经营主体高效地整合起来，形成完整的农业生产体系、管理体系和组织体系。第七，农业产业的生产经营者具有较高的素质和人力资本，能够适应现代农业生产发展的要求。第八，农业生产在规模化的基础之上实现了专业化和区域化，地区分工明确，农产品特色突出，竞争力强。

从上面的论述可以看出，现代农业是一个历史性和动态性的概念，包含的具体内容处于不断发展的过程之中。这一内容可以分为两个方面：一是农业生产的物质条件和技术手段的现代化。即利用先进的科学技术和生产要素装备农业，实现农业生产机械化、电气化、信息化、生物化和化学化。二是农业生产经营的组织方式的现代化，实现农业生产的专业化、组织化、社会化和市场化。就本书研究的主题而言，主要是从后一个方面来理解和界定现代农业。

三、有机衔接

"小农户与现代农业发展的有机衔接"是党的十九大提出来的一个全新理念，正确理解"有机衔接"的含义是正确处理小农户与现代农业关系的关键。从词义上讲，"衔接"一般是指两个分开的事物通过某种装置或者方式连接起来。因此"衔接"与"连接"是有一定区别的。"衔接"更强调两个事物连接的装置或者方式，具有动态性、过程性的特点。

"有机"二字是对"衔接"的修辞。"有机"的英文是"organic"，其源于希腊文"órganon"，意指工具、器械和器具等。随着自然科学的发展，特别是生物学的发展，"organ"意涵的"工具"含义被引申到生物体上某一器官，比如眼睛、耳朵等对整个生物具有工具性的作用，这样"organic"就和生命体有了联系。另外，"organic chemistry"被定义为与"碳化合物"有关的化学，再次强化了"organic"和生命的关系。进一步，这种联系使得"organic"直接与"机械"二字对立起来，反义词 inorganic（无机的）所代表的含义正好就是机械的、僵化的、刻板的、无活力的。从"organic"一词的发展过程来看，其源于机械，又发展到"机械"的对立面，这就意味着其既包含静态的工具，又包含这些工具的动态关系。正如威廉斯所指出的，人们更喜欢使用"organic"的引申意义，即"表示某些种类的关系"[①]。换言之，"有机的生命体"更多地被用来去隐喻其他的关系、结构和组织形式，特别是一个整体中各个部分之间具有深意的关系或者相关性。因此，当"有机"用来修辞"衔接"时，意图是更强调事物本身的性质、状态、结构与该装置、方式既有静态上的独立存在性，又有动态上的类似生物体各个部分不可分割的统一性。

承接上述理解，本书中的"有机衔接"意指小农户与现代农业的各个组成部分被置于一个系统结构之中时，二者相互作用、相互联系、相互影响的路径。在这一衔接路径中，小农户与现代农业的其他组成部分既是独立存在且各具功能的主体，又是一个不可分离的统一生态圈层整体，小农户在统一的生态圈层中能够自主生成、自主运行和自主发展。

---

① ［英］威廉斯：《关键词：文化与社会的词汇》，刘建基译，生活·读书·新知三联书店2005 年版，第 338 页。

第二节 经济学的相关理论

一、马克思主义经济学的相关理论

马克思主义经济学博大精深,其著作中虽然没有直接论述小农户与现代农业衔接问题的篇章和理论,但通过阅读和梳理其浩瀚的文献,依然可以挖掘出许多有关小农户与现代农业发展关系的思想与理论,其中具有代表性的就是关于小农经济改造理论,以及农业合作化、集体化理论。

（一）马克思、恩格斯的"剥削小农"观点

恩格斯在《法德农民问题》中明确了小农(小农户)的概念,指出"我们这里所说的小农,是指小块土地的所有者或租佃者——尤其是所有者,这块土地既不大于他以自己全家的力量通常所能耕种的限度,也不小于足以让他养家糊口的限度"[①]。从现在来看,这一百年前对小农的界定依然具有非常强的生命力,其源于对小农和"小农经济形态"的准确理解。小农之所以能够在人类历史的长河中一直存在,一方面在于小农户是最基本的农业生产单元,只要能够与土地结合就能够满足最低的生存需求;另一方面小农经济是在原始农业条件下进行自给自足的生产活动,能够进行再生产的自我补偿。但马克思也指出了资本主义社会下小农的最终结局,那就是"我们的小农,同过了时的生产方式的任何残余一样,在不可挽回地走向灭亡。他们是未来的无产者"[②]。

马克思与恩格斯详细分析了小农存在的问题,主要集中在下面几个方面:第一,小农是孤立且隔绝的自给自足经济,缺乏相互之间的联系。单个小农户在现实的经济生活中所从事的农业生产,其产品只能满足自己的消费需求。"小农人数众多,他们的生活条件相同,但是彼此间并没有发生多种多样的关系。他们的生产方式不是使他们互相交往,而是使

[①] 《马克思恩格斯选集》第4卷,人民出版社2012年版,第358页。
[②] 《马克思恩格斯选集》第4卷,人民出版社2012年版,第359页。

他们互相隔离。这种隔离状态由于法国的交通不便和农民的贫困而更为加强了。他们进行生产的地盘，即小块土地，不容许在耕作时进行分工，应用科学，因而也就没有多种多样的发展，没有各种不同的才能，没有丰富的社会关系。每一个农户差不多都是自给自足的，都是直接生产自己的大部分消费品，因而他们取得生活资料多半是靠与自然交换，而不是靠与社会交往。"①第二，小农经济与先进生产力难以兼容。"这种生产方式是以土地和其他生产资料的分散为前提的。它既排斥生产资料的积聚，也排斥协作，排斥同一生产过程内部的分工，排斥对自然的社会统治和社会调节，排斥社会生产力的自由发展。"②这就意味着由于单个小农户占有的农地面积有限且狭小，难以采用先进的科学技术，更难以进行专业化的劳动分工与协作，所以农业生产难以向商品化、专业化、社会化以及现代化的方向发展。第三，由于社会化生产的发展，特别是科学技术在工业中的广泛应用，使得小农经济在市场经济中缺乏竞争力，而无限制的延长在有限土地上的劳作时间就成为小农户进行竞争的唯一方式和手段。但即使这样，小农户的生活也非常悲惨，远远低于工业中的雇佣工人的收入，这就导致小农户自给自足的经济方式是极为脆弱的。这就意味着资本主义市场经济中的稍许波动一旦传导到单个小农户，不但谈不上来年的扩大再生产，就连简单再生产可能都难以维持。马克思进一步预言到，随着资本主义农业的发展或者现代农业的发展，以及工商业资本对传统农业的侵蚀，小农户会受到农业产业资本家阶层和地主阶层的双重剥削，"鉴于虽然这种以小块土地所有制为特征的情况不可挽救地注定要灭亡"③，其最终会被历史所淘汰。

(二)改造小农生产方式

1. 马克思、恩格斯的思想和理论

马克思认为小农户具有身份上的二重性，既是劳动者，也是私有者。这种二重性特征决定了小农户可以在资本主义农业道路和社会主义农业

---

① 《马克思恩格斯选集》第 1 卷，人民出版社 2012 年版，第 762 页。
② 《马克思恩格斯选集》第 2 卷，人民出版社 2012 年版，第 298 页。
③ 《马克思恩格斯选集》第 4 卷，人民出版社 2012 年版，第 361 页。

道路之间进行选择。个体小农经济的唯一正确的出路就是无产阶级掌握政权之后，通过农业合作化，实现对小农的社会主义改造。可以说，对小农的改造不仅仅是为了挽救其本身，也是改造传统农业，是实现社会主义农业现代化的基本要求。

在改造小农户的问题上，马克思和恩格斯提出了四个基本的原则。一是改造小农绝不是剥夺小农，更不是消灭小农。恩格斯认为在小农占优势的传统农业国家，任何变革都不能"违反小农的意志"，只能"首先是把他们的私人生产和私人占有变为合作社的生产和占有，不是采用暴力，而是通过示范和为此提供社会帮助"①，因为小农户是无产阶级天然的同盟军。二是改造小农户要符合他们的自由意愿。马克思谈到改造小农户时就明确提出："一开始就应当促进土地的私有制向集体所有制过渡，让农民自己通过经济的道路来实现这种过渡；但是不能采取得罪农民的措施，例如宣布废除继承权或废除农民所有权。"②恩格斯也同意应该在保留小农小块土地私有的情况下，多给小农一些时间，逐步过渡到合作社。三是要引导小农户。引导小农户的方式，就是要让小农户真正认识到，只有接受社会主义改造，才能存活下来并得到发展。即"这里主要的是使农民理解，我们要挽救和保全他们的房产和田产，只有把它们变成合作社的占有和合作社的生产才能做到。正是以个人占有为条件的个体经济，使农民走向灭亡。如果他们要坚持自己的个体经济，那么他们就必然要丧失房屋和家园，大规模的资本主义经济将排挤掉他们陈旧的生产方式"③。四是要采用国家示范与引导的方法。即"我们对于小农的任务，首先是把他们的私人生活和私人占有变为合作社的生产和占有，但不是采取暴力，而是通过示范和为此提供社会帮助"④。换言之，小农户依然具有保守、务实甚至唯利是图的特点，只有他们在某些事物上得到了好处和利益，才会真心地相信和接受这些事物。

① 《马克思恩格斯选集》第 4 卷，人民出版社 2012 年版，第 370 页。
② 《马克思恩格斯选集》第 3 卷，人民出版社 2012 年版，第 338 页。
③ 《马克思恩格斯选集》第 4 卷，人民出版社 2012 年版，第 371 页。
④ 《马克思恩格斯选集》第 4 卷，人民出版社 2012 年版，第 370 页。

　　马克思和恩格斯也对改造小农户的具体路径进行了分析。他们提出合作社是社会主义农业改造和农业现代化的组织载体。合作社是由个体劳动者联合起来的一种互助互利的经济组织形式,是向完全的共产主义经济过渡的中间环节,其前提就是合作社的生产资料的所有权归整个社会所有。这说明马克思、恩格斯对合作社的重要性有着深刻的认识,把其作为农业社会主义改造的关键。合作社的主要作用,就是把小农户的生产资料的私人占有制变为联合共同占有,把分散的个体生产改变为集体的、社会化生产。即"只能建议把各个农户联合为合作社,以便在这种合作社内越来越多地消除对雇佣劳动的剥削,并把这些合作社逐渐变成一个全国大生产合作社的拥有同等权利和义务的组成部分"①。在马克思、恩格斯的论断中,小农户联合而成的集体占有、共同劳作的农业生产合作社,可以通过土地的联合使得这种生产具有规模性,或者通过从事副业经营来扩大合作社的规模。"如果我们将这一思想运用于小块土地所有制地区,我们就会发现:把各小块土地结合起来并且在全部结合起来的土地上进行大规模经营的话,一部分过去使用的劳动力就会变为多余的;劳动的这种节省也就是大规模经营的主要优点之一。要给这些劳动力找到工作,可以用两种方法:或是从邻近的大田庄中另拨出一些田地给农民合作社支配,或是给这些农民以资金和机会去从事工业性的副业,尽可能并且主要是供自己使用。"②通过这种方式,马克思认为小农户的经济状况和社会地位都会得到改善,这样合作社就会变为更为高级的形式,各个合作社就会组成全国大生产合作社。

　　2. 列宁和斯大林的思想和理论

　　除了马克思、恩格斯详细分析了改造小农户的策略和路径之外,作为马克思主义继承者的列宁和斯大林也对这一问题进行了分析。

　　列宁最初提出的农业社会主义改造的途径和方式是共耕制。在1921年之后,列宁认识到由于俄国农业是传统的小农经济,共耕制的核

---

① 《马克思恩格斯选集》第4卷,人民出版社2012年版,第374页。
② 《马克思恩格斯选集》第4卷,人民出版社2012年版,第370页。

心集体化并不能被小农户所接受，因此在农业的社会主义的改造过程中，合作社逐步代替共耕制成为重要的形式。列宁阐释其具体的路径为："以商品经济为纽带、以农民自觉自愿为前提、以合作互助为基础，从建立供销合作社与消费合作社入手，逐步建立起更高形式的生产，即通过合作制，最终把千百万个体小农引入社会主义道路。"①首先，在合作社的发展中需要集体利益与私人利益适度结合，通过商品经济来壮大合作社的实力和规模；其次，合作社不能强迫农民入社，而是要通过典型示范的方式，以经济力量吸引农民加入合作社，要"善于找出我们对合作社的'奖励方式'"②；再次，国家和政府要大力扶持合作社，特别是在财政和金融方面，要给予种种优惠③；最后，要加强合作社中小农户的文化素质教育，提高他们的劳动生产效率。要将农民"教育、训练和培养出全面发展的和受到全面训练的人，即会做一切工作的人"④。

在对小农经济进行改造这一问题上，斯大林、马克思、恩格斯和列宁的思想一脉相承。"小农经济不仅不能实现逐年扩大的再生产，连简单再生产也是很少可能实现的。如果农业基础是这样一种既不能实现扩大再生产而又在国民经济中占优势的小农经济"，那么就不能推进国家的工业化。因此斯大林认为小农经济是必须要进行改造的，其"出路何在呢？出路就在于使农业成为大农业，使农业能实行积累和实行扩大再生产。从而改造国民经济的农业基础。但是怎样使农业成为大农业呢？……就是在农林业中培植集体农庄和国营农场，结果是使小农经济联合成为以技术和科学装备起来的大规模集体经济，这种经济有可能向前发展，因为它能够实现扩大再生产"⑤。

斯大林对于小农经济的改造方式，在吸取了马克思、恩格斯和列宁等人的思想后，提出了独特的农业集体化的思想，这对苏联、整个东欧地区

---

① 罗文东：《中国特色社会主义理论体系新论》，人民出版社2008年版，第84页。
② 《列宁选集》第4卷，人民出版社1995年版，第804页。
③ 《列宁选集》第4卷，人民出版社1995年版，第804页。
④ 《列宁选集》第4卷，人民出版社1995年版，第193页。
⑤ 《斯大林选集》下卷，人民出版社1979年版，第227页。

以及中国都产生了重大的影响。斯大林把合作社分为低级社和高级社，其中低级社的形式就是供销合作社和消费合作社，其作用是过渡性的。而要实现农业的社会主义改造和现代化建设，要把低级社升级为高级社，其形式就是集体农庄。他认为"劳动组合在目前条件下是集体农庄运动唯一正确的形式"，"现在我们应当采取的方针不是建立公社，而是建立作为集体农场建设主要形式的农业劳动组合；绝不能容许跳过农业劳动组合而径直成立公社"①。

总的来说，列宁的合作制理论和斯大林的集体化思想是对马克思、恩格斯农业合作思想在继承基础上的进一步发展，是在一个小农经济占绝对优势的国家进行农业的社会化改造的具体实践，其中的经验和教训，为后来很多国家和地区农业的社会主义改造提供了借鉴。

（三）其他经典理论家对小农问题的认识

考茨基（Kautsky）在《土地问题》一书中对马克思、恩格斯的小农经济理论进行了发展和补充。他认为和大生产相比较，小农户的最大优势仅仅是农民的勤劳和努力，以及自身对生活的极低需求。考茨基对大小生产的划分有突出贡献，认为单纯的土地面积大小并不是标准，而应该是经营的集约化程度和资本的有机构成程度②。考茨基赞同小农经济必然消失的观点，认为大规模企业在技术改良、机器使用、畜牧饲养、劳动分工等方面，均具有挤垮小型农场的优势。这些思想都和马克思认为农业应该集中进行的观点一致，阐明了农业发展与工业发展之间的辩证规律。

大卫（David）的观点正好与考茨基相反。他认为农业经济与工业经济是有差异的，"规模企业相对于小规模企业来说具有经济优势"的观点并不能直接应用到农业中去③。具体而言，他提出：第一，在劳动力和机器设备方面，大规模企业的花费并不比小规模企业少，而且大规模企业对劳动力的使用还存在监督问题。第二，"因为农业生产过程是一个自然

① 《斯大林选集》下卷，人民出版社1979年版，第265页。
② 王长江：《考茨基和德国社会民主党的土地问题争论》，《当代世界与社会主义》1986年第3期。
③ 何增科：《农业的政治经济分析》，重庆出版社2008年版，第157页。

的过程,完全排除了人的意志范围的干扰,它不可能被随意地加速或者重复……农业生产的节奏在大规模企业和小规模企业中是一样的"①。第三,农产品价值的实现在小规模生产下更容易。因为其多数情况下是自给自足,避免了对商品的依赖,不需要面对激烈的市场竞争。大卫的观点得到了恩斯特(Ernst)的支持,他认为工业中大规模企业的优势在农业中并不能得到体现。比如"小块土地的价格高于大块土地","考茨基关于通过更智能化的劳动应用、劳动分工及更优化的组织等来提高劳动生产率的观点遇到了很多的阻碍""无论在什么地方,劳动者的主动性是最重要的,在任由工人充分发挥自主性方面,小土地主做得最出色"②。

二、西方经济学的相关理论

(一)"生存小农"和"理性小农"

西方学者对小农户的认识在不同阶段有着不同的理论,限于篇幅,这里重点介绍恰亚诺夫和舒尔茨的相关理论。

1. 恰亚诺夫的"生存小农"

恰亚诺夫是著名的俄国农业经济学家,也是农业组织与生产学派的创立者和代表人物。他认为小农户属于劳动家庭经济单位,而"劳动家庭经济单位类型是与奴隶制、农奴制、资本主义,以及共产主义各类经济并列的一种独立的经济关系类型。这种劳动家庭经济单位不适用雇佣工资劳动,完全依靠家庭从事生产,以满足自身消费为目的"③。对小农户的认识,恰亚诺夫提出了一个家庭经济单位的"劳动—消费均衡公式",基本含义是对于小农户的新增收入,要从这一收入对家庭的消费价值和为得到这一收入所耗费的辛苦程度两个方面来认识。只要这两个方面没有保持平衡,比如满足基本消费的效用超出劳动辛苦程度的负效用时,继续投入劳动就是有利的,即使此时以低劳动效率、以资本主义意义上的亏损为代价。这一观点与后面的舒尔茨的"理性经济人"观点有明显的区

---

① 何增科:《农业的政治经济分析》,重庆出版社2008年版,第135—139页。
② 何增科:《农业的政治经济分析》,重庆出版社2008年版,第174—178页。
③ [俄]恰亚诺夫:《农民经济组织》,萧正洪译,中央编译出版社1996年版,第53页。

别。进一步,他认为当农户家庭的需求增加时,就会推动劳动者进一步地开发自身的劳动能力,二者是同步进行的,而劳动力的耗费又会进一步地加深生活的困难程度。因此为了获得收入,农户们就要艰苦劳动,生活水平就会越低,而一旦达到了这一收入水平,农户们就会立即放弃继续从事这种艰苦的劳作①。换言之,在恰亚诺夫看来,小农户是在追求效用的最大化,其均衡点就是消费的边际效用与劳作的边际负效用相等之时。因此,恰亚诺夫把小农户视为"生存小农",即在规避风险和保障安全的前提下,维持基本的生存是其行为的根本动机。同样,斯科特也认为,小农户非常重视生存问题,并把此问题上升到伦理道德和社会公正的高度,并以此指导自己的行为。

2. 舒尔茨的"理性小农"

舒尔茨对小农户的认识和看法,集中体现在他的代表作《改造传统农业》一书当中。他研究了当时传统农业的基本特征,并在此基础之上提出了"理性小农"观点,认为小农户本身就是"经济人"。

舒尔茨首先认为,对于传统农业应该从经济学的视角进行分析,要专注于传统农业中典型的经济特征。传统农业就是"完全以农民世代使用的各种生产要素为基础的农业","是一种生产方式长期没有发生变动而基本维持简单再生产的长期停滞的小农经济"②。之所以能够长期维持均衡,是因为传统农业的资源配置是高效的,其源于传统农业中的"理性小农"。小农户"所种植的谷物的配合,耕种的次数与深度的大小,播种、灌溉和收割的时间,手工工具、灌溉渠道、牲畜与简单设备的配合——这一切都很好地考虑到了边际成本和边际收益"③。不仅如此,小农户对农产品的价格信号变化也是极为敏感的。至于小农户的贫困,舒尔茨认为并不是资源配置效率低下造成的,而是因为小农户所拥有的资源有限且传统,无法生产出更多的产品。

---

① [俄]恰亚诺夫:《农民经济组织》,萧正洪译,中央编译出版社1996年版,第53页。
② [美]舒尔茨:《改造传统农业》,梁小民译,商务印书馆2009年版,第26页。
③ [美]舒尔茨:《改造传统农业》,梁小民译,商务印书馆2009年版,第34页。

（二）改造小农生产方式

恰亚诺夫认为小农户具有独特价值，其独到的生产方式能够与现代资本主义农业相对抗。但这种对抗必须具备一定的条件，即在小农户合作基础上的一体化经营。① 一体化有纵向和横向两种方式，为了保持小农户的独立性，他反对横向一体化即土地大规模集中的方式。认为小农户只能采取合作制基础上的纵向方式，才能和农业生产有机结合起来。具体途径上，可以将农场的某些功能和部分剥离出来，在社会化的过程中将其融入大企业之中。② 同时，要将家庭农场与政府计划联系起来，逐步把单个小农户汇入到计划经济中去，在政府的计划和指导下对小农户进行改造。

舒尔茨同样认为小农户有其存在的价值，生产要素投资的有效性使得小农生产方式可以避免被资本主义大农场所代替。但在稳固小农户的方式上，舒尔茨认为关键性问题是小农户生产中能推动农业高速发展的那些昂贵的生产要素不足。基于这种认识，舒尔茨把在传统农业中引进新的生产要素——"技术变化"作为改造传统农业的关键，"技术状态不仅在变化，而且成为增加实际收入的重要变量"③。对于农业新技术的来源，舒尔茨认为宏观上国家是关键，应该通过对农业的公共投资来向农业输送新的技术；微观上应该完善市场机制，改革土地制度，提高农民收入，从而能够有能力引进这些新技术。除了物质技术的引进之外，舒尔茨在改造小农户方面还有一个非常重要的观点，就是"人力资本投资"。舒尔茨强调技术引进还要取决于农民是否能学会有效的使用现代农业要素。要让农民使用这些要素，就要对农民进行培训、进行投资，增强他们的人力资本。因此舒尔茨得出一个重要的结论："改造传统农业的知识是一种资本形式，这种资本需要投资——不仅体现为物质投入品投资，而且重要的是向农民投资。"④

---

① [俄]恰亚诺夫：《农民经济组织》，萧正洪译，中央编译出版社1996年版，第256页。
② [俄]恰亚诺夫：《农民经济组织》，萧正洪译，中央编译出版社1996年版，第268页。
③ [美]舒尔茨：《改造传统农业》，梁小民译，商务印书馆2009年版，第117页。
④ [美]舒尔茨：《改造传统农业》，梁小民译，商务印书馆2009年版，第175页。

（三）组织理论的相关思想

除了对小农户的性质进行研究之外，如果把小农户视为现代农业中的一种组织形式，则西方在组织经济学方面的相关思想和理论也有非常重要的借鉴价值，这里重点介绍交易费用理论和委托代理理论。

1. 交易费用理论

经济学对组织问题的研究发端于斯密（Smith）。斯密在《国民财富的性质和原因的研究》一书中提到了分工问题，"有了分工，同样数量的劳动者就能完成比过去多得多的工作量，其原因有三。第一，劳动者的技巧因不断重复而逐渐改善；第二，由一种工作转到另一种工作，通常需要损失不少时间，有了分工就可以免除损失；第三，许多简化劳动和缩减劳动的机械的发明，使一个人能够做许多人的工作"[①]。他认为分工是个人效率产生差距的原因，其依赖于个人之间的组织程度和相互的依赖程度。如果沿着斯密的思路，其必然就会涉及组织的经济问题。

但马歇尔（Marshall）改变了这一看上去必然的路径。在经过边际革命之后，马歇尔用新古典框架对古典经济学进行了分析和总结。杨小凯和黄有光[②]认为在这一框架之中，最基础的是经济主体的偏好、禀赋、技术等，在这之上是经济主体的决策目的和方式，然后是经济主体的选择性行为，最后是福利问题。在这一分析框架之中，企业（组织）被视为一个生产函数，以利润最大化为目标，对生产要素进行合理化的配置。对企业的上述处理方式，使得企业作为一种组织的特性被完全抹杀了，其内部的过程被掩盖起来，"企业内部有趣的事情，都被只考虑产品数量和价格之间相互关系的新古典经济学家视而不见"[③]。在新古典经济学的世界之中，企业被以一个"黑箱"来处理，这个"黑箱"装置的一头被输入代表成本的各类要素，另一头输出代表收益的产品数量，利润最大化就成为企业

---

① ［英］斯密：《国富论：国民财富的性质和原因的研究》，谢祖钧译，新世界出版社2007年版，第88页。

② 杨小凯、黄有光：《专业化与经济组织：一种新兴古典微观经济学框架》，经济科学出版社1999年版，第69—85页。

③ ［美］威廉姆森：《资本主义经济制度》，段毅才、王伟译，商务印书馆2011年版，第75页。

决定要素数量、产品数量和价格的唯一标准，而企业内部发生的各种经济关系就被忽视掉了。

不满足于新古典经济学对企业组织的上述处理方法，科斯（Coase）①在《企业的性质》一文中，对企业组织为什么会存在进行了开创性的探讨。与新古典经济只关心利润最大化下劳动力、资本、土地等要素的最佳使用及其组合不同，科斯在这本书中提出了"企业为什么会存在"这个看似平常但却意义非凡的问题，其实质是在研究企业这种组织的生发机理。科斯认为，企业组织之所以将发生在市场之中的交易进行内部化，其原因就在于在市场交易中利用价格机制并非是免费的，而是有代价的。因此"企业是市场机制的替代物"，其存在的理由就是在资源配置上比市场的代价更小。根据科斯思想提炼出来的"交易费用"概念，最为重要的作用是为经济学找到了更为现实的假设基础，为经济学提供了一个全新的视角，使得经济学对现实世界特别是组织相关问题的解释力大大增强。

科斯进一步认为，当市场交易内化于企业时，企业内部会产生交易费用，企业和市场都是资源配置的方式，二者都有各自的成本。随着企业不断地扩张，企业通过一体化等方式可以节约外部交易费用，但企业内部交易费用也会随着企业规模的扩张而增加，因此企业扩张与收缩的边界就在于内部和外部交易费用的对比，当二者在边际上相等时，企业的边界就被确定下来。科斯的上述思想是极具洞见性的，为后来的交易费用学派和产权学派的诞生和发展奠定了基本的理论分析框架。

另一个对组织经济学作出巨大贡献的学者是威廉姆森（Williamson）。在《市场与科层》一书中，他就开始尝试将经济学与组织理论相结合。1980年以后，威廉姆森开始运用交易费用理论来分析当时资本主义的主要经济制度，不但拓宽了交易费用理论的运用范围，也是对组织理论本身的补充和发展。在《资本主义经济制度》一书中，威廉姆森构建了区分不同类型组织交易的三个维度：交易频率、不确定性和资产专用性。他指出，交易频率就是交易的次数，交易费用和交易频率呈正相关

---

① Coase R.H.，"The Nature of the Firm"，*Economica*，1937，Vol.4，No.16，pp.386-405.

的函数关系;不确定性包括信息不对称导致的不确定性、行为结果导致的不确定性、预测不准确导致的不确定性以及偶然性事件的影响等;资产专用性主要是指在当资产用作他途时,资产的价值减少甚至完全无用的程度,程度越高资产专用性也就越强。如果同时伴随着信息不对称和机会主义两个因素,资产专用性程度越高,持有专用性资产的当事方事后被"敲竹杠"的可能性就越大,这就使得双方的交易无法完成,从而导致市场失灵。进一步,威廉姆森对资产的专用性做了详细的研究,提出了六种类型的资产专用性:第一是位置具有专用性,即交易主体之间由于地理位置毗邻等特殊性,能够节省交通运输费用;第二是物质资产具有专用性,即专门用于生产某一类商品的特殊设备或者装置;第三是人力资本具有专用性,即人力资本通过"干中学"累积,但难以适用于其他行业或者企业;第四是商标或者品牌具有专用性,即该商标和品牌与某种商品本身具有很强的关联性,难以扩展到其他类别的商品中去;第五是投资具有专用性,即当事方为某一客户进行了某种特定类型的投资行为且不可撤销;第六是暂时性专用性。①

正是因为存在有限理性、机会主义和资产专用性,组织之间的交易变得脆弱和不稳定,因此组织之间倾向于通过"纵向一体化"、长期合作契约、横向联合等方式来解决上述问题,从而揭示了现实世界中组织演化的过程。

2. 委托代理理论

和交易费用几乎同时代发展起来的另外一种有关组织经济学的理论是委托代理理论。同样是不满于阿罗—德布鲁体系中把企业视为"黑箱"的做法,经济学者开始研究企业组织内部的激励和资源配置问题,参与的学者包括斯彭斯(Spence)、罗斯(Rose)、格罗斯曼(Grossman)和哈特(Hart)等。委托代理理论描述了在组织中当代理人替代委托人行使权利时,代理人有可能会损害委托人利益的现象。实际上,早在斯密时代,

---

① [美]威廉姆森:《资本主义经济制度》,段毅才、王伟译,商务印书馆2011年版,第265页。

这位现代经济学开创者就已经开始注意到这一问题，他指出："在钱财处理方面，股份公司的董事为他人尽力，而私人合伙公司则纯粹为自己打算。因此，要想股份公司的董事们监视钱财的用途，像私人合伙公司的伙员那样用意周到，那是很难做到的……疏忽和浪费，常为股份公司业务经营上难免的弊端。"①

委托代理理论的基本前提之一是委托人和代理人之间利益不一致。理论一般假设，委托人与代理人各自具有不同的效用函数。对于委托人而言，其更加关心代理人行为的结果，其收益是结果的增函数；然而这一结果却依赖于代理人的努力程度，代理人的收益是努力程度的减函数。但由于结果是代理努力程度的增函数，这样委托人和代理人的利益就出现了不一致甚至相互冲突。委托人希望代理人付出最大努力程度以取得最佳结果，以实现效用最大化；但代理人可能正好相反，希望在报酬既定的情况下尽量减少努力程度，以实现自身效用最大化。进一步，代理人甚至可能利用委托人赋予的控制权反过来损害委托人的利益。

委托代理理论的基本前提之二是委托人和代理人之间信息不对称。如果委托人和代理人之间的信息是完全对称的，委托人能够有效观察和评价代理人的努力程度，则代理人就无法实施机会主义行为来损害委托人的利益，也就不存在委托代理问题。但现实的情况是委托人无法直接观测到代理人的努力程度，或者即使能够观测到，要么成本过高，要么无法得到第三方的证实。而代理人却很清楚地了解和知道自身的努力程度。这样，双方就处于信息不对称的状态，信息优势的一方就是代理人，信息劣势的一方就是委托人。由于代理人的"偷懒"行为无法观察或者无法证实，那么代理人的努力水平就不能在契约条款中约定，因为契约即使包含了这一变量，也没有第三者能知道代理人是否真的违约，从而无法实施。②

---

① ［英］斯密：《国富论：国民财富的性质和原因的研究》，谢祖钧译，新世界出版社 2007 年版，第 102 页。

② 戴中亮：《委托代理理论述评》，《商业研究》2004 年第 19 期。

综上所述,只有当委托人和代理人利益不一致和信息不对称这两种状态同时出现时,委托代理问题才会产生。其基本的理论逻辑在于:委托人基于自身效用最大化的目的,将自己控制的资源交付于代理人,希望代理人为自己的利益服务;但代理人的效用目标与委托人不一致,且在信息不对称的条件下委托人无法对代理人进行有效监督,这样代理人就会把自身利益凌驾于委托人利益之上,从而产生了委托代理问题。对委托人而言,解决委托代理问题的主要思路就是要设计一套机制来激励和约束代理人的行为,这套机制的核心就是要在最大程度上解决利益不一致和信息不对称的问题。除此之外,机制设计上还必须考虑两个保证机制能顺畅运行的问题:一是参与约束问题,即委托人支付给代理人的效用不能低于代理人参与其他市场活动得到的效用;二是激励相容问题,即委托人要求代理人的努力程度和行为方式,不仅能实现委托人的效用最大化,也能实现代理人自身效用的最大化。

第三节　其他学科的相关理论

从人类出现起组织就应运而生,并经历了一个从简单到复杂、从低级到高级、从单一到多元的发展历程,对人类社会的重要性在现代社会变得日益明显。除经济学之外,社会领域中其他的各个学科、各个流派、诸多学者对组织问题进行了广泛而深入的研究。根据本书的研究设想,小农户作为一类最基本的农业组织,其同现代农业的衔接路径中必然要和其他农业经营主体发生千丝万缕的联系,在连接过程、嵌入过程和价值创取过程中必然会涉及不同学科背景下的组织理论。

因此,为了更全面地探究小农户与现代农业衔接的路径,本书还将从管理学和社会学两个方面对相关理论进行梳理。然而,这种梳理工作会遇到两个困难:一是关于组织的理论经过上百年的发展,各种流派纷繁复杂,各种思想和理论层出不穷,因此要想在本书中全部呈现出来,是一件不可能的事情。为解决这一困难,本书只梳理同研究主题密切相关、将会在本书研究过程中用到的组织理论,其他组织理论将不再赘述。二是对组织理论进行分类归纳的过程中,如何清晰界定诸多组织理论到底属于哪一学科将是一个困难的任务。因为现实情况是各个学科之间正在不断交叉和渗透,学科边界正在模糊,要明晰划分各个学科的界限几乎是一件不太可能的事情。为了能够对纷繁复杂的组织理论进行一个粗略分类,本书认为如果理论研究重点是个别组织的独特问题,则归为管理学视角;如果理论研究重点是社会组织行动过程及其结果并主要使用社会学术语来描述这一现象,则归为社会学视角。

一、管理学的相关理论

管理工作从人类组织诞生之日起就开始存在了,因而管理学研究对象就是一个特定组织,其可以是正式组织,也可以是非正式组织。从这个意义上讲,由于管理学的所有理论都是围绕组织展开,都可以纳入组织理论之中。从管理理论发展来看,大致经历了古典管理理论、组织行为理论、管理科学理论、决策行为理论等过程。

古典管理理论形成于 19 世纪末 20 世纪初,是最早成型的管理学理论。泰勒(Taylor)的科学管理理论、法约尔(Fayol)的管理过程理论和韦伯(Weber)的官僚组织理论是其代表。泰勒的科学管理理论是第一个成熟的管理理论,他强调通过动作设计、标准化流程等方式来提高企业工人的工作效率,其研究范围属于组织管理的微观范畴。法约尔被称为"管理过程之父",他把管理行为视为一个相互联系的过程,包括"计划、组织、人事、指挥、控制等"不同环节,与泰勒的微观研究不同,他是从宏观层面对整个管理过程进行研究。韦伯则侧重于对组织中的科层制进行研究,首先阐明了科层制中的权力来源、类型以及它是如何影响资源配置的;其次他分析了理想化的科层组织(官僚化组织)应具备的条件和特征,因此也被称为"组织理论之父"。

虽然古典管理理论学者研究的侧重点各异,但他们都在试图解决管理学的两个最基本问题——效率和组织问题,特别是韦伯的理想官僚组织理论,深刻剖析了一个完美科层组织应具有的特点,比如"理想的组织应该具有明确的权力等级、清晰的劳动分工、严格的规章制度和完整的工作程序;人与人之间的关系要'非人格化',组织体制的基础是'合理合法权威'"①。这些极具洞见的观点奠定了后世组织理论基础,特别是对于组织内权力来源的解读,能够为分析组织内如何更加合理化的实现资源配置提供一个起点。因为在组织内部,权力是资源配置的"指挥棒",而分析权力来源及其效力,会直接触及组织内资源配置的效率和治理结构的方式问题。

但包括"理想官僚组织"在内,古典管理理论最大的问题是把组织内的人视为完全理性的或者只受利益支配的"经济人"。古典管理理论剥离了人的主体性,而将其置于客体的地位来对待,忽视了人的情感因素、社会因素以及环境因素。贝尔(Bale)认为"泰勒学说造成一种'社会物理学',把人的社会面降为纯粹的物理定律和决定要素"②。

正是不满于古典管理理论"非人格化"的处理方式,管理学者开始重视对组织中人的研究,新古典管理理论开始发端,其肇始于梅奥(Mayo)等人的霍桑实验。新古典管理理论学者开始强调欲望、感情、动机等因素对组织中人的行为的影响,并在此基础之上形成了新的组织理论。新古典组织理论分为三个不同的层面:一是解释个体行为。主要是通过对人的欲望、需求和动机的研究,并在此基础上对人的行为进行解释并有效激励,代表人物是马斯洛(Maslow)、赫茨伯格(Herzberg)、弗鲁姆(Vroom)等人。二是解释群体行为。群体行为是个体行为的总和,其介于个体行为和组织行为之间,可以视为是未系统化的组织行为,也是个体行为和组织行为之间的介质。研究内容涵盖各种群体的群体动力、群体压力、群体冲突、群体沟通等内容,代表人物有奥尔波特(Allport)、莱温(Lewin)等人。三是解释组织行为。这是研究组织整体行为,也是组织行为学的最高层次,其涵盖组织设计与结构理论、组织发展与变革理论、组织领导理论等内容。可以说,新古典组织理论涉及的内容非常广泛,而且层次分明,但最大的局限在于过于强调非正式组织作用,反而忽视了正式组织。

---

① 裴文英、卫东:《西方古典管理理论的特点和缺憾》,《江汉论坛》2005年第12期。
② 马强:《对于管理的考察——基于马克斯·韦伯的方法》,《现代管理科学》2006年第7期。

其后,管理学者在组织领域进行了深入研究,对组织系统的认识不断加深,提出许多不同的观点和理论,并不断演化和发展,形成了现代管理理论。孔茨(Koontz)在1980年发表的《再论管理理论的丛林》一文中,将当时管理理论的流派分为管理过程学派、人际关系学派、群体行为学派、经验学派、社会协作系统学派、社会技术系统学派、系统学派、决策理论学派、管理科学学派、权变理论学派、经理角色学派等11个学派。[①]其中,和本书联系比较紧密的是人际关系学派、群体行为学派、社会协作系统学派、系统学派,其主要观点见表1-1。

表1-1　现代组织理论四大流派对比表

理论学派	研究对象	研究基础	代表人物
人际关系学派	人与人之间的关系	心理学为主	梅奥
群体行为学派	人的群体行为	人类学、社会心理学	麦格雷戈等
社会协作系统学派	管理的过程	社会学为主	巴纳德
系统学派	管理中的系统问题	系统论	巴纳德

资料来源:周伟:《管理理论丛林发展研究评介》,《社会科学战线》2008年第1期。

虽然现代组织理论流派繁多、观点各异、各有所长,但总结起来有以下几点对本书研究有重要的借鉴意义。第一,某一类型组织生成和发展的根本动力,是组织的参与各方能够通过组织获取更大利益,且这些利益是这些参与者无法单独获得的。第二,组织目标设定程序和范围、成员组成结构和行为方式、权力和权利获得过程和分布方式构成了组织的有机整体,对于组织的内部认识应该从这三个方面进行重点考察。第三,组织总是嵌入某种特殊环境之中,与环境要素之间相互作用和影响,共同演化。第四,组织内部既包括正式关系,也包括非正式关系。非正式关系往往取决于环境中的制度、习惯、文化等因素,这是研究组织时必须考虑的因素,对组织行为有较大影响。第五,在组织内部和组织之间的场域内,其犹如一个权力竞技场,成员(单个个体或单个组织)通过行为进行相互

---

① Koontz H.，"The Management Theory Jungle Revisited"，*Academy of Management Review*，1980，Vol.5，No.2，pp.175-187.

争斗、妥协、协作,并在这一过程中形成相应的权力结构。①

这里要特别说明的是以巴纳德(Barnard)为代表的社会系统学派的思想。他们认为在一个大型组织之中,各个子系统相互作用、有机联系,既具有整体性,又具有开放性。② 巴纳德指出除了组织中各个系统要保持平衡,相互协调、相互配合之外,还必须同外界环境进行资源交换,以保持组织与环境之间的动态平衡。进一步,卡斯特(Custer)和罗森茨维克(Rosenzweig)将组织中的系统分为目标与价值、技术、社会心理、组织结构和管理五个相互联系的部分。

当认识某一组织发展规律时,可以从组织目标、组织内部结构、组织外部环境、组织利益相关者等要素入手进行分析。具体而言,组织目标是组织成员共同形成的理想、愿景和使命,既包括组织成员个体利益以及由个体利益组成的组织利益,也可能涵盖社会赋予组织成员承担的社会利益;组织内部结构是组织内的制度安排、惯例传统、权力结构等,是各个组织成员或者子组织行为交互的结果;组织外部环境包括一般环境诸如政治、经济、社会文化、技术状况等和具体环境诸如产业状况、市场状况、竞争与合作主体等;组织利益相关者包括和组织密切相关的政府机构、社会团体、社会公众等,其也会对组织产生重要的影响。总体来说,组织产生、存续、发展、停滞和消亡就是上述这些因素相互影响、共同作用的结果。当这些要素之间相互协调、相互配合、相互耦合时,组织就表现为生发、成长、扩张;当这些要素之间相互制约、相互掣肘、相互对立时,组织就表现为停滞、衰退直至消亡。

从上面的分析可以看出,环境对组织行为影响巨大,这个后来发展成为组织制度理论。社会学研究者迈耶(Meyer)在1977年的时候提出了关于组织的新制度理论。③ 该理论认为,组织受到外部环境因素影响,外部环境除了技术以外,更重要的是制度环境。一般而言,技术环境要求组织

---

① 〔法〕费埃德伯格:《权力与规则》,张月译,格致出版社2017年版,第223—224页。
② 〔美〕巴纳德:《组织与管理》,詹正茂译,机械工业出版社2016年版,第195页。
③ Meyer J. W., Rowan B., "Institutionalized Organizations: Formal Structure as Myth and Ceremony", *American Journal of Sociology*, 1977, Vol.83, No.2, pp.340-363.

满足效率要求，但同时组织还受到制度环境要求，是制度化的组织。组织的制度化是组织由于存在于一定的制度环境之中，为获得外部承认、支持和认可，必须采纳或者接受外部所公认的组织形式，即所谓让组织形式具有"合法性"。正是由于组织面临技术环境（效率优先）和制度环境（合法性优先）双重压力，所以组织行为也表现出在这两个约束下的多重类型及其组合。该理论特别强调了合法性机制的重要性，"合法性机制"是指那些诱使或者迫使组织采纳具有合法性的组织结构或者行为的观念力量。① 进一步，学者们围绕合法性机制对组织行为的影响做了许多研究，具有代表性的理论是道格拉斯（Douglas）提出的直接塑化机制和迪玛奇奥（Dimaggio）与鲍威尔（Powell）两人提出的间接诱导机制。② 在道格拉斯的直接塑化机制中，某一组织形式之所以能够取得"合法性"地位并被社会广为接受，在于：（1）制度会赋予组织不同定位，这种定位会约束和影响组织行为；（2）制度会强化组织试图宣扬的行为方式，也会弱化组织试图掩盖的行为方式，从而影响到社会对组织行为的看法；（3）制度具有对组织进行分类的功能，同类组织会以相同方式行为，并影响到后进入的组织。

迪玛奇奥与鲍威尔并不相信制度有如此强的塑化组织行为的功能，他们提出了一种间接的、以利益诱导为主的影响机制：（1）趋利避害的思维迫使组织行为遵循正式制度的要求；（2）对于其他成功者的学习和模仿会使得组织行为受到包括其他组织行为在内的外部环境影响；（3）除了正式制度，习俗、道德、礼仪等社会规范也会对组织行为产生深刻影响。迪玛奇奥与鲍威尔的理论和前人的理论比较起来，他们更强调组织之间的网络关系、互动关系和依赖关系。

二、社会学的相关理论

在前述的管理学视角中，组织通常被管理学者视为"个体创造的，被

---

① 周雪光：《组织社会学十讲》，社会科学文献出版社 2003 年版，第 130—134 页。

② Dimaggio P. J., Powell W. W., "The Iron Cage Revisited: Institutional Isomorphism and Collective Rationality in Organizational Fields", *American Sociological Review*, 1983, Vol.48, No.2, pp. 147-160.

用来追求特定目标的协作结构"①。管理学者会聚焦于微观层面,研究对象往往会局限于组织内的参与对象、结构特征、互动关系,以及这些因素混杂在一起后对组织演化、组织绩效、组织目标的影响等。但一部分社会心理学家如卡斯(Cass)等人开始注意到环境因素,研究环境中各个因素是如何影响组织内部个体态度和行为的,这使得组织理论的研究对象开始向更为宏大的视野发展。从 20 世纪 50 年代开始,在帕森斯(Parsons)、戴维斯(Davis)、斯梅尔塞(Smelser)等社会学家的推动下,结构功能主义开始崛起,学者们开始研究组织的各个子系统、子组织是如何发挥各自功能,形成密切联系的关系结构并又反过来影响子系统和子组织的。在此基础之上,社会学者们开始跳出由管理学者们在组织研究上所设计的藩篱,将研究重心由组织—个体互动转向了社会—组织互动,开始研究组织本身是如何置身于社会中各个元素之中,并在这种相互关联的结构中来认识组织的定位、作用、演变等重要问题。

对于社会—组织互动或者组织—环境互动关系的研究,"嵌入性"这一概念尤其重要。"嵌入性"作为一个学术性用语最早由波兰尼(Polanyi)提出,他认为"人类经济通常都潜藏于人类的社会关系当中……经济体系嵌入于社会关系"②。在波兰尼看来,经济行为作为一种过程,总是镶嵌在经济与非经济制度之中。他提出了经济体系与社会体系的嵌入性关系问题,即经济行为总是嵌入于文化、习俗等非经济行为中。波兰尼进一步研究发现,经济体系与社会体系的嵌入性不是静态不变的,而是动态的,即嵌入性随着社会发展的历史进程而变化。③ 从波兰尼的观点来看,其非常强调经济行为和社会体系之间的双边关系,出发点是批判新古典经济学将市场绝对独立化的思想。但波兰尼的"嵌入性"

---

① [美]斯科特、戴维斯:《组织理论:理性、自然与开放系统的视角》,高俊山译,中国人民大学出版社 2011 年版,第 4 页。

② Block F., "Karl Polanyi and the Writing of the Great Transformation", *Theory & Society*, 2003, Vol.32, No.3, pp.275-306.

③ 杨玉波、李备友、李守伟:《嵌入性理论研究综述:基于普遍联系的视角》,《山东社会科学》2014 年第 3 期。

观点提出来之后，并没有引起大众的关注，直到格兰诺维特（Granovetter）对整个概念的重新阐释。

1985 年，格兰诺维特以"嵌入性"为切入点①，提出了三个具有里程碑意义的命题：（1）社会行动中包括经济行动以及其他类型；（2）经济行动本身具有社会定位；（3）经济制度从属于社会性的建构②。在此基础之上，格兰诺维特划分了嵌入的类型，分为"关系型嵌入"和"结构型嵌入"。

"关系型嵌入"主要是指经济行动主体被置于其所在的关系网络中，行动方式受到影响和制约。③ 互动频次、情感依赖、亲密程度和互惠性交易是格兰诺维特划分关系强弱的四个维度。一般而言，有着更强关系的主体之间更容易建立信任关系，行动目标上更容易取得一致性，行动方式更容易形成默契，减少机会主义行为，从而有利于那些"默会知识"交流和传播。但具有强关系的组织之间由于彼此在知识结构、经验、背景等方面相似之处颇多，并不能带来新信息和资源，因此弱关系有时反而是获取新资源的重要通道。④ 进一步，学者们从四个方面论述了"关系型"嵌入对组织的影响机制：第一，组织间信息传递优势。信息质量有高低差别，在关系型网络内部组织间传送的信息质量通常较高，因此一些关键性的信息比如技术诀窍、管理方式等在关系型组织之间更容易传播和交流。第二，组织间的互利性行为。在新古典经济学假设中，经济行为人都是利己的，经常利用信息优势来实现自身利益最大化。但格兰诺维特认为一旦组织处于双边嵌入关系之中，组织之间会有大量互利性行为存在。其可能表现为当一方组织遭遇困境时，会将自身情况如实告知合作伙伴以免殃及他们，而伙伴组织也不会落井下石，而是会尽可能提供帮助，双方一起共渡难关。究其原因，学者认为是当经济活动和社会活动纠缠在一

---

① Granovetter M.，"Economic Action and Social Structure：The Problem of Embeddedness"，*Social Science Electronic Publishing*，1985，Vol.91，No.3，pp.481-510.

② Granovetter M.，"Economic Action and Social Structure：The Problem of Embeddedness"，*Social Science Electronic Publishing*，1985，Vol.91，No.3，pp.481-510.

③ Granovetter M.，"Economic Action and Social Structure：The Problem of Embeddedness"，*Social Science Electronic Publishing*，1985，Vol.91，No.3，pp.481-510.

④ 潘旭明：《组织间的合作关系：基于嵌入关系的视角》，《经济学家》2008 年第 2 期。

起时,"关系"的价值会呈现出来,而"有福共享、有难同当"的历程会对双方关系产生恒久性影响,从而在未来产生不可预知的收益。而"嵌入性"则是产生这种不可预知收益的关键。第三,组织间的事后支持性。交易中的资产专用性会产生事后"敲竹杠"问题,导致组织间合作变得困难,因此组织不得不放弃资产专用性投资而转向市场性交易,减弱组织间的合作深度。在威廉姆森的理论框架中,解决这一问题的有效方法就是"事后支持制度"。而在格兰诺维特看来,组织间的关系嵌入则正是一种较好的事后支持性,能够让组织之间建立信任关系,从而在非一体化形式下达成契约关系。第四,组织间的快速适应性。作为独立经济行为主体,当组织间仅仅通过市场发生联系时,价格机制是资源配置的主要方式。但实际上价格并不能灵活调整而是具有一定的黏性,再加上经济主体根据价格信号进行资源使用方式调整又需要一段时间,两方面时滞会造成不均衡状态,从而使得组织间的资源配置无法达到最优状态。但如果组织之间有嵌入关系时,价格就不再是资源配置的唯一信号,组织能够通过伙伴组织获得更多信息,从而优化资源在组织内部和组织之间的配置。

"结构型嵌入"是指在一定场域内经济行动主体形成了多边关系,这些错综复杂的多边关系逐步建构成为该场域内的惯例、习俗、规范和文化等结构性要素,并反过来影响经济行动主体的行为。"结构型嵌入"对组织的影响机制,学者们做了如下分析:第一,在"结构型嵌入"中,组织间错综复杂的关系网形成了包括信任、知识、共同价值观等在内的社会资本的形成和累积。马歇尔在19世纪首次注意到,在工业区的企业能够对当地集中的手艺和知识进行充分利用,这是区内企业长期相互交流、信任和协同的结果。[1] 帕特南(Patnam)对意大利南部和中北部地区工业发展的对比研究也发现[2],两个地区之所以形成较大差别,最主要的原因是中北部地区小规模企业通过组织网络化构建的"结构型嵌入"形成了巨大的

---

① [美]福山:《信任:社会美德与创造经济繁荣》,郭华译,广西师范大学出版社2016年版,第23页。

② Putnam R.D., "Making Democracy Work", *Electrical Engineering*, 1993, Vol.60, No.7, pp. 313-318.

社会资本，使其具备了巨大优势。这种基于"结构型嵌入"所形成的社会资本具有巨量的经济外部性，能够帮助组织获得较区域外企业无可比拟的竞争优势。第二，在组织之间单对单的双边关系中，由于信息不对称、利己主义等问题存在，机会主义行为难以避免，从而造成组织间合作困难和障碍。但不同于双边关系，"结构型嵌入"是由多边关系形成，这种多边关系使得某一组织针对另一组织采取机会主义行为时，不得不考虑它的这一行为及其结果对这个场域内其他双边关系的影响，因为在多边关系中任何单对单双边关系的裂纹和噪音都会在场域内传播，引起其他组织的注意和警惕。基于对自身声誉的考虑，任何组织都不会为了一时之利而鲁莽行事，这样双边关系中的一次性博弈变为了多边关系中的重复性博弈。换言之，多边关系中形成的惯例习俗、人情世故、文化价值观等犹如第三者，影响、监督、规范着组织之间的各种行为，组织行为混杂着社会性与经济性。第三，除了组织之间的合作由一次性博弈变为重复性博弈是一种事前对组织间机会主义行为的制约外，"结构型嵌入"还能提供一种类似于治理机制的事后制约。在双边关系中，组织之间一旦达成合作契约，事前多方竞争格局就会弱化为一方垄断格局，即发生威廉姆森提出的"根本性转变"。正是由于这种转变，使得组织间合作极易受到"敲竹杠""套牢"等问题困扰。而一旦形成"结构型嵌入"之后，由于组织间多边关系的存在使得场域内组织具有高度相似性，即使一方组织进行了专用性资产投资，但由于可以较为快捷地寻找到近似甚至是完全的替代者，这就大大增强了专用性资产的可转移性，交易中的"小数现象"①得到缓解，增加了被套牢一方交易对象的选择面，降低了被套牢一方的损失，遏制了机会主义行事者通过"敲竹杠"获取收益的可能性。

在格兰诺维特"内嵌性"理论基础上，许多学者进行了深入研究，把社会网络理论不断向纵深推进。其中最有影响力的是博特（Burt）在1992年提出的"结构洞"理论②。在该理论中，博特认为组织会主动地、

① ［美］威廉姆森：《资本主义经济制度》，段毅才、王伟译，商务印书馆2011年版，第188页。

② Burt R.S., *Structural Holes*, Harvard University Press, 1992, pp.335-337.

功利化地利用社会网络资源,将其视为一种社会资本来看待和使用。社会网络具有以下作用:(1)制造信息差异;(2)节省信息传递时间和丰富传递内容;(3)信号传递和中介。一个组织要有效利用社会网络来提高自身议价能力,就必须建构有效率和有效果的社会网络,这一过程就是博特所说的形成"结构洞"的过程。在博特的理论中,社会网络是工具性机制,特别强调了质量不同的社会网络具有不同功能,从而可以此分析组织在构建社会网络方面的行为,以及对组织绩效的差异进行合理的解释。

第四节　不同理论视角的比较与综合

在经济学视角中,经济利益的权衡始终是组织行为的准绳,从传统的新古典经济理论、交易费用理论、委托代理理论直到契约理论,都是从效率机制去解释组织行为,比如新古典经济理论强调生产成本最小化,所以组织设计是为了节省生产费用从而实现效率最大化;交易费用理论则聚焦于组织间进行经济交易时产生的各种费用,以及组织内部科层制下各个部门的协调费用,力求二者总和的最小化,并以此为依据来分析组织发生过程、组织边界、组织形式等重要问题。委托代理理论和契约理论则是强调在信息不对称的情况下,由于有限理性和机会主义影响所产生的各种问题,以及组织内部和组织之间契约设计问题。

在管理学视角中,特别是从社会系统学派到组织制度学派,都非常强调环境对组织的影响,认为任何组织都必须生存于某种环境中。与经济学把环境变量视为一个简单函数关系不同,组织制度学派提出了"合法性机制"来认识、解释和预测组织行为,认为要跳出组织去认识组织,而不能就组织论组织,这同经济学的效率机制有较大不同,能够解释一些经济学视角下无法完美解释的问题。

社会网络理论的核心思想可以归结为组织行为要从组织身处的社会网络,以及组织在这一网络中的地位来认识和解释。如果说经济学是从个人出发,以利益最大化为目标来研究组织行为,管理学中的制度主义视角是从宏观制度层面研究对组织行为的影响,那么社会网络理论则居于二者之间，既考虑网络结构（宏观层面）又考虑组织在网络结构中的地位（微观层面），以及二者的互动关系对组织行为的影响，为研究组织行为提供了一个独特视角。

综上所述，在认识和解释组织及其行为上，经济学重视以利益最大化为目标的效率机制、管理学中的制度主义重视以宏观制度为背景的合法性机制、社会学重视社会网络机制。要解释现实世界中纷繁复杂的组织行为，一个理论一种机制可能无法完全解释全部组织行为，因此需要借鉴不同的理论视角、不同的因果关系来更为全面地认识现实世界中的组织行为。不同的理论逻辑之间既相互竞争又相互补充。就本书研究的主题而言，小农户作为一种农业组织，自身内部的组织结构、组织行为以及同其他组织间的关系，既可以用效率机制来解释，也可以用合法性机制或者社会网络机制来解释，也可能是这三种机制的综合。本书进行理论研究的一个重要工作，就是要在经济学的分析框架内，综合运用上述三种理论视角，从而力求全面、准确和完整地解析小农户的行为方式，以及它与现代农业其他经营主体的关系。

第二章 小农户与现代农业
有机衔接的依据

小农户与现代农业有机衔接的客观依据能够从很多方面来找寻和分析,但总结起来可以从三个方面来进行:一是小农户与现代农业有机衔接的相关思想和做法,是农业发展历史的经验总结,在当前依然具有借鉴和沿用价值;二是小农户与现代农业有机衔接,是对当前中国国情、农情现实情况和问题的回应;三是小农户与现代农业有机衔接,是解决中国农业现代化进程中面临的各种问题的重要方式和手段。基于此,本章将从三个方面来阐述小农户与现代农业有机衔接的客观依据。

第一节 历史回顾:演变与经验

改革开放四十多年来,中国农业发展进步显著,取得了举世瞩目的辉煌成绩。截止到 2017 年,通过实施"藏粮于地、藏粮于技"战略,中国的粮食产量达到了 12358 亿斤,连续五年达到 1.2 万亿斤以上;在巩固传统增收路径的基础之上,中国农业不断寻找新的收入增长点,农村居民人均年可支配收入超过 1.3 万元,城乡收入差距逐步减小;新型农业经营主体蓬勃发展,各类农业经营主体达到 300 多万家,新型职业农民达到 1400 多万人;农业机械化水平持续提高,农业科技进步贡献率达到 57.5%,农药和化肥使用率提高了 3.8% 和 4.8%,但施药总量零增加,绿色农业、生态农业的理念开始深入人心;农产品加工业进一步发展,农村一二三产业融合速度加快,减玉米、增大豆、扩饲草、调生猪、提牛奶等成效明显,农村经济结构进一步优化。

中国之所以在农业发展上能够取得这些成绩，一个重要经验就是党和国家能够始终遵循生产力决定生产关系的客观规律，始终坚持将分散的小农户与大市场结合在一起，动态调整二者之间的关系，不断适应市场经济发展的要求。虽然小农户与现代农业有机衔接是党的十九大提出的新论断，但实质上是小农户与现代农业发展的关系问题。这一问题由来已久，中国农业不断发展、取得辉煌成就的四十多年，也是中国不断探索和调整小农户与现代农业关系的四十多年。以小农户与现代农业的关系为线索，可以把这四十多年的发展划分为四个阶段。

一、演变历程与阶段

（一）小农户与现代农业初步接触阶段（1978—1984 年）

1978 年中国农村生产经营方式开始发生了由人民公社制度到联产到组、联产到劳、联产到户，最后包干到户的转变。到 1984 年，实行包干到户的农村基本核算单位比重达到 99.1%。同时，实行包干到户的农户也达到全国农户总数的 96.5%。[①] 分散的农民家庭开始成为农村的基本生产经营单元。

赋予小农户独立自主的生产经营权，解决了"统分结合"中"分"的问题，但分散的小农户依然存在实力弱小、成本高昂、技术落后的问题，因此这些问题被放在"统一经营"中来解决。在人民公社、生产大队等传统组织消失之后，农村地区很快组建了不同规模、不同层次的社区合作经济组织，帮助分散的小农户合作经营，建立起以家庭经营为基础、统分结合的双层经营体制，成功地释放和调动了小农户的积极性，农村生产力得到了极大解放和发展。从 1978 年到 1984 年，粮食单产提高 42.8%，总产量增加 33.6%，农业增加值实际增长 52.6%[②]，解决了农民的温饱问题，农村贫困人口下降了 2/3。可以说，通过"统分结合"的经营体制，小农户初步与现代农业进行了接触，并取得了良好的效果。进一步，一些农业经济发

---

① 叶兴庆：《中国农业经营体制的 40 年演变与未来走向》，《农业经济问题》2018 年第 6 期。

② 蔡昉：《改革时期农业劳动力转移与重新配置》，《中国农村经济》2017 年第 10 期。

达的地区,由于农产品商品化率比较高,为了解决农产品销售问题,开始尝试与农业产业下游的加工企业和销售企业进行合作,结成风险共担、利润共享的利益共同体,这是小农户与现代农业衔接的初步尝试。

(二)小农户与现代农业开始连接阶段(1985—1992 年)

1985 年 1 月 1 日,中央发布了《中共中央、国务院关于进一步活跃农村经济十项政策》的文件,开始实行农产品购销体制改革,实行多年的统购统销政策被废除。统购统销政策的废除,一方面,放开了农产品价格,给予小农户更大的自主权,增强了小农户的生产积极性和增加了农户的收入;但另一方面,农业是一个弱质产业,生产不稳定,自然风险较大,一旦价格放开之后,小农户又将面临价格波动的市场风险,这种双重风险使得小农户难以承受。再加上农产品易腐难存,运输困难,农户很难独立与市场直接打交道。原有"统分结合"体制下的社区合作社规模较小、功能单一、合作范围狭窄,仅仅局限于农业生产环节,无法适应农业在市场经济发展中的要求,农业发展遇到到了瓶颈。

面对这一现实情况,一些加工企业和外贸企业看到了农业中存在的巨大商机,开始尝试着与农民进行合作,探索农业发展新路子。1986 年,山东省枣庄市从提倡"农村商品经济大合唱"起始,逐渐摸索出一套"农工商、产加销"的经营模式,并在山东全省进行推广,逐步演化成为"产加销、贸工农"一体化战略。在此基础之上,发达地区的农户不再仅仅从事简单的农产品种养工作,而是向农产品的加工、贮存、营销等高附加值环节延伸,农业效益显著提高,形成了小农户与现代农业衔接的雏形。

(三)小农户与现代农业紧密连接阶段(1993—2017 年)

小农户与现代农业紧密连接阶段的主要特征,就是农业产业化的实施。随着 1992 年党的第十四次全国代表大会的召开,市场经济体制开始逐步建立,市场在资源配置中开始发挥基础性作用,农业中的各种要素流动更加顺畅,各个环节的联系不断增强,各种联结机制不断创新和完善。1995 年《人民日报》发表了《论农业产业化》一文,报道了山东省潍坊市的先进经验和实践做法,阐述了农业产业化的基本内涵、历史意义和作用地位,在全国引起了极大反响。从此中国小农户与现代农业衔接进入到一个新阶段——农业产业化阶段。1996 年的《中华人民共和国国民经济和社会发展"九五"计划和 2010 年远景目标纲要》中明确提出要"鼓励发展多种形式的合作与联合，发展联结农户的中介组织，大力发展贸工农一体化，积极发展农业产业化经营"。这一观点在党的十五大报告中又再次得到了重申，"积极发展农业产业化经营，形成生产、加工、销售有机结合和相互促进的机制，推进农业向商品化、专业化、现代化转变"。从此以后，作为小农户与现代农业衔接的最新形式——农业产业化如雨后春笋般在全国蔓延开来。各个地区根据中央的统一要求，结合本地实际情况和优势产业，发展出"公司＋农户""专业协会＋农户""合作经济组织＋农户"等多种形式。这些早期的农业产业化形式，为小农户融入现代农业，融入现代市场经济开辟了新路径，再一次激发了农村地区的经济活力。但经过多年的实践发展后，这种早期的农业产业化形式的弱点也开始逐渐暴露出来：小农户与生产经营主体之间契约不完善、带动能力不强、利益联结机制不稳定不健全、利益分配格局不合理、小农户边缘化现象严重，等等。因此进一步深化和优化小农户与现代农业关系，提高二者的衔接质量，推动生产关系更好地适应生产力，就成为新阶段农村社会经济发展的必然要求。此后，农业产业化的形式不断创新，"公司＋家庭农场＋农户""公司＋合作组织＋农户""现代产业联合体"等形式不断涌现。

（四）小农户与现代农业有机衔接阶段（2018 年至今）

为了进一步理顺小农户与现代农业发展的关系，也为了回应前一阶段农业产业发展中出现的各种问题，党中央在党的十九大报告中明确提出了要"实现小农户与现代农业发展的有机衔接"，为小农户的发展指明了新方向。

目前中国大约有 2.6 亿小农户，依然是中国农业中数量最多的生产主体，其中大部分又集中在中西部地区，特别是西部的山地丘陵地区。不仅如此，这种"以代际分工为基础的半农半工"[①]小农户具有很强的稳定

---

① 贺雪峰：《关于"中国式小农经济"的几点认识》，《南京农业大学学报》（社会科学版）2013 年第 6 期。

性和再生性,而且这一状况还将一直持续,不会很快消失。与此同时,现代农业中新型农业经营主体也在快速发展。根据农业农村部的统计,目前全国共有符合统计标准的家庭农场87.7万个,经营耕地面积1.76亿亩,平均经营规模200.2亩。其中从事种养业的家庭农场达到86.1万个,占家庭农场总数的98.2%。全国依法登记的农民合作社达196.9万家,比2012年增长了1.86倍,比2007年增长了75倍,近5年的年均增长率达到37.2%。在规模以上的农业产业化组织当中,农业龙头企业有13.03万个,同比增加了1.27%,其中销售收入达到1个亿的企业数量增长速度更快,达到4.5%。

快速发展的各类新型农业经营主体与小农户之间发生着千丝万缕、错综复杂的关系,小农户在其间起起落落、沉沉浮浮,站在了命运和时代的十字路口。无疑,党的十九大报告适时提出的小农户与现代农业有机衔接,为中国为数众多的小农户指明了道路,小农户与现代农业的关系进入了新时代、新阶段。如何来探索和处理小农户与现代农业的关系,正是本书需要研究和回答的问题。

二、经验总结与借鉴

从前面的历史回顾可以看出,在四十多年的历程当中农村社会经济的发展已经历了三次重大的变革:第一次变革是20世纪70年代末期,打破原有计划经济体制下的以"人民公社"为基础的僵化的农业生产经营体制,实行以"包产到户"为中心的经营体制改革,推行家庭联产承包责任制,极大地促进了农村社会生产力的解放,提高了农业生产的效率。第二次变革是80年代中期,在传统农业生产已经释放出巨大生产力之后,为进一步寻找农村经济新的增长动力,进行了农村经济结构的调整,在传统农业基础之上大力发展农产品加工业,乡镇企业在农村大地上兴起并成为推动农村经济再次发展的助推器。第三次变革是农业产业化经营的实施,提高农户家庭经营的规模化、组织化和集体化,通过农业生产经营主体的中介作用,实现农业生产、加工、流通、销售等过程的一体化,从而进一步提高农业生产效益。总结起来,这三次重大变革过程都有一个共同点，那就是紧紧围绕小农户与现代农业二者的关系来进行。第一次变革重点是重新明确小农户在农业生产中的主体性和基础性地位，释放微观经济单元的活力，提高资源配置的效率。第二次变革重点是对落后的农业生产体系进行改革，通过大力发展农业深加工业来推动农业现代化的发展，改变简单落后的农业生产方式，适度延伸农业产业链。第三次变革重点是对产业体系进行改革，通过农业产业化方式建立现代化农业产业体系，适应现代农业发展要求，从而促进小农户与现代农业共同发展。

前三次变革极大地促进了中国农业的现代化，在一定程度上解决了小农户分散经营的问题，为中国农业辉煌成绩的取得立下了汗马功劳。中国现正处于农业第四次变革的开端，重心将放在农业生产体系、产业体系和经营体系的重构上，并促进三者的有机统一。可以说，中国农业不断发展的过程，就是小农户与现代农业不断探索衔接方式、寻求衔接规律、实现有机衔接的过程。中国农业发展的历史经验表明，对衔接路径的理解越是深刻、对衔接路径的运用越是恰当，就越能够实现农业增效、农民增收和农村繁荣。

第二节　现实依据：国情与农情

生产力决定生产关系，生产关系需要不断进行调整以适应生产力发展的必然要求。小农户与现代农业有机衔接，也是对农业领域生产关系的调整，以适应社会特别是农村地区生产力发展的要求。在四十多年的改革开放过程中，中国的国情和农情都出现了新变化、新问题，小农户与现代农业的关系问题不是纸上谈兵，而是要立足于现实，要始终与中国国情和农情的发展变化相适应，只有这样才能真正处理好二者的关系。

一、地少人多的资源条件

土地是农民安身立命之本，不仅关系农民的财产收入，也是农民最后的生活保障，其不仅涉及经济问题，也是一个政治问题。众所周知，地少人多是中国的基本国情。从 1990 年到 2015 年，中国耕地面积总量整体上处于下降趋势,从 1990 年的 1.27 亿公顷下降到 2014 年的 1.06 公顷,2015 年耕地总面积虽然上升到 1.19 亿公顷,但这是测量技术或者标准改变的结果,总体下降趋势并未改变。① 进一步,现有耕地中有一部分还存在地理位置特殊的问题,并不适宜耕种。另外有些耕地由于使用不当,污染受损的情况比较严重,土层遭到破坏,不适宜进行耕种。同时,城镇用地也会违规占用优质耕地。以上种种现实情况,使得实际的耕地面积更少。

另一方面,中国人口总量依然位居世界第一。2017 年中国人口总量达到了 13.86 亿人,虽然人口增速在下降,但总量下降并不明显。中国总人口增长率虽然整体上处于下降趋势之中,但人口增长始终保持正增长,而且随着二胎政策实行,人口增长率还略微增加。

综合上面两方面的情况,自 1990 年以来中国人均耕地面积整体上一直处于下降之中。人均耕地面积从 1990 年的 0.11 公顷下降到 2015 年的 0.09 公顷。而同期世界人均耕地面积是 0.197 公顷,中国人均耕地面积只有世界水平的 45%。可以预期,随着人口总量反弹上升和耕地面积不断减少,人均耕地面积还将持续减少。因此,土地资源总量大,但人均耕地少依然是中国农业资源禀赋的重要特征。地少人多的现实国情决定了土地特别是耕地在农村社会经济中扮演着双重角色。一方面,它是农业生产的基础性条件,是农民重要的收入来源;另一方面,农村耕地也是农村劳动力的吸纳器,能够帮助城市经济解决就业压力。正是因为耕地具有这种特殊性,中国农村基本经营制度就明确规定了农村土地属于集体所有,由农户家庭分别承包经营,最大程度上维持农村社会稳定。因此,在现阶段小农户作为家庭经营的主要载体,是由中国农业的资源禀赋条件所决定的。小农户作为基本生产单元,每家每户能够根据自身现实情况对所拥有的资源要素进行合理配置,能够最大程度利用家庭所拥有的土地与劳动力资源。同时,小农户也存在实力弱小、市场竞争力差、抵

---

① 2015 年的全国土地变更调查工作,采用覆盖全国的卫星遥感监测地图,技术上的变化使得测量数据更为准确。

御风险能力不足、组织化程度低的问题，在现代农业中举步维艰。因此，只有将小农户与现代农业进行有机衔接，才能进一步巩固中国的农村基本经营制度，才能更好适应和解决地少人多所导致的现实困境。

二、"四化联动"的要求

党的十八大提出了"新型工业化、信息化、城镇化、农业现代化的'四化'同步发展战略"，小农户衔接现代农业正是顺应了这一发展战略的要求。

工业化，是"国民经济中一系列基要的生产函数（或生产要素组合方式）连续发生由低级到高级的突破性变化（或变革）的过程"[①]。通俗地讲，就是国民经济中农业的比重不断下降，而工业的比重不断上升，成为经济主体的过程。在这一过程中，学者们达成了一个共识：工业发展与农业发展并不是对立的[②]，工业化并不是仅仅指制造业的发展，也包括农业的机械化和现代化[③]。

传统农业之所以称为"传统"，主要是因为数百年甚至上千年一直沿用传统生产要素进行农业生产，很少使用甚至完全不使用现代工业的技术和成果。由于中国地少人多的现实情况，过度投入劳动力以尽可能地挖掘土地的潜力就成为一种选择，这也是中国农业出现"过密化"的原因。工业化会打破上述稳定状态。工业部门能够提供比传统农业更高的收入，农村剩余劳动力开始逐步向发达的工业部门进行"套利性"转移。这种劳动力的转移持续进行到"刘易斯拐点"时，传统农业中的"过密化"问题就能得到缓解，劳动力资源配置格局改变将使农村劳动力变得稀缺。同时，先进工业部门中的新型物质要素——机器设备——开始进入到传统农业之中，传统农业开始出现"舒尔茨式"增长。至此，传统农业的稳

---

① 张培刚：《论工业化与现代化的涵义及其相互关系》，《华中科技大学学报》（社会科学版）1992 年第 1 期。

② "新型工业化道路研究"课题组：《对工业化的重新认识及其现实意义》，《当代经济科学》2004 年第 3 期。

③ 王俊、李佐军：《推进工业化、城镇化与农业现代化》，《西北农林科技大学学报》（社会科学版）2015 年第 1 期。

定状态被彻底结束,农业发展进入到第二阶段,也是传统农业到现代农业的过渡阶段。[1]

在过渡阶段,"工业反哺农业""以城带乡"等支持性政策也会给农业带去一定数量的资本,表现为农业生产规模扩大、农业机械化水平提高,以及先进农业生产技术推广与应用等。因此,过渡阶段的重要特征就是物质资本成为农业发展的主要驱动力。由于资本过渡累积会发生边际收益递减情况,农业人均收入将在一定时期内保持不变。

新型工业化顺利进行也需要农业现代化的配合。农业资本积累引致的技术进步,会出现偏态技术进步,这对技术使用者的人力资本和组织化程度提出了更高要求。只有农业的收益率超过工业时,这部分具有更高人力资本和组织化程度的经营主体才会主动参与农业生产。换言之,承载偏态技术进步的经营主体将成为现代农业的主力军。

随着工业化不断推进,中国城镇化水平也在不断提升。城镇化快速发展有效减少了农村剩余劳动力,也反过来推动了新型工业化发展。但应该注意到的是,如果农业无法实现现代化,将无法为城镇化的进一步发展提供保障。农业现代化过程,不仅为农村剩余劳动力进一步释放打开空间,还可以通过城镇良好的基础设施配套,显著提高农村和农业的劳动力质量。更重要的是,农业现代化过程也是为城镇化提供产业支撑的过程。随着产业链延伸,现代农业的发展可以在休闲旅游业、农产品加工业、农产品商贸物流等方面为城市特别是中小城镇提供大量的产业空间和就业机会,从而夯实城镇化基础,避免出现"户口城镇化""土地城镇化"等问题,提高城镇化质量。反过来,高质量的城镇化,又能为现代农业和相关延伸产业的发展提供广阔的市场空间。

信息化是农业现代化的推动力,小农户衔接现代农业的过程,也是农业信息化过程。在这一过程中,可以对农业生产所涉及的对象及全过程进行数字化表达、设计、控制和管理,农业经营管理可以实现向全程管理

---

[1]　郭剑雄:《工业化、人口转型与长期农业增长的差异化路径》,《中国人民大学学报》2016年第2期。

和电子商务方向转化。同时，信息技术的发展也在一定程度上减弱了小农户面对大市场时的信息劣势，使得小农户能够通过互联网和电子商务平台进行农业物资采购、农产品信息收集、农产品价格了解、农产品品牌宣传和农产品销售等，这都为小农户衔接现代农业提供了便利条件。

从现实情况来看，1978 年中国农业产值（包括农林牧副渔）为 1397 亿元，2016 年为 112091.2 亿元，化肥施用量从 1978 年的 884 万吨增加到 2016 年的 5984.1 万吨，增长 6.77 倍；耕地灌溉面积由 1978 年的 4496.5 万公顷增加到 2016 年的 6714.06 万公顷，增长 1.49 倍；农业机械总动力由 1978 年的 11749.9 万千瓦增加到 2016 年的 97245.6 万千瓦，增长 8.28 倍；全国农作物综合机械化率由 1978 年的 19.66% 增长到 2015 年的 64.18%。[1] 1978 年农业劳动力比重为 70.5%，而 2015 年实际务农劳动力比重下降为 18.3%，农业劳动力转移总量从 1978 年的 3150 万人上升到 2016 年的 28171 万人，增长 9 倍。[2] 从以上数据可以看出，中国农业已经开始进入"机械化农业"时代，"农业机械投入对劳动力投入存在显著替代关系"[3]，仅仅"以劳动和土地为主驱动力的传统农业形态已成为历史"[4]。

另外，从农村家庭人口情况看，从 2000 年到 2010 年，中国农村妇女总和生育率在 1.73 至 1.43 水平上[5]，即每个农村妇女终生生育不到 2 个孩子。而与之对照的是农村居民家庭子女受教育程度显著提高。生于 1949—1970 年间的农村居民，男性接受教育年限 7.47 年，女性为 5.52 年；生于 1970—1990 年间的农村居民，男性接受教育年限为 9.92 年，女

---

[1] 数据源自国家统计局：《中国统计年鉴 2017》，中国统计出版社 2017 年版。

[2] 中国农业劳动力的数量和比重在不同文献中的统计口径有较大差别，本书在这里采用蔡昉的研究结论。蔡昉：《改革时期农业劳动力转移与重新配置》，《中国农村经济》2017 年第 10 期。

[3] 王欧、唐轲、郑华懋：《农业机械对劳动力替代强度和粮食产出的影响》，《中国农村经济》2016 年第 12 期。

[4] 郭剑雄：《工业化、人口转型与长期农业增长的差异化路径》，《中国人民大学学报》2016 年第 2 期。

[5] 郝娟、邱长溶：《2000 年以来中国城乡生育水平的比较分析》，《南方人口》2011 年第 5 期。

性为8.54年。[①] 这一数据表明,中国农村人口正处于由数量到质量的转换期,代际优化的特征明显。

综合上面两组数据,可以得出结论:首先,中国农业正处于过渡期的末端,在"四化联动"战略推动下,随着农村人口质量不断提高,以人力资本和组织程度提高为特征的新型农业经营主体正在不断出现,并准备向农业现代化阶段迈进。可以预见,在农业现代化阶段,经营主体的人力资本与组织程度提升将首先推动农业产出增长。其次,经营主体人力资本和组织程度提升会导致存量规模效应,能够与物质资本结合后呈现出边际收益非递减特征[②③],农业收入将会出现持续增加。最后,农业技术进步在这一状态下将呈现出连续状态,保证农业收入增加的平稳性。因此,要适应农业现代化发展的必然趋势,小农户与现代农业发展有机衔接就是一种必然选择。

三、农业科学技术的进步

社会生产力发展,在很大程度上表现为人类认识自然和改造自然的能力,而这种能力是由人类科技力量推动的。在科技发展史上,人类社会已经经历了蒸汽时代和电气时代两次工业革命,目前正在经历和上演第三次工业革命。

从第三次工业革命发展的历程来看,其主要是在1970年左右由新能源技术、信息技术、新材料技术等领域开始启动,逐步蔓延和涵盖到数字化技术、互联网技术、生物化学技术、纳米量子技术等方面。可以说,近年来随着信息技术、量子技术、生物能源技术、生物电子技术、物联网技术的飞速发展,实用层面的智能制造、工业机器人、物联装备、远程自动操控等

---

① 此数据源于"中国综合社会调查2008",该项目由中国人民大学社会学系等单位主持开展的一项全国范围的大型抽样调查项目。调查期间,1990年以后出生的人口尚处于读书期间,所以未被纳入调查范围。

② 贝克尔、赵思新、黄德兴:《家庭经济学和宏观行为》(上),《国外社会科学文摘》1994年第12期。

③ 贝克尔、丁泉:《家庭经济学和宏观行为》(下),《国外社会科学文摘》1995年第1期。

机器设备已经进入到大规模的生产和使用阶段，开始逐步对传统手工操作和简单劳动进行代替和补充，以前所未有的澎湃之力对社会经济各个方面、各个行业、各个领域进行着前所未有的冲击和变革。

根据速水佑次郎（Yujiro Hayami）和拉坦（Rutton）的研究①，现代农业中的技术可以分两种类型：一种是以农业机械代替传统劳动，提高农业工人劳动生产效率的"劳动节约型"农业技术；另一种是以生物化学技术为基础，通过化学农药和生物农药发展，增加农产品产量，从而提高土地生产效率的"土地节约型"农业技术。不同国家基于本国的资源禀赋状况对两种技术各有偏好。从实践中看，美国由于农地面积宽广而农业人口相对较少，倾向于采用"劳动节约型"农业技术。日本由于农地稀少而农业人口相对较多，倚重于"土地节约型"农业技术。但无论采用何种农业技术来促进本国农业生产效率提高，一个共同的特点就是单纯依靠农户"内卷式"发展并不符合现代农业要求，对现代农业科技应用是不可避免的历史趋势。

新技术革命对农业的冲击和影响可以表现为三个方面：一是通过改变农业中各类资源要素的使用方式和途径，大大提高它们的使用效率，使得资源配置主体发生改变，触发其变为主要的现代农业生产经营者，彻底改变农业生产者结构。二是通过科技促进农业产业结构变革，在推动传统农业生产部门淘汰、改造的同时，催生出许多新的农业生产方式和新部门，农业范围也会由简单生产部门扩大为涵盖范围更广的包括加工、流通、营销等在内的产业网，大大增加农业生产的附加值和赢利空间。三是科技革命会推动农业生产部门研发出新的农产品，提升农产品品质，从最初的适应、回应市场需求，逐步演变为主动创造和引导市场需求，从而获得更高产业利润。那些主动采用新技术、能够采用新技术的新型农业经营主体将在市场竞争中占据优势，反之则会被淘汰。

因此，随着中国农业现代化历史进程的推进，小农户要在现代农业中

---

① ［日］速水佑次郎、［美］拉坦：《农业发展：国际前景》，吴伟东、翟正惠译，商务印书馆2014年版，第133页。

占据一席之地,就必须融入现代农业之中,通过与现代农业衔接,在与现代农业中各个主体的交互过程中不断学习、引进、模仿新科技,从互动中获得智力支持、人才支持和组织支持,了解农业科技最新发展趋势和动向,从而不断提升小农户的生产效率,保持自身作为农业生产最基本单元的活力和竞争力。

第三节 客观必然:顺势与选择

随着中国经济整体进入新时代,农业和农村发展的外部环境正在发生深刻变化,"三农"问题又将面临新阶段、新特征和新挑战,党和国家也适时提出了乡村振兴战略。因此,作为乡村振兴战略重要组成部分的小农户与现代农业有机衔接,有其客观必然性。

一、顺应世界农业发展趋势的必然选择

农业作为一种最为古老的产业,当今各国农业发展状况有别,水平高低有异。通过了解和借鉴发达国家农业现代化过程,特别是它们经营主体与现代农业之间相互关系的基本情况,对于实现小农户与现代农业有机衔接将大有裨益。

(一)美、日、法三国的基本情况

1. 美国的基本情况

美国是世界上农业最为发达的国家之一,农业人口只有全国人口的2%左右。如果以农业人口作为标准,其拥有的人均耕地面积将非常惊人。在美国农业经营当中,家庭农场是绝对主体。截止到 2014 年,在美国农场中,家庭农场比例高达 87%,数量上达到 207 万多个,而公司农场占比不足 3%,其余是合伙制农场,而且合伙制农场和公司农场,也是以家庭为基础。

美国家庭农场不仅数量众多,而且规模庞大,经营效益整体上非常良好。在 2014 年,美国家庭农场平均经营收入达到 10.67 万美元,经过多年发展和积累之后,家庭农场净资产总额达到 100 万美元,且家庭农场规

模越大,规模效应就越明显。在经营面积超过1000公顷的大型农场之中,经营人员通常在3—5人之间,而年产值可以超过200万美元。

在美国农业经营制度中,这些家庭农场主要通过社会化服务体系与现代农业的各个组成部分进行联系,进而联系到整个市场体系之中,其主要特征是:首先,有完善的社会化服务组织来连接分散的家庭农场。美国农业公共服务体系主要由政府部门来主导,是政府主导型的典型代表。在政府引导下,美国成立了种类繁多的合作组织,主要从事各种各样农用物资的研发、生产、售卖和租赁,为大大小小的家庭农场提供多元化的生产经营服务,其专业化水平相当高,大大节省了家庭农场成本。其次,有全面社会化服务功能来支持分散的家庭农场。各类社会中介服务机构能够为家庭农场提供从生产到销售的一整套服务,其中包括职业技能培训、金融支持、信息化服务、管理咨询、营销服务、农业保险等,使家庭农场能够顺畅地融入美国的现代化经济体系之中。

2. 日本的基本状况

日本与美国在资源禀赋上有较大不同,突出表现为日本国土面积狭小,户均耕地面积仅为0.8公顷左右。第二次世界大战后,日本政府通过土地赎买方式从原来的地主手中收回了绝大部分土地,并将其转让给农户自行耕种。当前日本农业生产经营的主要力量就是销售农户和农业经营体。①

从日本政府的规定看,所有销售农户都属于农业经营体,但销售农户主要从事农产品种养工作,而农业经营体还包括从事农产品深加工和经营林牧副业的农户,以及少部分法人单位构成的农业经营体。虽然销售农户和农业经营体有所区别,但大多数都属于家庭经营范畴,都以单个农

---

① 在日本,所谓销售农户,是耕地面积在0.3公顷以上或者自然年度农产品的经销总额在50万日元以上的家庭农户。所谓农业经营体,是日本政府在1999年颁布的《食品、农业、农村基本法》中首次提出来的,是由家庭控制所有权和经营权,劳动力主要源自家庭劳动力的经营体。农业经营体的认定标准是达到以下条件之一:(1)家庭经营的土地面积超过0.3公顷;(2)蔬菜种植面积超过0.15公顷,或者果树种植面积超过0.1公顷,或者花卉种植面积超过0.1公顷(大棚花卉超过250平方米),或者饲养奶牛1头、生猪15头、肉鸡1000只;(3)年农产品销售额50万日元以上;(4)依法提供农业托管工作和服务。

户家庭作为生产经营主体。截止到 2016 年,日本全国农业经营体数量总共为 146.35 万个,其中以家庭为单位的经营体就有 139.61 万个,占比 95.4%。

日本农户总体上的实力要比美国弱,规模更小也更为分散。因此在日本,更需要统一的社会化服务来帮助小农户与现代农业进行衔接,其有如下的特点:首先,日本各种农业协会非常发达。日本农业协会遵循农户出资、农户管理、农户利用、农户受益的原则,低价甚至是无偿为协会会员提供生产资料集中采购、农产品销售协助、农业技术传授与讲解、经营管理知识培训、农业贷款和补助申请等内容,同时也会引入商业机构为会员提供商业宣传、农业保险、品牌战略等服务。其次,社会化服务专业化与精细化。日本社会化服务的一个特点就是有所侧重,专业化程度非常高。比如日本非常重视农产品的品牌化,在很多地区都推行了"一村一品""一场一品"的差异化农产品品牌发展策略,有专门的社会服务机构来挖掘各地区独特的资源优势,因地制宜地推出特色农产品品牌,使得每个地区都能充分发挥自身优势,保障每个产品都具有鲜明特色和良好品质。最后,日本政府非常重视培养职业农民,把其作为农户连接现代农业的一个重要手段。日本政府还专门设立了农业养老金制度,这样的机制使农业真正成为一种现代职业,能够吸引社会中的年轻人从事农业,很好地解决现代农业中亟须的人力资本问题。

3. 法国农业的基本情况

法国是欧洲大陆国家,农业有悠久的发展历史,是世界第二大农产品出口国、欧盟地区第一农业强国。[①] 第二次世界大战之后,法国政府日益重视农业发展,鼓励中小型家庭农场和农户发展。当前,法国已经形成了多类别、多元化、多层次的生产体系,其中 60% 的农户主营业务以谷物为主,11% 的农户经营鲜花、8% 的农户进行蔬菜种植、5% 的农户主要进行葡萄种植,剩下的家庭农场以养殖业为主。[②]

---

① 薛振莉:《法国农业经济的发展状况及其制度构建》,《世界农业》2014 年第 4 期。
② 赵娴、刘佳、吕泓成:《法国家庭农场经营特征、发展经验及启示》,《世界农业》2017 年第 11 期。

法国农业在发展过程中最突出的特点就是"市场竞争促进型的农业合作社"①的作用明显。法国发展合作社的历史传统非常悠久，在1867年就成立了第一个全国性的农业合作组织——法国农业公司。经过上百年发展，当前法国既有全国性农业合作组织，比如法国全国合作社协会、法国农业合作社联盟、法国农业信贷银行集团，也有地方性农业合作组织，比如农业共同经营联合体、农产品营销合作社、农业经营合作社企业、农业互助信贷合作社等。可以说法国合作社已经覆盖了农业领域的方方面面，对农户家庭经营的影响归结起来有这么几个方面：第一，法国合作社都严格执行了自愿加入、民主投票、服务与经营结合的原则。第二，法国合作社提供全面的现代农业服务。除了一般性农业服务之外，法国合作社针对现代农业要求，还进一步为社员提供农产品在财税、保险、政策咨询、法律保护、政府关系等方面的服务。第三，法国农业合作组织在农户与市场之间扮演了重要的桥梁作用。对内向农户提供优质原料、传播科技、提供市场信息，对外提供产品信息、亲密政商关系、影响农业政策，帮助农户获得更多利益。

（二）经验总结与借鉴

纵观美国、日本、法国三个农业发达国家的经验，虽然每个国家由于历史沿革、制度条件、资源禀赋等方面的差异造成农业发展各有独特的路径，但依然可以从中得出一些共同的、能够对中国农业发展有启发意义的结论，为中国小农户与现代农业有机衔接提供经验证据。

1. 立足国情理清思路，走中国式有机衔接道路

纵观各国，家庭农户与现代农业衔接方式都不同，重要原因就是每个国家的国情不同。虽然都是发达国家，但三国土地资源和人力资源存在禀赋差异，其衔接方式和路径都有明显的差异。美国因为地多人稀，所以走大农场道路，依靠社会服务机构直接连接大市场；日本资源禀赋正好相反，所以就走小型家庭农场道路，依靠复杂的社会化服务体系来帮助家庭经营

---

① 高巍、高天峰：《"一带一路"战略下西北新型农业经营主体培育路径——基于法国农业经济主体发展模式视角的讨论》，《湖北农业科学》2017年第23期。

主体;法国却倾向于依靠数量众多的合作社来连接大市场,与美国又有区别。中国在进行小农户与现代农业有机衔接的过程中,固然需要借鉴其他国家和地区的先进经验,但也绝不能生搬硬套、东施效颦。应该立足于中国国情、立足于中国农情,探索有中国特色的小农户与现代农业有机衔接之路。

2. 小农户天生弱质,需要通过有机衔接得到扶持与帮助

从美国、日本、法国三国的农业经营制度可以看出,虽然各自具体形式有所差别,但各国都坚持了家庭经营的基础性地位。家庭,而不是大型工商企业,在世界范围来看,仍然是农业生产经营的主力军和基础单元。但即使在美国、日本、法国等发达国家中,进行家庭经营的农户在现代农业中都属于弱质组织,面对风云变幻的市场经济通常都难以为继,必须对其进行支持和保护。支持与保护的方式,不仅是通过农业财政金融政策进行"外生型"支持,还应该从组织发展角度,通过小农户与现代农业紧密连接,对小农户进行改造和升级,与新型农业经营主体进行匹配。从美国、日本、法国三国农业经营主体可以看出,发达国家农业家庭经营的主要载体已经不是传统小农户,而是从小农户发展而来的家庭农场主。因此,中国也要进行家庭经营载体的升级换代,培育新型农业经营主体,特别是家庭农场。在这一过程中小农户与现代农业有机衔接就变得非常必要,只有在衔接中才能更快实现小农户成长。

3. 完善的市场条件和环境,是小农户深度融入现代农业的关键

从美国、日本、法国三国的经验来看,农户要融入现代农业中去,必须要有相应的外部市场条件和环境作为支撑,其主要表现为:第一,土地产权清晰明确。在小农户与现代农业衔接过程中,土地都会有一定的适度集中过程以实现规模化经营。美国、日本、法国都是通过土地改革,明确土地的各项权能,促进土地要素流动,提高土地利用效率。第二,健全市场体系,为经济主体搭建公平交易的平台。小农户要与现代农业衔接,农业资源要素和农产品要能够自由流动,优化配置。因此建立和完善各类要素和产品的市场体系就成为农业发达国家的共同做法。在这一平台上,包括小农户在内的各个经济主体能相互交流、相互协商,在博弈过程中实现合作共赢。第三,完善的社会化服务体系。国外农业发达国家小

农户融入现代农业的主要纽带就是各类社会化服务组织,虽然每个国家社会化服务组织的类型不同、形式不同,但都有非常完善的体系,能够在农业采购、生产、运输和销售各个环节相互配合。这是中国在小农户与现代农业有机衔接过程中非常值得借鉴的地方。

二、破解农业竞争力低下问题的必然选择

(一)中国农业竞争力的现状

改革开放以来,中国农业取得了快速发展,农产品产量不断增加,远远高于人口增长量,人均农产品数量足以解决温饱问题。伴随着中国农产品总量和人均产品的增长,中国农业发展中也出现了新的问题和挑战,其突出表现为农业的竞争力问题。

第一,农业生产成本高昂。在物资成本方面,受到国内外宏观环境的影响,特别是与农业密切相关的原材料和能源价格上涨冲击,农机农资价格不断攀升,再加上先进农业技术购买和转让价格由于知识产权保护的影响也不断提高,都造成了农业生产的物资成本增加;在劳动力成本方面,随着工业化和城市化快速推进,农村劳动力不断流出和转移,农村劳动力的数量与质量都在不断下降,农业生产以老年和妇女儿童为主,青壮年劳动力匮乏,造成了农业生产经营中高素质劳动力价格偏高;在农地成本方面,城市化使得农村土地价值不断提升,土地流转范围和规模增加、土地流转市场化不断发展以及农民意识不断增强,农地流转价格也持续增加;资金成本方面,由于农业属于弱质产业,基于利润考虑商业资本很难直接进入到农业生产第一线。农业又属于自然风险较大的产业,农业商业贷款利率较高,资金成本较大。因此支持中国农业发展的资金大部分来自国家的优惠金融扶持政策,这部分资金如果计算进去,则会进一步增加农业生产成本。

上述这些因素导致了中国农业生产高投入和高成本状态。根据党国英的研究①,按中国粮食总产量 6000 亿公斤粗略计算,耗费 16 亿亩农

---

① 党国英:《中国农业发展的战略失误及其矫正》,《中国农村经济》2016 年第 7 期。

地,70 亿个工作日,5 万亿元资本存量,资本折旧 4800 亿元。如果计算粮食的完全要素成本,则总共成本大约为 2 万亿元。① 而在国际上,有竞争力的粮食价格仅为 1.4 元每公斤,而中国的粮食成本则高达 3.33 元每公斤。换言之,如果从机会成本的角度来考虑,中国农业竞争力难言乐观。

第二,农产品价格高昂。由于农产品生产成本高,加上政府为了国家粮食安全和保护农民收益,对农产品实行价格和综合补贴政策,导致中国主要农产品价格高于国际价格,且价差明显。以 2018 年 7 月为例,大豆价格方面,山东地区进口大豆到岸税后价每斤 1.70 元,比当地国产大豆价格每斤低 0.33 元。大米价格方面,配额 1%关税下泰国大米到岸税后价每斤 1.64 元,比国内晚籼米批发价每斤低 0.4 元,离岸价折合人民币每斤 1.33 元,比国内低 0.7 元,低 34.8%。小麦价格方面,美国墨西哥湾硬红冬麦离岸价直接折合人民币每斤 0.8 元,比优质麦产区批发价低 0.51 元;配额内 1%关税下到岸税后价约每斤 1.14 元,比国内优质麦销区价低 0.24 元。棉花价格方面,同等级(B 级)棉花国际价格为每吨 13695 元,比中国棉花每吨低 2515 元,到岸价每吨低 529 元。油菜籽价格方面,9%关税下的加拿大油菜籽到口岸税后价每斤 1.88 元,比国内油菜籽进厂价每斤低 0.74 元。豆油价格方面,美国墨西哥湾豆油离岸价每斤 2.06 元,比国内销区豆油价低 0.60 元;配额内 15%关税的巴西食糖到岸税后价每吨 3149 元,比国内糖价低 1986 元。即使对关税配额外征收 40%保障措施关税后,巴西食糖到岸税后价每吨依然比国内糖价低 160 元。②

正是因为主要农产品国内外价格差异较大,导致中国农产品在国际市场上竞争力不强,农产品进口数量居高不下。2017 年中国大豆累计进口 9553 万吨,同比增加了 13.8%,对外依存度高达 86%;小麦累计进口

---

① 指经营者使用土地、劳动与资本诸要素时的要素价格总和。当然这一估算,党国英也认为不够精确,但能够反映趋势。

② 《2018 年 7 月农产品供需形势分析月报(大宗农产品)》,农业部网站,见 http://www.moa.gov.cn/ztzl/nybrl/rlxx/201808/P020180817325051999959.pdf。

442万吨;稻谷累计进口403万吨,同比增长了13%,进口量居世界第一。另外高粱、油菜籽等农产品的进口量也位居世界第一。[①] 大量农产品进口,相当一部分并不是国内农产品供给不足,而是源于国内外价格差异,造成中国国产农产品库存量急剧增加,市场被外国农产品占据。

(二)小农户与现代农业有机衔接有利于提升农业竞争力

从以上分析可以看出,中国农业生产成本高企产生了"地板效应"[②],而国际农产品相对低价格又形成了"天花板效应"。中国农业被挤压在两板之间,是在夹缝中求生存。要提高"两板挤压"下中国农业的竞争力,关键就要降低农业生产经营成本,提高农业生产效率,通过生产高质量农产品来参与市场竞争,这也要求小农户与现代农业有机衔接。

第一,有机衔接可以降低农业生产成本。小农户在农业生产领域具有天然优势,比如精耕细作、监督成本低、与中国资源禀赋条件契合等。通过小农户与现代农业有机衔接,促进土地流转和资源向"种地能手""专业大户"集中,形成适度规模化经营,使用农业技术和农业机械,增强小农户的组织性,升级小农户的经营方式,进一步提高小农户生产效率,降低农产品生产成本。

第二,有机衔接可以优化农产品品质和结构。从国际经验看,随着城乡居民收入水平提高,人们对农产品的需求结构会从热量型农产品转为保护型农产品。通过与农业企业、农民合作社、家庭农场等中介组织进行合作,可以增强小农户对市场信息的获取能力和反应能力,可以使小农户依据市场需求状况来组织和安排农业生产。小农户能够在衔接过程中实现生产过程标准化、种养过程绿色化、农产品品种多元化、农产品品质化和经营方式市场化。

第三,可以促进农业产业兴旺。小农户与现代农业有机衔接可以促进小农户参与现代产业,有利于城乡之间资源互补和融合,可以强化

---

① 徐田华:《农产品价格形成机制改革的难点与对策》,《农业经济问题》2018年第7期。
② 汪传敬:《经济新常态下的农业发展问题探析》,《中国统计》2015年第11期。

农业与其他产业之间的动态联系,促进新型农业经营主体的生成与发展,延伸农业产业链,促进农业附加值增加,实现农村一二三产业的进一步融合。

三、破解农民持续增收问题的必然选择

党的十九大明确提出了农民要生活富裕这一要求。生活富裕的主要含义,是要在实施精准扶贫、消灭农村贫困的基础上,持续增加农村居民收入,提高农村居民的生活质量和幸福感,因此"三农"问题的核心依然是农民收入问题。

(一)农民收入增长的基本特征和态势

自改革开放以来,随着农村社会经济快速发展,农民收入也有了同步提高。1978 年农民人均纯收入为 133.57 元,1994 年首次突破千元,2014 年首次突破万元,到了 2017 年这一数值增加到 13432 元。按照 1978 年价格计算,40 年的年均增长率为 7.52%。

2012 年是个转折点,在这里农民收入增速开始逐年下降,2016 年仅为 6.2%,低于当年 GDP 的增速,这是多年来的第一次。除了总收入的变化之外,作为农民增收重要组成部分的工资性收入和经营纯收入,其增长速度同样不容乐观。

同时自那以后农民的人均工资性收入和经营纯收入的增速开始放缓并持续下降,到 2016 年增速分别为 9.1% 和 5.3%,这与农民人均总收入增速下降同步。在以前,农民工资性收入下降还可以通过返乡后的经营纯收入弥补,然而工资性收入与经营纯收入"双降"则表明,在农业"双板挤压"情况下,农民通过农业经营性收入增收的空间被极大压缩了,整体增收遭遇极大困难。正如学者指出的,如果"按照增速 10% 以上、7.5%—9.9%、5.0%—7.4%和 4.9%以下分别为高增长、中高增长、中低增长和低增长的划分标准"[1],那么 2016 年以后中国农民收入将进入第

---

① 蓝海涛、王为农、涂圣伟等:《新常态下突破农民收入中低增长困境的新路径》,《宏观经济研究》2017 年第 11 期。

四波中低增长阶段，而且这一时期可能持续时间较长。

（二）小农户与现代农业有机衔接有利于提高农民收入

习近平总书记多次指出："小康不小康，关键看老乡。"[1]这句朴实的话意味着中国全面建设小康社会的关键点，在于农村中占绝大多数的小农户的收入水平与富裕程度。前面数据表明，当前中国农民收入增长遇到了阻碍，他们绝大多数都是小农户，且全国绝大多数的低收入人口、贫困人口，都集中于小农户。要打开农民收入增长的空间，就是要增加小农户的收入。

小农户与现代农业有机衔接，正是增加小农户收入的有效途径。小农户衔接现代农业，通过依托新型农业经营主体和社会化服务机构，在一定程度上能够克服生产成本高昂、技术落后、信息不畅的痼疾，与新型农业经营主体实现合作共赢，并分享现代农业发展成果。特别是对于农村贫困户，与现代农业有机衔接，则可以实现由"输血式"扶贫到"造血式"扶贫转变，有效减少和消除贫困人口。新型农业经营主体、集体经济组织、社会化服务组织则利用小农户的要素资源，进行规模化生产，提高农业经营效率和收益，增加资金积累，增强自身实力，从而为农村社会经济发展提供更多更好的公共基础设施和服务，带动小农户实现农村地区共同富裕。

除了增加小农户经营性收入之外，通过与现代农业有机衔接，还能够有效增加小农户的财产性收入。在衔接过程中，小农户的土地资源能够结合农村土地"三权"分置改革和农村"三变"改革，由资源变资产，通过农地流转，以入股分红的形式分享现代农业发展成果，实现农民变股民。

四、破解生态环境硬约束问题的必然选择

自从"可持续发展"这一概念提出来以后，人类发展过程中资源与环境保护问题就一直受到人们的重视。农业发展同样也要面对可持续问

---

① 中共中央文献研究室：《习近平关于全面建成小康社会论述摘编》，中央文献出版社2016年版，第195页。

题,要求人们在发展农业的过程中要在时间上、空间上合理配置有限的农业资源,合理考虑农业资源的承载能力,保持农业资源的持久性。

20世纪50年代,一些国家受制于经济发展和人口快速增长的双重压力,在发展过程中曾经历过片面追求产量而超越农业资源承受力的情况,滥用农药和化肥,造成生态环境严重破坏。这一情况引起了发达国家的重视,并在此后的农业发展中非常注意生态与环境问题。中国作为一个传统农业大国,农业发展在取得巨大成就的同时,同样不能忽视生态建设和环境保护工作。

在乡村振兴战略中,生态宜居是这一战略的环境基础。这里的生态宜居,不仅指农村居民居住环境要宜居,还包括城市居民对环境优美的要求,即城乡共同"生态宜居"。因此生态宜居问题,就不是农村单方面的问题,而是乡村和城市、农业和工业、农民和市民要共同去面对与解决的问题。小农户与现代农业的有机衔接为问题的解决提供了可行之道。

在"生态"方面,传统小农经济中农户为了追求短期利益,对农村环境的保护意识非常弱,没有科技知识指引,经常盲目过度使用农药、化肥、薄膜等高污染农资,造成土地肥力下降且难以复原。由于传统小农经济条件下土地细碎化严重,农户规模化经营困难重重,机械化水平低,也导致农户要依靠农药和化肥来提高土地效率,这就进一步加剧了农村环境污染。据统计,2016年中国农药的使用总量140万吨,其中有机磷农药高毒高危品种就占了50%;化肥使用量达到4700万吨,但有机肥仅占总量的1/4。① 同时,由于中国农地流转机制不健全,农户经常将土地撂荒,导致农地肥力保持工作几乎一片空白,进一步对土地资源造成了浪费。要破解这一问题,一个有效途径就是将小农户与现代农业有机衔接,农户不再一家一户单干,而是通过与新型农业经营主体合作,在其组织和指导下有序开展农业生产经营活动,运用科技力量减少对高污染农药制剂的依赖,实现小农户和农业长期共同发展。

---

① 王红旗、许洁、吴枭雄等:《中国土壤修复产业的资金瓶颈及对策分析》,《中国环境管理》2017年第4期。

在"宜居"方面，要让广大农民真正在农村地区实现安居乐业，必须不断优化农民居住的社会条件，交通、教育、医疗、娱乐等基础设施可以为农民长期居住提供保障条件。小农户与现代农业有机衔接，可以为这些设施的建立和完善创造产业基础，可以为农民提供充分的就业机会，可以保持和传承乡村特有的文化传统，维护和稳定农民生活的家园。

第三章 小农户与现代农业有机衔接的总体框架

"小农户与现代农业发展的有机衔接"是党的十九大提出来的一个全新论断,是新时代中国由农业大国变为农业强国的必经之路,也是中国特色农业现代化道路的必经之路。全面、正确理解党中央提出的"有机衔接"是厘清小农户与现代农业关系的关键。因此本章将构建一个分析小农户与现代农业有机衔接的总体框架。

第一节 小农户的类型划分

在谈到小农户时,人们第一印象就是小农户资源有限、技术落后、生产方式简单而原始等,这种粗线条的刻板印象使人们觉得小农户都是同质化的,并在此基础上研究小农户行为。但随着小农户们所面临的各种环境因素的改变,特别是随着各类资源状况及其配置方式改变,小农户的行为会因为不同情况及其组合而发生异化。因此从科学研究的角度而言,要深刻理解小农户的行为,就需要对小农户进行类型化,区分出不同类型的小农户,为真正理解和认识农村社会中的各种经济现象打下基础。

对于小农户类型的划分,已经有学者进行了尝试。李宪宝等[1]和赵丹丹等[2]根据家庭收入结构把小农户分为"纯农户、农业兼业户、非农兼

---

① 李宪宝、高强:《行为逻辑、分化结果与发展前景——对 1978 年以来中国农户分化行为的考察》,《农业经济问题》2013 年第 2 期。

② 赵丹丹、周宏:《农户分化背景下种植结构变动研究——来自全国 31 省农村固定观察点的证据》,《资源科学》2018 年第 1 期。

业户与非农户"四种类型；刘洪礼等[1]则从职业和收入两个维度将小农户进行了水平分化和垂直分化；苏群等[2]直接以兼业程度作为小农户分化的标准；张藕香[3]则把小农户分为普通农户和农场类农户；郭晓鸣等[4]从农业经营专门化程度和农业生产要素投入强度两个维度将小农户划分为退出型、自给型、兼业型和发展型。还有其他学者根据生产规模，把小农户分为大规模农户、中等规模农户和小规模农户；根据生产类型，把小农户分为种植型、养殖型以及种养结合型。对小农户不同类型的划分，主要取决于研究主题和目的，没有什么绝对好与坏、对与错的标准。因此，我们对小农户类型的划分，也是基于本书研究主题和目的而作出的。

一、小农户分化的理论基础

在资源禀赋条件既定条件下，经济主体使用资源遵循的基本原则是"成本—收益"原则，即经济学中的效率机制引导资源的使用方式。某项特定资源的成本和收益并不是固定不变的，而是随着社会经济的状况变化而不断变化，经济主体可以对资源使用方式进行动态调整。资源使用范围越是广泛，越是多元化，其成本就会越高。当然，资源收益也会随着使用范围的增加而增加。因此在约束条件下，资源所有者会将资源用在收益最高的地方，即效率机制将决定经济主体资源配置方式。

在自然经济条件下，由于经济关系相对比较简单，各类资源的使用范围比较狭窄，资源使用方式的选择不多，资源的成本较低。在这种情况下，资源所有者通常会选择自给自足，形成生产者与消费者的统一，这也是中国小农社会的典型特征。

第一，就土地资源而言，低度的城市化水平和工业化水平，使得土地

---

① 刘洪仁、杨学成、陈淑婷：《科学把握农民分化内涵减少和富裕农民》，《前沿》2007年第8期。

② 苏群、汪霏菲、陈杰：《农户分化与土地流转行为》，《资源科学》2016年第3期。

③ 张藕香：《农户分化视角下防止流转土地"非粮化"对策研究》，《中州学刊》2016年第4期。

④ 郭晓鸣：《中国小农的结构性分化：一个分析框架》，《中国农村经济》2018年第10期。

除了用于耕作用途之外几乎别无他用,土地的最高价值就在于进行农产品生产,因此小农户的意愿就是拥有自己的土地并进行农业生产。进一步,即使在农业生产范围内的土地,其选择面也较为狭窄。由于自然经济中的低度商品化和低度技术化,农产品类型单一,高附加值作物并不普遍,同一地区农户们都种植相似农产品,因此土地的机会成本对于每个所有者而言并无差异。正是由于土地成本几乎没有差异,且已经用于最高收益之上,因此土地流转亦无必要。既然土地资源无流转必要,除了被迫失去土地之外,小农户们都自己耕种自己的土地,这样还可以免去所有权和使用权分离后的监督费用,生产出来的产品满足家庭需要即可。可以说,"自给自足"是小农户追求经济效率的结果。

第二,就劳动力资源而言,由于整个社会低度商品化,城市工商业并不发达。虽然在中国传统农业社会中,一直存在着农工商结合的传统[1],但劳动力的非农就业一直处于兼业性质,手工业只是在居住地附近甚至就在家庭内进行,目的也是补贴农业收入不足从而维系家庭生存。因此,除了少部分农业劳动力可能会出现"走西口""闯关东""下南洋"等现象之外,农业劳动力不可能大规模进入城市在工商业中就业,大量劳动力被禁锢在土地之上,在人多地少的现实情况下,中国农业出现了黄宗智先生所说的"内卷化"现象。小农社会劳动力资源的高度同质性和人多地少现象的并存,使得农户间的长期性雇佣行为并不常见,最多就是农忙时节的"换工""借工"等互助性行为。因此,小农户自我雇佣也是理性选择的结果。

第三,除了土地、劳动力这类常见的显性资源之外,小农户可能还会具有种养经验、技术诀窍、经营能力等隐性资源。但在自然经济条件下,市场发展程度有限,农产品商品化率低,这类隐性资源除了在一定程度上提高单个小农户生产效率,增加土地产量之外,无法通过市场化手段将这些隐性要素的价值更好地体现出来。值得注意的是,由于农产品单一化、

---

[1] 徐勇:《中国家户制传统与农村发展道路——以俄国、印度的村社传统为参照》,《中国社会科学》2013 年第 8 期。

低商品化、土地规模小等因素使得这些隐性资源无法创造更多价值的现实，反而降低了上述资源所有者的成本，即使这些隐性资源无法创造更多价值，但从"成本—收益"决策模式来看，对资源所有者而言依然是收益大于成本，无法促使农户们改变这类隐性资源的使用方式。

综上所述，在自然经济状态下，限于整个社会经济发展程度，特别是社会分工和市场化发展滞后，限制了小农户资源的使用范围和使用方式，使得小农户拥有的资源在成本与收益上具有均等性，这种均等性又反过来限制了资源的流动性，使得整个小农户出现同质性特征，没有普遍的分化现象。

但随着社会经济不断发展，特别是社会分工程度和市场经济程度提高，小农户所拥有的显性资源如土地与劳动力等和隐性资源如种养经验、技术诀窍、经营能力等的使用范围和使用方式也随之增加，这无疑会改变资源成本与收益状况，具体而言：

第一，就土地资源而言，随着社会经济发展，城市工商业开始活跃和扩张，城市范围不断扩大，土地资源的使用范围和方式也会随之发生变化。如果农地能够自由转变为工商业用地，由于工商业的效益远远高于农业，工商业主往往能够用更高价格购买或者租用土地，土地流转就开始出现，部分农民基于成本—收益的考量可能会放弃土地使用权甚至是所有权。当然，基于安全保障考虑，一般农民只会通过出租方式暂时放弃土地使用权，从而进入到城市工商业中去谋生。随着社会分工深化和市场经济发展，传统农业日益被卷入到社会分工之中。

第二，就劳动力资源而言，和土地资源类似，随着城市工商业发展和社会分工深化，城市工商业开始提供越来越多的就业机会和就业岗位，当城市中的劳动力不够充足时，就开始需要从农业中吸取剩余劳动力，大量沉淀在土地上的剩余劳动力开始得到释放。农村剩余劳动力向城市转移是一个整体趋势，具体到单个农户，要分为两种具体情况：一种情况是农户家庭中的主要劳动力具备城市工商业所要求的非农劳动技能，能够适应城市工商业对劳动力在能力和素质上的需求。在这种情况下，农户可能会移居至城市中并长期生活，农地被弃耕或者转租的可能性就非常大。

另一种情况是农户中的主要劳动力并不具备在城市中谋生的能力,这类劳动力就无法向城市中流动,但这并不意味着其会保持原有的"自耕自种"的资源配置状态。其原因在于,随着农业日益被卷入市场化,商品化的农业生产方式将日益变得有利可图,伴随着土地流转和集中,大规模农业生产需要一定农业劳动力作为支撑。这样,那部分无法进入到城市中就业的农业劳动力就可能在农地流转后变为职业农民,依然从事熟悉的农业生产活动,并获得农业工资以及土地租金收入。这样,原来"自我雇佣"的劳动力资源配置状态就发生了改变,小农户将把劳动力配置权转让给农业经营者,自己变为农业雇佣工人,从而获得比自己耕种土地更高的工资性收入。

第三,那些具备种养经验、技术诀窍、经营能力、社会关系、风险承受能力等隐性资源的小农户,将会在农业社会化过程中敏锐地捕捉到进行农业经营活动的获利机会,通过转入一部分周边小农户的闲置农地,雇佣一部分农村闲置劳动力以及汇集其他相关资源,规模化、专门化地进行农业生产活动。这样,农户家庭生产的形式就会发生变化,由传统的家庭经营,逐步演变成为"大户""专业户""家庭农场"等具有规模化、专业化、市场化的农业经营主体。

综上所述,在市场经济不断发展的情况下,农业不断被卷入其中,这一过程使得小农户的同质性被逐渐打破,基于不同资源禀赋条件的小农户在社会分工和市场化不断深化过程中对各自资源的配置方式产生了明显分化,这种分化是小农户资源禀赋差异和资源利用机制变化共同作用的结果。社会经济条件变化带来的资源成本差异是引起了小农户对资源配置方式变化,进而导致小农户分化为不同类型的根本原因。简言之,资源禀赋差异是内因,社会经济条件发展变化是外因,二者共同造成了以农户资源配置方式为归依的小农户分型。

值得说明的是,前面在分析小农户对土地资源的配置方式时,主要是从经济利益这一单一维度来考虑的。除此之外,中国农村土地除了具有经济功能之外,还兼具社会保障功能。小农户在进行土地资源配置时,绝不是单单考虑经济利益,他们非常看重土地的基本保障功能,把其作为不能在城市中找寻到就业机会之后的归宿,因此具有强烈的"恋土情节"。对土地的这种态度,也会极大影响小农户对土地资源的配置方式。很多农民即便长年在城市就业,宁愿将土地撂荒,也不会将农村中的土地流转。在笔者以前的研究中发现,土地对小农户具有双重效用:收入效用和保障效用。在土地的收入效用超过保障效用之前,小农户对土地资源的配置行为往往体现为保留而不是流转。这种保留土地的行为具体表现为小农户将土地滞留在手中,由留守老人进行低效率耕种,自给自足,或者干脆撂荒。即使要进行土地流转,小农户也会采取非常保守的态度,表现为不签订正式的流转协议,流转时间也较短。

基于上述分析,在考虑不同小农户的行为时,必须注意到他们对土地这一特殊资源的依赖性。无论是哪种类型的农户,在坚持和完善农村基本经营制度的大背景下,其衔接现代农业的方式不是放弃土地,而是通过农地承包权和经营权的分离,使其更合理地利用土地来获得长久的持续性收入,从而保证广大小农户的基本权益,使其能够安心地在农业及其延伸的产业链上进行生产活动。

二、小农户分化的现实原因

在自然经济条件下中国的家户制度延续了数千年,从整体上看农户的组织形式、生产方式没有发生明显变化,农户之间具有高度同质性。之所以会有这样的结果,一个很重要原因就是中国市场经济发展缓慢,自给自足的小农经济一直占据主导地位,前述的资源利用机制没有发生明显的变化。在新中国成立之后,整个社会生产力虽然得到了提高,但国家认为单凭农户自己的力量无法摆脱因贫失地的历史循环,因此大力提倡集体化,从土地制度上的集体所有制到经营形式上的合作社和人民公社,都使得小农户的各类资源难以自由流动,小农户分化现象也就无从谈起。当然,这种超越当时生产力的做法反而阻滞了农业生产发展,农业处于低效率状态。

1978年以"包产到户"为特征的家庭联产承包责任制的实行使农村

的生产效率得以显著提高,计划经济的桎梏被打破,市场经济在中国发展迅速。市场化程度的提高使小农户拥有的包括土地、劳动力、经营能力等资源的使用范围和方式发生了变化,这必然引起这些资源配置方式发生相应变化以实现小农户利益最大化。这种变化首先发生在劳动力资源上。

随着市场经济不断发展,隔绝城乡劳动力的体制开始逐渐松动。在初期,如果农村劳动力满足特定的人力资本条件,就会通过"工作调动""分配录用""随迁家属""退休"及"学习培训"等国家支持的路径实现劳动力的流动,随着城市工商业不断发展和壮大,以及随之兴盛起来、遍地开花的乡镇企业,对农村劳动力的需求开始快速上升。这种状况对于小农户而言,无疑增加了劳动力这一资源滞留在土地上进行农业生产的成本,当进城或者进厂务工收入超过务农收入时,蔚为壮观的民工潮也就随之形成。中国"农民工"现象可以说是小农户自主配置劳动力资源的必然结果。农村劳动力流动政策经历了"控制流动、允许流动、控制盲目流动、规范流动和公平流动"几个阶段的演变之后,逐步完善和优化了农村劳动力在不同产业、不同地域、不同行业之间获取收益的市场环境,形成了"农户分化的基础性条件"[①]。

与这一现象伴随的是,由于青壮年劳动力大量进城务工经商,农地开始出现闲置甚至撂荒弃耕现象。在改革开放初期,土地所有权属于集体所有,农民只拥有承包经营权,土地流转现象比较少,虽然国家于1984年就出台了鼓励土地向种田能手集中的文件,但农地资源的重新配置还处于起步阶段。随着市场经济不断发展,农业生产也开始被更深地卷入到市场化之中,20世纪90年代中期部分在城市务工中累积了资金技术、经营能力和社会关系的能人开始返乡进行市场化的农业生产活动,"专业大户"概念开始出现。当"大户们""能人们"进行市场化的农业生产经营时,对农地的需求开始增加。国家于1993年也适时提出了"在坚持土

[①]　李宪宝、高强:《行为逻辑、分化结果与发展前景——对1978年以来中国农户分化行为的考察》,《农业经济问题》2013年第2期。

地集体所有和不改变土地用途的前提下，经发包方同意，允许土地使用权依法有偿转让"①。随后，农地流转开始在全国蔓延开来，这就意味着闲置土地的成本开始升高。小农户以转租形式向这些"大户们"出让土地，最初几乎是免费的，转入方只需为转出方代为缴纳附着在土地上的各种税费。随着土地流转趋势不断加强，2003 年出台的《中华人民共和国农村土地承包法》明确规定"国家保护承包方依法、自愿、有偿地进行土地承包经营权流转"，首次以法律的形式承认和保护土地流转行为。随着土地流转规模不断加大，土地流转形式也日益多元化，2008 年中央对土地流转问题作出了明确指示，"加强土地承包经营权流转管理和服务，建立健全土地承包经营权流转市场，按照依法自愿有偿原则，允许农民以转包、出租、互换、转让、股份合作等形式流转土地承包经营权"②。到了2013 年，中央农村工作会议明确提出了要实行"落实集体所有权、稳定农户承包权、放活土地经营权"的"三权"分置政策，从原先的"所有权"和"承包经营权"两权分离变为"所有权""承包权""经营权"分置并行。"承包权"和"经营权"分离，既满足了土地出让方不愿放弃土地承包权的"恋土情结"，又解决了受让方土地不能抵押融资等现实困境，有效提高了农业经营者的生产积极性，有利于农地经营者的多元化，促进了现代农业发展。可以说，农村土地流转政策的演变，使农村土地市场不断优化，土地流转价格不断市场化，为农户分化创造了条件。

最后要注意的是，小农户的经营能力、风险承受能力以及社会资本等隐性资源在显性资源流动障碍被打破之后，其更有效的利用显性资源并创造更大价值的作用就开始显现出来。具有这些隐性资源的小农户开始通过土地流转、劳动力雇佣等途径，打破传统的农业生产方式，进行现代化的农业生产，并逐步发展成为新型农业经营主体，进一步促成了小农户分化。

---

① 国家经济体制改革委员会：《中国经济体制改革年鉴 1994》，改革出版社 1994 年版。

② 《中共中央关于推进农村改革发展若干重大问题的决定》，中国政府网，见 http://www.gov.cn/jrzg/2008-10/19/Content_1125094.htm。

三、小农户的两种基本类型

在分析了小农户分化的理论逻辑与现实原因之后,结合本书的研究主题,笔者把小农户分为两种基本类型:资源贡献型和生产经营型。

(一)资源贡献型小农户

该类型小农户由于缺乏农业经营能力等隐性资源,随着社会经济发展,会有逐步脱离自给自足的传统小农经济状态的趋势,在保留土地承包权的基础上,逐步放弃对承包土地的耕种而将其流转给其他农户,同时自身进入城市务工或者变为农业工人受雇于现代农业中的新型农业经营主体。这些农户在现代农业中将变为资源贡献者,因此谓之资源贡献型小农户。

审视资源贡献型小农户的行为方式,可以发现:这部分小农户虽然对土地资源利用率并不高,甚至有弃耕和撂荒行为,但依然具有强烈的"恋土情结",不愿意彻底放弃土地承包权,并希望通过优化土地资源配置实现收入最大化,结果是"职业分化对小农户的土地转出行为有显著的正向影响"[1];在劳动力资源配置方面,如果他们能进城务工并取得较高收入,其会彻底脱离传统农业生产领域。但如果农户劳动力难以适应城市工商业的要求或者其人力资本特征更适合农业生产活动,其会逐步发展成为职业农民,在农业领域获得比在城市就业更高的收入。因此,这部分小农户与现代农业衔接,主要在于如何优化资源要素的输送渠道和配置方式。

(二)生产经营型小农户

该类型小农户由于具有普通小农户并不具备的诸如生产经营能力、冒险精神、企业家精神等隐性资源,为在农业生产经营活动中获得更多收入,他们对土地、雇佣劳动力等农业资源的需求量逐步增加,并利用和组织这些资源从事现代化的农业生产经营活动,在这一过程中不断成长和发展成为新型农业经营主体的重要组成部分。

---

① 聂建亮、钟涨宝:《农户分化程度对农地流转行为及规模的影响》,《资源科学》2014年第4期。

审视生产经营型小农户的行为方式，可以发现：这类型小农户的主要目标是突破传统农业生产方式，按照现代农业的要求组织农业生产经营活动以适应市场经济要求。正是因为有这样的目标，此类型小农户对农地有转入需求，以满足土地适度规模化需要，即农户垂直分化程度对农户农地转入面积有显著的正向影响[①]；对长期雇佣劳动力或临时性雇佣劳动力有一定需求，以满足不断规模化农业生产的需要；对先进农业生产技术有需求，以满足提高农业生产效率、提升农产品质量的需要；对先进管理方式有需求，以满足现代农业科学化管理的需要。总而言之，这类型小农户不再满足于、拘泥于小农经济的"自给自足"状态，而是希望通过自己的生产经营行为实现利润最大化。因此，这部分小农户与现代农业衔接，主要在于如何优化他们的成长路径和组织方式。

第二节　小农户与现代农业有机衔接的内涵阐释

按照传统看法，"衔接"就是小农户与现代农业的连接，但对于这种理解，本书认为还需要进一步从学术角度对党的十九大报告提出的"有机衔接"进行深入研究和解构。本书在第二章的基本概念中，已经对"有机衔接"进行了界定，就不再赘述。下面将从小农户与现代农业关系角度，对"小农户与现代农业有机衔接"的内涵进行具体阐释。

党的十九大报告之所以在乡村振兴战略中明确提出要探索和研究小农户与现代农业发展的有机衔接机制，一个重要原因就是小农户与现代农业的关系还没有理顺，表现为一方面中国农业现代化无法得到小农户的有效支撑，小农户还无法更好地融入现代农业中去，微观基础不够扎实；另一方面小农户在农业现代化的进程中不能分享利益，阻碍了小农户成长，甚至造成部分小农户贫困。小农户与现代农业有机衔接的一个重要目的之一，就是要协调小农户与现代农业发展之间的关系，一方面使小

[①]　文长存、崔琦、吴敬学：《农户分化、农地流转与规模化经营》，《农村经济》2017年第2期。

农户分享现代农业发展的成果,与现代农业一起共同发展;另一方面是通过小农户的发展,使之真正融入现代农业之中,为中国农业现代化发展打造坚实的家庭经营基础。因此要理解小农户与现代农业有机衔接的内涵,可以从四个方面来进行:

第一,小农户与现代农业既然需要衔接,说明二者依然是独立存在的部分。一方面,小农户在中国农业中有其存在的价值,在相当长的时间内还是中国农业经营主体。在中国农村基本经营制度中,以农户为单位的家庭经营在农业经营主体层面中具有基础性地位,适应了当前生产力发展的水平,也符合广大农民群众的愿望和意见,因此极大地促进了中国农业生产发展。① 另一方面,农业现代化也是中国建设现代化经济体系过程中不可逆转的趋势,是社会生产力发展的必然结果。因此在小农户与现代农业有机衔接过程中,改造和引导小农户的方式并不是要消灭小农户,而是要在这一过程中继续稳固小农户家庭经营的基础性地位,不断创造和优化小农户的发展条件,发挥小农户自身优势,引导和扶持小农户以现代理念去经营农业、以现代科学技术去推动农业、以利益共同体去融入农业。

第二,小农户与现代农业有机衔接,第一步首先要连接。即小农户要与现代农业中多元生产经营主体建立多方面多维度的联系。小农户与现代农业中的经营主体有着多方面联系:现代农业中的"专业大户"和家庭农场是由小农户发展而来,是小农户的升级版;农民合作社最初也是由广大小农户为了共同利益而自愿联合起来的合作组织;农业企业则是通过与小农户签订资源要素契约或者产品契约,通过双方资源互换与合作来进行生产经营活动的。因此在小农户与现代农业有机衔接的过程中,就要厘清小农户与现代农业各类经营主体之间现有的连接关系,剖析它们之间的连接结构。

第三,小农户与现代农业有机衔接,是要在连接基础之上提高小农户的组织化程度和对现代农业的融入程度。对内强化小农户自身的组织化

---

① 蒋永穆、赵苏丹:《中国农村基本经营制度:科学内涵、质规定性及演变逻辑》,《当代经济研究》2018 年第 1 期。

程度,推动小农户多元化合作,对外提高农业社会化服务组织对小农户的扶持力度,为小农户提供人、财、物全方位综合性服务,小农户才能在现代农业中保持自身的独立性与基础性,才能证明自身在现代农业中的独特价值。这一价值应该体现在小农户与现代农业多元经营主体的交互关系之中,小农户越是在这些错综复杂的关系中占据有利位置和主导地位,就越能发挥自身优越性,从而在现代农业中不断成长。研究小农户与现代农业有机衔接,就是要阐释小农户与现代农业各类经营主体之间错综复杂的关系网络的形成过程及其演化态势,找寻并提升小农户在这些关系网络中的价值和贡献。

第四,小农户与现代农业有机衔接,最后就是要创新小农户在现代农业中价值创取的机制。首先,小农户在现代农业关系网络中的独特作用首先要体现为他们的价值创造功能,即能为现代农业中的各类组织提供各类资源要素,在与它们合作基础之上创造出更大的价值盈余;其次,小农户在现代农业中必须要能够获取价值,在现代农业生产体系、产业体系和经营体系中有获得感、幸福感与安全感,激发小农户发展现代农业的内生性动力。因此在小农户与现代农业有机衔接过程中,既需要解释小农户在现代农业中价值创造过程与方式,又需要在小农户与其他经营主体竞合关系的基础上研究小农户获取价值的有效途径。

上面四个方面的理解有助于认识“小农户与现代农业有机衔接”这一命题质的规定性。要实现小农户与现代农业有机衔接,就是要构建一个以坚持家庭经营制度、保障小农户基本权益为基础的,多种新型农业经营主体和农业社会化服务组织共同参与的多层次生态体系,通过连接、嵌入与价值创取三个紧密联系的动态过程组成一个完整的衔接路径,从而实现农业现代化和乡村振兴战略。

本书把小农户与现代农业有机衔接的路径理解为一个动态的、连续的完整过程。小农户的类型划分与行为方式刻画是有机衔接的出发点,不同类型小农户与现代农业初步接触,并与之建立多元化的连接关系和结构;在连接结构初步形成之后,小农户与现代农业各个经营主体的经济性行为和社会性行为交融在一起,逐步形成错综复杂的关系网络,使得彼此相互嵌入并深度融合;深度嵌入之后小农户在现代农业中创造价值的模式、过程与结果将会与传统农业不同,小农户获取价值的逻辑与机制也将随之发生改变,其结果是小农户在现代农业中将创造更多的价值并获取更多的价值。

第三节　小农户与现代农业有机衔接的路径设计

在对小农户进行分型的基础上,根据小农户与现代农业有机衔接的内涵阐释,本书凝练出二者"有机衔接"的路径,包括:一是对小农户连接现代农业的问题进行理论分析与研究,这是衔接的第一步;二是对小农户嵌入现代农业的问题进行理论分析与研究,这是连接基础之上的第二步;三是对小农户在现代农业中的价值创造和价值获取问题进行理论分析与研究,这是最后一步。这三个环节本身具有内在逻辑性:连接是嵌入的起点和基础,嵌入是对连接的发展和深化,价值创取方式将随着连接结构和嵌入方式的变化而多维呈现。基于此,本书的分析框架也将从这三个方面进行搭建。

一、路径设计一:小农户连接现代农业

在本书的研究范畴中,小农户一直被视为一种经济组织,其与现代农业的连接关系,也就被视为一种组织与组织间的关系。从逻辑上讲,要考察和检视组织间关系,首先应该从组织内部资源的角度去阐释组织具有的优势并以此为基础来解释组织进行利益最大化的行为,即围绕"资源—行为"框架来建构;其次也需要从交易费用理论的角度来考察组织间的资源互换行为,可以有力地解释组织间的各种关系。因此本书将借鉴并整合资源基础理论和交易费用理论,从两方面来分析小农户与现代农业的连接问题。

(一)资源基础理论及其运用

资源基础理论发端于对组织本质的不同认识。与科斯把企业视为交易费用节约的产物不同,资源基础理论认为组织是一组异质性资源的集合体,组织行为是对这些异质性独特资源的运用,以实现组织利益最大

化。该理论有两个基本假设:第一,组织拥有异质性资源。资源基础理论认为由于不同资源可以带来不同使用方式,进而造成了组织的不同特性。对于异质性资源的界定,学者们一般认为其源于资源的难以模仿性和替代性,也源于某些市场要素的进入障碍。[①] 第二,组织资源不能完全流动性。组织所拥有的异质性资源,由于受契约约束、不可交易性、定价困难、信息不对称等因素的影响都会造成组织资源无法自由流动,这一情况造成组织具有进入壁垒,组织的竞争优势难以进行模仿,并会一直持续下去。在这两个基本假设下,学者们[②③]对这些异质性资源如何给组织带来竞争优势和最终收益进行了深入讨论。鉴于巴尼(Barney)对该理论的贡献和影响,本书采用他的理论。

巴尼认为可以从资源的"价值性、稀缺性、不可完全模仿性和组织性"四个维度来描述之。价值性是指只有当组织所拥有的资源能够为组织发现机会或者躲避市场危险、为组织带来更高收益时,这一资源对于组织才是有价值的,才是组织真正意义上的资源。稀缺性是指如果多数组织都能获得的资源,即使它有价值,也只能保持组织竞争均势,但无法获得竞争优势。只有少部分组织能获得的资源才能给组织带来竞争优势,并给企业带来额外收益,而这些少数资源正是稀缺的,也是组织想拥有的。不可完全模仿性是指当组织的资源具备了价值性和稀缺性之后,要形成组织竞争优势并获取额外收益,还必须防止其他组织的策略性模仿,不可完全模仿性保证了具有优势资源的组织获得的收入不会轻易被其他组织所攫取。而这种不可完全模仿性可能来自"时间压缩不经济性、路径依赖性、因果关系性以及社会复杂性"[④]。组织性是指当一个组织具备

---

① Dierickx I., Cool K., "Asset Stock Accumulation and Sustainability of Competitive Advantage", *Management Science*, 1989, Vol.35, No.12, p.1514.

② Peteraf M.A., "The Cornerstones of Competitive Advantage: A Resource-Based View", *Strategic Management Journal*, 1993, Vol.14, No.3, pp.179-191.

③ Barney J., "Firm Resources and Sustained Competitive Advantage", *Journal of Management*, 1991, Vol.17, No.1, pp.3-10.

④ 周建、于伟、崔胜朝:《基于企业战略资源基础观的公司治理与企业竞争优势来源关系辨析》,《外国经济与管理》2009 年第 7 期。

了上述特性的资源后,这些资源能否发挥作用,还取决于组织是否能够将这些资源通过某种方式管理和配置起来。这种组织性包括组织在运用这些资源时所形成的结构层级、内部治理方式、外部环境因素等。

将上述理论运用到小农户与现代农业连接中,可以对下面几个问题进行分析。

第一,根据前面小农户的类型划分,同类型资源要素对不同类型小农户的价值是不同的。以农地为例,对于资源贡献型小农户而言,通过承包而来的土地,其最大价值在于提供"保障效用",其次才是"收入效用"①。换言之,土地经营权作为农户资源是否能够顺利进行流转以实现价值,就在于流转后的"收入效用"是否能够超过"保障效用"。当然,这一问题的复杂性在于必须将小农户的农地和劳动力两个资源要素结合起来考虑。如果资源贡献型小农户能够以进城务工、职业农民等方式将劳动力进行有效配置,使土地与劳动力资源获得的收入比自己直接从事农业生产更高,在"收入效用"超过"保障效用"的可能性会更大,农地流转和劳动力流动将会变得更顺畅,其价值才能得到显现;对于生产经营型小农户而言,其拥有的经营能力等资源只有在获得一定数量的农地、资金以及雇佣劳动力,进行市场化生产并通过某种方式接入到"大市场"时才能体现其价值。因此两种不同类型的小农户就有了资源交易的现实需求,而交易方式对于双方而言都是至关重要的,需要满足双方的利益诉求。

第二,在中国当前的农业基本制度约束下,资源贡献型小农户所拥有的土地承包权和经营权显然具有稀缺性,非农户是不可能直接获得农地承包权和经营权的。农业产业有特殊性,农地是不可或缺的资源要素,暂时还难以用其他方式替代。中国多数农民知识文化水平不高、农业技术不先进、市场意识薄弱、经营管理能力匮乏,只有少部分生产经营型小农户所拥有的生产经营能力对现代农业而言无疑是一种稀缺资源,与普通农户比较起来,其在现代农业中将产生更大的竞争优势和更多收益。

---

① 李文辉、戴中亮:《一个基于农户家庭特征的耕地抛荒假说》,《中国人口·资源与环境》2014 年第 10 期。

第三，资源贡献型小农户所拥有的农地承包权与经营权、劳动力资源成本的动态性等优势的形成，都是历史累积和现实制度共同作用的结果，是短时间内无法改变的状况。在目前社会经济条件下具有不可复制、不可再生的特性；生产经营型小农户所拥有的生产经营能力、种养经验、技术诀窍、风险承受力、社会关系等隐性资源，其他个体也是很难去模仿和复制的，且这些资源具有极强的人身依附性，难以完美进行市场交易。

第四，在巴尼①的理论框架中，资源要产生竞争优势和收益还需要把这些资源通过合理方式组织起来。无论哪种类型的小农户，都具有舒尔茨式理性特点，在农户内部对资源要素的组织方式具有某种合理性，即农户对土地撂荒、流转、自耕、进城务工、半农半工、自我雇佣、职业务农等行为，都是在特定环境约束条件下追求利益最大化的结果。本书关注重点在于小农户在和其他组织进行资源交换时②，通过什么样的组织形式来使得资源创造更大利益。换言之，本书更关注资源要素的外部组合形式或者组织间的连接结构，这也是接下来要涉及交易费用理论的原因。

（二）交易费用理论及其运用

与新古典主义专注于市场价格机制在资源配置上的作用不同，部分学者非常关注组织对资源配置的作用。企业无疑是组织配置资源中最为典型也是最为灵巧的形式。老制度主义代表人物康芒斯（Commons）③将交易分为管理交易和买卖交易，组织内部属于管理交易而市场属于买卖交易。根据康芒斯的观点，如果管理交易小于买卖交易，组织就会产生。新制度主义开创者科斯则提出了利用价格机制来配置资源并不是免费的观点，其代价就是交易费用。进一步，科斯认为如果某种装置能够节省交易费用就会代替市场机制，这种装置就是"企业"。后来的研究者延续了这一重要思想，把企业或者组织视为市场机制的替代物。

---

① Barney J., "Firm Resources and Sustained Competitive Advantage", *Journal of Management*, 1991, Vol.17, No.1, pp.3-10.

② 在巴尼的理论中，其更强调资源在组织内部的配置方式。而本书更加关注外部，这是由研究主题决定的。

③ ［美］康芒斯：《制度经济学》，赵睿译，华夏出版社 2013 年版，第48—51 页。

学者并没有完全接受企业（组织）是市场机制替代物的观点，他们认为组织与市场在本质上都是由一系列契约构成，而不同的契约有着不同的交易费用，因此组织出现的原因是其能比市场更能节约交易费用，二者并不是完全的"非此即彼"的替代关系，而是不同条件下的契约表现形式。换言之，这些学者将组织也视为一组契约组合。此后，沿着交易费用思路，威廉姆森对资产专用性进行了研究，德姆赛茨（Demsetz）和阿尔钦（Alchian）[1]对"团队生产理论"进行了研究，哈特[2]对不完全契约理论进行了研究。

将上述关于交易费用的理论运用到小农户与现代农业连接中，可以对下面几个问题进行分析。

第一，无论何种类型小农户，要发挥其资源要素优势，必然会进行资源要素的交易，这种错综复杂的交易关系就是组织间的一种连接。因此小农户选择"和谁连接"以及"如何连接"时，也就是对契约关系的主体和方式进行选择，且遵循最小化交易费用的基本原则。如果某种连接结构比其他方式更能降低交易费用，这种连接结构就会被优先选择。但由于现实世界中制度环境的多样性，使得小农户与现代农业的连接结构也变得多元化。

第二，在小农户与现代农业的连接关系中，首先存在商品交易关系。除了一般契约关系中存在的签约、履约和监督费用之外，还由于农产品与工业品相比，具有产量和质量上的不稳定性，使得单纯的农产品契约具有很强的不完全性，因此契约风险需要在小农户和其他经营主体之间进行分担，而订单型农产品契约成为这一风险的主要分担方式。其次，除了直接的产品交易外，还存在资源要素交易关系。在这种交易关系中，显性资源要素（主要土地和一般劳动力）的使用方式并不是契约重点，重点在于显性资源要素价格的确定，一般包括固定租金和赢利分享两种方式，而隐

①　Alchian A. A., Demsetz H., "Production, Information Costs, and Economic Organization", *American Economic Review*, 1972, Vol. 62, No. 5, pp. 777-795.

②　Grossman S. J., Hart O. D., "The Costs and Benefits of Ownership: A Theory of Vertical and Lateral Integration", *Journal of Political Economy*, 1986, Vol. 94, No. 5, pp. 691-719.

性资源要素(生产经营能力、社会关系、风险承受能力等)的使用方式和定价问题更为复杂。根据契约理论的基本观点,拥有这些隐性资源要素的主体通常掌握着剩余控制权和剩余索取权,并以此来确定它们的使用方式和价格。这样,现实世界中就会出现显性要素被隐性要素雇佣的情况。

第三,由于上述商品交易契约和资源要素交易契约各自的复杂性,小农户在与其他经营主体进行连接时,通常采用商品交易契约与资源要素契约混合的形式进行双向制约。其基本原理是:一方面,通过主体间相互的资源要素契约,以专用性投资等方式使得双方或者多方结成利益共同体,从而保证商品交易契约得以顺利执行,即用资源要素契约来制约商品契约;另一方面,主体间又通过内部商品交易契约,以中间产品定价方式来衡量彼此资源要素的价格,即用商品契约形成对资源要素契约的反向制约。需要注意的是,在资源要素契约特别是隐性资源要素契约中,由于农业企业、合作社等通常掌握双方连接关系中的剩余控制权,这种剩余控制权会影响到双方的商品契约,并影响到隐性资源要素的定价。因此,商品契约是否能有效制约隐性资源要素所有者对剩余控制权的滥用,就成为小农户与其他经营主体连接关系中的关键问题。

(三)两种理论的综合

资源基础理论主要用来分析经济主体具有哪些资源禀赋,以及这些资源禀赋给经济主体带来的成本优势,这种成本被组织视为一种机会成本。不同类型的小农户会根据自身资源禀赋来选择成本最低或者收益最大的行为方式,由于这种选择行为涉及资源配置方式,必然会和其他主体发生各种各样的契约关系,归纳起来可分为商品交易契约、资源要素交易契约以及二者的混合。一旦资源使用由独立个体行为发展为双方甚至多方行为时,契约关系中的交易费用问题就随之产生。小农户在使用这些资源发挥禀赋优势时,必须要采取节省交易费用的契约形式。理论上讲,小农户的最优行为出现在生产成本和交易费用总和最低的时候。

笔者以资源贡献型小农户为例来说明上述观点。对于资源贡献型小农户而言,土地自耕收益小于流转收益,即这类型小农户要实现土地资源成本最低,最优行为是将土地流转出去,流转强度越大数量越多,土地成本也就越低。如图 3-1 所示,C_1 表示小农户自用土地与流转土地所导致的生产成本的边际差额,流转出去的土地越多,资源贡献型农户的土地成本就越低,因此 C_1 是一条自左向右下方倾斜的直线。随着土地流转进行,小农户需要就土地流转事宜和其他主体签订土地流转契约,交易费用随之产生,并随着土地流转强度的增加而增加。C_2 表示土地流转的交易费用与土地自用的交易费用的边际差额,这是一条自左向右上方倾斜的直线。当二者的边际差额相等时,土地总成本最小。显然,在图 3-1 中,E_1 点就是两种成本之和最小的点,也就是资源贡献型小农户的最优土地流转数量 L_1。进一步,如果土地流转制度逐步成熟,土地流转的交易费用将降低,即直线 C_2 将向右移动变为直线 C_3,均衡点将变为 E_2,则土地流转数量将会增加至 L_2。推而广之,这意味着资源贡献型小农户如果在同其他主体的连接关系中能够降低资源要素的交易费用,其贡献资源要素的意愿将会增加。同理,如果小农户资源要素的用途扩展,即他持有土地的机会成本增加,则直线 C_1 将会向右移动,资源要素贡献的意愿同样会增加。

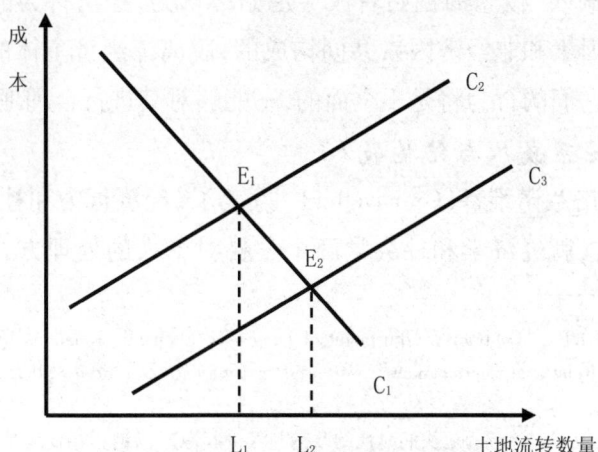

图 3-1 小农户最优资源贡献图

二、路径设计二：小农户嵌入现代农业

虽然组织间关系错综复杂，但从关系内容角度看，可以分为市场交易关系和嵌入关系两种。对于市场交易关系，学者们的意见比较一致，认为在这种关系下，个体经济组织如同原子式的存在，彼此之间没有任何其他的关系交集，对利益最大化的追求是双方进行交易活动的唯一动机。正如麦克尼尔（Macneil）所说，"在理想的以个体为单位的市场，交换对象之间保持着一定的距离，交换者经常转向新的购买者或出售者以避免依赖性"①。在这种原子式的关系中，买者与卖者之间的社会关系是没有价值和意义的，双方都会因为追求利益最大化而存在机会主义行为，条件存在或者时机成熟时，一方就会对另一方进行"敲竹杠"，攫取对方的租金或者己方卸责，特别是当交易对象的数量开始减少时，这一现象就特别容易发生。当然，交易双方也会有长期合作关系，这种关系并不是单纯基于信任或者利他心理，而是为了在长期中获得更大更多利益。

虽然随着市场经济不断发展，市场交易关系日益从社会关系中独立出来，开始按照自己逻辑运转。但上述将经济组织完全原子化、忽视组织间其他社会关系的假设方式，并不能得到所有学者的认同。与市场交易关系不同，"嵌入"概念的创始者波兰尼始终认为，经济行为的动机和本源是由经济因素和非经济因素共同构成的，脱离掉经济主体的社会关系网络来分析它们的行为将是不全面的，不能够对其进行合理地解释②。

（一）关系嵌入与结构嵌入

1985 年格兰诺维特（Granovetter）③发表了《经济行为和社会结构：嵌入问题》一文，就经济学和社会学两个学科对个人的处理方式进行了批

---

① Macneil I.R., "Contracts: Adjustment of Long-term Economic Relations Under Classical, Neoclassical and Relational Contract Law", *Northwestern University Law Review*, 1978, Vol.72, No.6, pp.854-905.

② ［匈］波兰尼：《大转型：我们时代的政治与经济起源》，冯钢、刘阳译，浙江人民出版社 2007 年版，第 94—96 页。

③ Granovetter M., "Economic Action and Social Structure: The Problem of Embeddedness", *Social Science Electronic Publishing*, 1985, Vol.91, No.3, pp.481-510.

判,认为传统经济学忽视社会关系,对经济主体行为过于原子化,而社会学则相反,忽视个体利益,对经济主体行为过度社会化。即"在经济学中,原子化来源于对自我利益的功利性追求;而在社会学中,个人的行为模式已被过去的历程内在化,行为主体只是按照过去形成的经验与判断机械行事,原子化来源于过去的社会化过程"①。因此,格兰诺维特非常强调鲜活的社会关系网络与经济主体之间的互动关系,认为经济组织既不可能完全脱离社会背景而独立行事,也不可能完全按照社会显性规则、规范来行事,而是可能会在具体且动态的社会关系演变中不断调整自身的行为方式,从而实现包括经济目标在内的多重目标。进一步,格兰诺维特提出这一过程是通过组织行为的双边关系,以及整个网络的关系结构来实现。

上述观点在逻辑上意味着,组织间既不是完全的市场交易关系,也不是完全的内部科层制关系,而是一种正式制度和非正式制度交织而成的关系网。这种组织间的关系网,其作用就在于破解交易费用理论所面临的难题:无论是市场还是组织,无非是产品契约和要素契约的选择问题,都会面临哈特所说的契约不完全所导致的机会主义行事问题。因此市场和组织都会因防范机会主义致使交易费用过高而失灵。所以有学者指出上述两种契约关系在环境变化快速、交易复杂性提高的情况下,威廉姆森式的契约治理设计会面临困境。② 面对这一难题,社会关系网络的解决办法是降低组织和市场所面临的不确定性以及机会主义行为的概率,其背后的逻辑是:首先,组织间的社会关系网络中,广泛存在着易于传播的信息,而这些信息对组织而言是有价值的,对获取这些信息及其价值的预期会抑制组织的机会主义行为倾向;其次,社会关系网络中会产生信任、声誉、责任、情感等非经济因素,基于上述非经济因素所产生的共同认知结构会有规范和限制效果,并催生大量重复行为;最后,组织间越是强化

---

① 黄中伟、王宇露:《关于经济行为的社会嵌入理论研究述评》,《外国经济与管理》2007年第12期。

② 崔宝玉、张忠根:《农村公共产品农户供给行为的影响因素分析——基于嵌入性社会结构的理论分析框架》,《南京农业大学学报》(社会科学版)2009年第1期。

这一社会关系网络，专用性投资、默会知识转移等就会越是加强，从而增强组织间的分工能力，促进互补经济的溢出效果。

即使从交易费用分析框架来看，组织嵌入所导致的社会关系网络发展也能够有效降低交易费用。其原因在于：首先，不信任感和即期收益预期通常会孕育组织间交易的机会主义行为，社会关系网络所产生的信任感和长期合作意图，能够有效抑制机会主义的产生，从而减少交易费用；其次，契约不完备性是产生高交易费用的重要原因，而社会关系网络中所包含的共同认知结构会让组织在行动中去自动弥补契约所导致的不完备性缺陷，从而减少交易费用；再次，社会关系网络通常具有自我监督功能，能够减少大量外部协调机构和监督机构，从而减少监督费用；最后，社会关系网络本身就伴随着环境动态变化在组织间发展起来，其会随着环境变换不断调整、蔓延和发展，具有很强的自适应性，这就大大减少了反复签约的交易费用。

当然，如果跳出交易费用分析框架，由于社会关系网络生发于组织间的互动，并融入组织间的交易之中，这使得组织间的关系紧密化不再完全依赖于资产的专用性投资。进一步，从组织间关系的治理来看，交易费用理论框架比较重视事后治理方式，但社会关系网络理论强调组织事前基于关系对交易对象的选择，可以视为是一种事前治理方式，在一定程度上克服了仅仅强调事后治理的弊端。

（二）社会关系网络发挥作用的条件

在交易费用理论框架中，经济组织对环境不确定性的"适应性"是一个非常关键的问题。从威廉姆森的观点看，环境总是处于不断变化且难以预测之中，资产专用性所导致的专用设备、专用流程，以及专门知识等要求交易双方进行不断协调以保证交易得以完成。资产专用性带来的机会主义行为必须依靠资源要素的交易契约或者产品的交易契约来给予解决。交易频率也是一个关键性问题。频繁交易能够更好地实现那些默会知识的转移，实现组织间的"干中学"；频繁交易能够最大限度地分担交易双方的治理成本；频繁交易能够产生和稳固交易双方的关系，这正是组织关系嵌入和结构嵌入的前提，也是社会关系网络去适应、调节和确保交易的重要基础。① 因此,社会关系网络要在交易中更好地发挥作用,需要具备以下几个条件。

1. 交易中强—弱主体数量不均衡性

市场中组织所面临的不确定性来自方方面面,诸如供应商、竞争者、客户、技术变革等。为化解不确定性,组织惯常做法是将一条完整的价值链进行拆分并细碎化,采用外包或者直接购买的形式与外部独立单位进行交易活动。这种与外部独立单位进行交易的方式,使企业不必拥有全部资源,而且可以根据资源的配置方式进行灵活调整,这就大大降低了组织成本。这种方式在日本丰田汽车公司、意大利南部地区以及中国广东地区的企业都有采用,共同的特点都是将一部分零部件、原料或者生产流程的某个环节分包出去,从而提高企业效率。

在农业产业链中,小农户在生产过程中由于有现代农业技术支撑,在非特殊环境下,供给基本上处于稳定状态,出现大幅度波动的情况并不常见。但现代农业中的新型农业经营主体和小农户的情况有所差别,无论是家庭农场、农民合作社还是农业企业,他们不仅是农产品的生产单元,更是面向市场的经营单元。因此这些农业新型经营主体将直接面对具有高度不确定性的农产品市场。农产品的数量与质量、消费者对农产品的偏好、政府制定的产品标准、经营成本、天气状况等诸多因素都会对这些组织造成巨大影响。再加上中国新型农业经营主体大多数处于起步和创业阶段,甚至整个现代农业产业都处于成长期,从单个组织到整个产业,缺乏严格统一的农产品生产过程标准、技术标准以及品质标准。

在这种情况下,如果统一采用规模化集中化的科层式组织来进行农业生产,在收益上将面临较大不确定性,任何单个农业组织都无力承担。因此对于新型农业经营主体而言,通过对组织外部其他单元所提供的资源要素、产品形式和技术方案进行多元化比较与选择,是降低不确定性和风险的有效途径。另外,农业生产有明显的季节性特点,一体化的科层制

---

① 徐忠爱:《社会资本嵌入:公司和农户间契约稳定性的制度保障》,《财贸经济》2008 年第 7 期。

管理模式将难以抵御这种季节性波动，只有依靠众多分散小农户和相对少数的新型农业经营主体才能更好地联合抵御农产品的季节性波动和保持农产品的价格稳定。这样，在少数新型农业经营主体和众多小农户的格局下，参照日本丰田汽车、意大利南部纺织业以及中国广东地区的组织治理经验，社会关系网络治理无疑是一种比纯粹的市场交易治理和组织内部科层式治理更为有效的方式。

2. 交易中的高人力资本专用性

如果组织间的交易中包含大量的专用性资产，会形成双边依赖关系。小农户与新型农业经营主体之间无论是产品交易关系还是资源要素交易关系，或多或少都包含专用性资产，这种由专用性资产带来的不确定性包括两个方面：一方面，如果任意一方对交易所包含的内容进行直接地否定以及违约，将会对另一方造成较大损失。在小农户与新型农业经营主体的交易过程中，小农户采用特定的技术方法、购买特定的农机农具等生产资料并生产出特定的农产品，如果新型农业经营主体直接放弃购买这些特定的农产品，则小农户将遭受较大损失。又抑或小农户方面拒绝履行合同，不向这些新型农业经营主体售卖合同中约定的农产品，这些经营主体亦将遭受较大损失。

另一方面，因为小农户与新型农业经营主体在签约后的交易结果既取决于双方的努力程度又取决于自然环境和市场环境的变化。在不能明确区分二者的情况下，如果一方对另一方是否有效履行了契约中规定的行为，并对预期成果是否能达成持否定态度，都会使得交易难以正常完成。这一情况无论是对小农户还是新型农业经营主体，都是不可避免的。小农户与新型农业经营主体进行产品交易，如果由新型农业经营主体提供特定的农资农具如种子、幼苗、特定设备或者特定的技术流程进行农业生产时，如果最终的产品无法被新型农业经营主体所认可，双方都难以证明这到底是农资农具、生产技术、生产流程的问题还是由于农户本身努力程度不够的问题。同理，如果小农户与新型农业经营主体进行的是资源要素交易，如果以赢利分享的方式来确定资源要素价格，双方也都难以证明赢利状况是由小农户的资源要素决定还是新型农业经营主体自身经营的结果。

总之,如果小农户与新型农业经营主体之间的交易只存在物质资本的专用性问题,则还可以采取一体化后内部科层式协调的方式来解决;但如果交易中混合有人力资本专用性,则内部科层式协调的方式将会失效。农产品生产过程中需要融入生产者特定的生产技巧、知识和诀窍,需要特定的组织形式和协调机制来解决面对面沟通、默会知识转移等问题。由此可以看出,双方交易采用社会关系网络治理比较有利,信任、责任、情面等社会关系网络中的要素将会在治理中起到关键性作用。

3. 交易中的复杂任务同步性

复杂任务同步性是指在一个生产过程中需要多个高资产专用性环节协调一致配合才能完成最终产品。在农业生产过程中,农产品最终的市场结果取决于农产品的原料投入、田间管理、生产流程、保鲜运输等多个环节,任何一个环节出现问题都会导致农产品产量和质量出现问题,进一步造成农户和新型农业经营主体之间的交易出现问题。因此农业中的复杂任务同步性就要求各个主体之间要密切配合与协作,包括作为主要执行生产功能的小农户要和其他主体按照同一目标进行即时生产,同时快速传递信息和缩短复杂任务的同步时间。[1]

由于现代农业要求组织间进行协调与配合,而社会关系网络在进行这种复杂任务同步性的协调方面具有相当优势,例如擅长对市场变化作出快速反应的时间专用性条件下的复杂任务进行治理等。[2] 通过非正式的社会关系网,组织之间可以迅速进行信息交换,减少信息阻隔和延迟时间,使得组织间能够对产生的问题进行快速应对,从而提升组织间的合作效率和盈余空间。

（三）简短的总结

前面列举了小农户与新型农业经营主体之间交易条件的特征。无论

---

① 徐忠爱:《社会资本嵌入:公司和农户间契约稳定性的制度保障》,《财贸经济》2008 年第 7 期。

② Porras S. T., Clegg S., Crawford J., "Trust as Networking Knowledge: Precedents from Australia", *Asia Pacific Journal of Management*, 2004, Vol.21, No.3, pp.345-363.

是在产品交易、资源要素交易还是二者的混合交易中，都存在少数强交易主体和大量分散弱主体现象，而且这些弱主体都是以强主体为中心。出于成本上的考虑，强弱主体一体化的战略是不可行的，分散有助于强主体保持灵活性，但如何对分散的弱主体进行协调使其一致行动，是强主体必须要解决的问题。同时在这一交易中，由于双方都会进行大量的专用性资产投入，市场化交易方式并不能解决相互挤占租金的问题，特别是其间包含大量的人力资本专用性投入，则纵向一体化方式也未必奏效，因此双方都需要建立一套安全防范机制。这一状况会催生二者建立一种基于信任、情感、友谊甚至血缘、亲缘等为纽带的关系型嵌入治理机制。进一步，交易中的复杂任务同步性除了需要小农户与新型农业经营主体之间密切配合、深度协调之外，如果考虑到前面两个交易条件，从小农户的角度来看则需要在这一过程中寻找准确的定位，明确自身可以从这一交易过程中搭建哪些联系、交换哪些资源、获得什么样的利益以及承担什么样的责任，即形成小农户的结构嵌入。

三、路径设计三：小农户的价值创取

（一）小农户价值创造的理论逻辑

产业链中的价值创造问题有三种基本理论流派：一是由波特、奈特等人开创，认为价值创造源于对资源的经营管理过程。二是由皮特瑞夫、巴尼等人开创，认为价值创造源于资源的价值性、稀有性、不能完全模仿和不可替代性，即资源基础观。三是认为应是这两种理论的综合，即价值的来源一方面是具有复杂性的自身资源，这种资源可能是有形的但难以复制的稀缺性资源，也有可能是一些无形资源诸如技术诀窍、社会资本等；另一方面是对上述资源进行整合的过程。

马克思对这一问题已有过类似的分析。马克思在《资本论》第 1 卷中研究了价值增值中的直接生产过程，在《资本论》第 2 卷中研究了资本和剩余价值的流通过程。其中，生产领域创造价值增值，其又在流通领域得以实现，从而完整论述了整个价值增值过程。马克思在《资本论》中虽然没有提出"价值链"这样的概念，但已经认为价值增值过程是包括生产与流通的各个环节的。进一步，马克思以当时的工场手工业为研究对象，发现其生产过程是可以分解为不同且独立阶段或者操作，"一方面，它以不同种的独立手工业的结合为出发点，这些手工业非独立化和片面化到了这种程度，以致它们在同一个商品的生产过程中成为只是互相补充的局部操作"①，即具有"非独立化和片面化"的特征。"在这种场合，不同的结合的工场手工业成了一个总工场手工业在空间上多少分离的部门，同时又是各有分工的、互补依赖的生产过程。"②因此，马克思非常明确地提出了价值链上各个环节不仅可以在顺序上分离，也可以在空间上独立。同时，马克思还区分了手工工场内部分工的两种具体情况，一种是"由各个独立的局部产品纯粹机械地装配而成"的方式，一种是"依次经过一系列互相关联的过程和操作而取得完成的形态"③。从现在来看，这就是把价值链分为了产品分工和功能分工两种类型。毫无疑问，上述马克思关于价值链的思想就是从生产经营管理过程来看待价值创造的观点。

除此之外，马克思还特别分析了农业的问题。马克思认为由于土地具有稀缺性、不可再生，这就产生了农地的所有权垄断和经营权垄断，而以地租形式存在的超额利润就是这种权利的实现形式。反之，由于农业资本具有竞争性和可转移性，只能获得产业中的平均利润。从上述马克思对农业产业的分析中可以看出，农地这种稀缺性资源是价值链上的关键，拥有这种独特资源的一方将对整个价值链具有较大的掌控权，可以通过这种稀缺资源创造更多的价值增值。这就意味着马克思也注意到了价值链中资源的价值性在价值创造中的巨大作用。

综上所述，马克思虽然没有明确提出价值链的概念，但他关于价值增值的思想中也依然包含了当前价值链中的主流理论的思想，即价值创造既是过程性活动的结果，也是资源本身稀缺性的反映。因此，本书在价值创造问题上也采纳这种综合性观点，认为农业产业中的价值创造既源于链条上各个环节中相关资源的独特性，也源于农业产业过程中对上述资

---

① 马克思：《资本论》第 1 卷，人民出版社 2018 年版，第 392 页。
② 马克思：《资本论》第 1 卷，人民出版社 2018 年版，第 403 页。
③ 马克思：《资本论》第 1 卷，人民出版社 2018 年版，第 397 页。

源的交换、获取、整合等。

在农业产业价值链中，也可以分为产品价值链和功能价值链。产品价值链是生产对形成最终农产品有帮助的各个辅助性产品诸如生产种子、农业机械、农药、饲料、运输工具等组织构成的价值链，功能价值链是农产品的引种、种植、生产、运输、加工、销售等环节上的各个组织构成的价值链。研究农业产业价值链的时候一般都是从功能价值链这个角度来进行。从理论上讲，产业价值链的驱动力既可以来自生产领域，也可以来自流通领域。但具体到中国的现实情况，农业生产者实力普遍比较弱小，无力进行产业链的深度延伸。因此农业产业价值链的驱动力一般不是来自生产领域。农产品的销售组织更接近市场，对市场信息的接触更频繁也更熟悉，对顾客在产品价格、质量、品类上的要求比较熟悉，因此流通领域中各类销售组织通常成为农业产业价值链的主要驱动力量。

在由下游销售组织驱动的农业产业价值链中，"公司+农户"模式通常是这种价值链的具体表现形式。但从前面分析中可以看到，这种模式中的特色农产品在生产流程、生物技术、农药施放、运输方式等方面的要求都比传统农业以及普通大宗农产品要高出很多，不确定性因素较多。在无法采取纵向一体化的情况下，如果二者直接采取简单的纵向合作方式，则众多小农户与庞大的农业企业是难以直接糅合在价值链中的，二者之间必然需要大量的中间组织，将价值增值环节"迂回化"和"稠密化"，使小农户与农业企业之间不直接进行交易，而是借助这些中间组织将小农户的资源贡献能力、生产能力和农业企业的技术能力、管理能力部分让渡于价值链环节中的各个组织，从而使包括小农户在内的各个组织能够在扩散的价值链中合作创造出更大的价值。

除了从过程论来看待农业产业价值链之外，从资源基础观来看，农业产业中不同类型的组织拥有不同类型的资源，比如小农户拥有农业生产的基础性资源——土地的承包权和经营权，农业企业拥有雄厚的资金实力、技术能力，家庭农场拥有更高质量和更高水平的农业生产知识和经营能力，农民合作社具有聚合农户资源的能力等等，这些资源和能力本身就是具有价值的，本身就会影响上述组织的价值创造行为，从而为价值创造打下基础。

(二)小农户价值获取的理论逻辑

能够促进各个参与主体在价值链中发挥作用,进行价值创造的根本动力,还在于价值创造主体能够分享和获取价值链上的增值。中国农业产业价值链中,主要驱动力来自流通领域中的各类组织而非直接的农产品生产领域。换言之,农业产业价值链中下游组织将处于整个产业链的高端,其主要从事农产品品种规划、标准制定、营销渠道搭建和品牌推广,而上游组织则处于整个产业链的低端,其主要是在下游企业标准之下进行定制化生产。

这种驱动力的最主要表现,就是农产品的主要标准掌控在整个农业产业价值链中的下游组织手中。掌握产业链标准的经济组织,对整个价值链具有控制力,进而将在价值增值中获取更大部分,从而获得更多利润。这是因为在产业链中由于协调方式复杂多变,具有驱动力的组织只有将产品的标准化信息有效传递给产业价值链上的各个组织,并得到这些组织的相互认可,这一产品才可能在产业链上进行合作生产,进而有效驱动整个产业价值链。因此,这些标准化信息的制定与有效传递是产业价值链有效运转的前提条件,也会对产业链中的价值获取格局产生重要影响。农业产业价值链中,大部分情形是产业链中的知名农业企业根据市场情况来制定农产品具体标准,并将这一标准的信息向上传递给小农户以及其他农产品生产者和加工者,这一方式的常见形态就是"订单农业"。

在农业产业价值链中,也有可能上游组织即农产品生产者由于具有某些特殊农业知识或者技能,能够生产一些名优农产品并成为市场认可的标准化产品。这些农业生产组织就能成为标准的制定者,并在价值链中掌握话语权。即由位于产业价值链上游的农产品生产者提供标准化农产品,并由下游组织从事销售工作。

由于在农业产业中定制化农产品生产是一种经常发生的现象,其会对整个价值链上的价值分配方式产生重大影响。具体来说,一般情况下农业产业价值链是由流通领域中的组织来驱动,即由下游组织制定农产

品标准,在向上传递农产品标准信息的同时拥有价格制定权。这种价格制定权很大程度上也就决定了整个价值链的分配格局或者上游农业组织,比如小农户能够获取多少价值。因为就整个价值链而言,上游组织的产品收入就是下游组织的成本,标准化农产品的价格其实就涉及中间产品的定价问题。在农业产业中,下游组织尽可能地压低标准化农产品的价格以降低自身成本。但上游组织却希望尽可能地提高标准农产品的价格以增加自己的收入,因此下游与上游组织之间存在博弈关系。除了价格上的相互竞争外,农业产业价值链上的组织还会为"标准"的制定权进行争夺,谁掌握了制定权谁就能在价值分配上拥有更大的话语权。

第四章　小农户与现代农业的连接

小农户与现代农业有机衔接,第一步就是要和现代农业建立初步的连接。众所周知,现代农业涉及的内容广泛,头绪繁多。要研究小农户与现代农业连接的路径,应弄清楚三个方面问题:一是小农户与现代农业的连接对象问题,即"和谁连接"的问题;二是小农户与上述对象的连接工具问题,即"用什么连接"的问题;三是小农户、连接对象与连接工具三者所共同形成的连接结构问题。

第一节　连接对象

新型农业经营体系的形成是现代农业发展中的关键步骤,完善的新型农业经营体系是现代农业的载体。所谓新型农业经营体系,就是在坚持农村基本经营制度的基础上,顺应农业农村发展形势的新变化,通过自发或政府引导,形成各类农产品生产、加工、销售和生产性服务主体及其关系的总和,是各种利益关系下的传统农户与新型农业经营主体的总称①。基于这种认识,本书认为小农户与现代农业的衔接,其必然且主要是涉及小农户与新型农业经营主体的关系问题,当前中国新型农业经营主体主要包括家庭农场、农民合作社和农业企业三种形式。从组织经济学的相关理论来看,小农户作为一种组织,其与现代农业衔接可以视为一种组织现象,小农户与现代农业的连接是通过新型农业经营主体来实现的。换言之,现代农业中的各个经营主体——家庭农场、农民合作社和农

---

① 刘勇、庄小琴:《创新农业经营体系　推动现代农业发展》,《求实》2013 年第 12 期。

业企业——扮演着连接对象的角色，是小农户与现代农业建立连接关系的支点。因此，本章将分别讨论小农户与家庭农场、农民合作社和农业企业的连接问题。

一、连接对象一：家庭农场

（一）家庭农场的内涵

根据农业农村部的定义，"家庭农场作为新型农业经营主体，以农民家庭成员为主要劳动力，以农业经营收入为主要收入来源，利用家庭承包土地或流转土地，从事规模化、集约化、商品化农业生产"的新型农业经营主体。从上面的定义可以看出，家庭农场的界定标准主要包括四个方面：第一，家庭农场经营者主要是农民或其他长期从事农业生产的人员。第二，主要依靠家庭成员而不是依靠雇工从事生产经营活动。第三，以农业收入为主。第四，经营规模达到一定标准并相对稳定。从上述四个方面的界定标准来看，家庭农场是扩大化的农户家庭经营模式，保持了家庭经营的特点，具备传统农户家庭经营的所有优势。同时由于经营规模的适度扩大，又有助于克服小农户家庭经营存在的弊端。可以说，家庭农场是现代农业经营体系的基础，是中国未来农业经营的方向。

（二）家庭农场的特征

从经济学的角度看，可以从以下几个方面对家庭农场的经济特征进行理解和总结。[①]

第一，家庭经营。家庭农场的起点依然是家庭经营，其既有家庭承包经营的内在优势，又具备现代农业要素。家庭农场的生产经营主体仍然是农户家庭本身，其既是所有者，也是劳动者、经营者。因此家庭农场是家庭承包经营的有效实现方式，是坚持家庭承包经营制度基础之上的进一步发展和完善。

第二，适度规模。家庭农场是一种通过资源集中实现农业适度规

---

① 高强、刘同山、孔祥智：《家庭农场的制度解析：特征、发生机制与效应》，《经济学家》2013 年第 6 期。

模经营的组织形式。家庭农场之所以能够利用现代农业生产要素,进行产业化经营,就在于其具有一定规模。同时,由于家庭农场依然是单个家庭,受单个家庭能力制约,经营规模必须处在可掌控的适度范围之内。

第三,市场化经营。与传统农户同时从事市场性和非市场性农业生产活动不同,家庭农场的生产经营活动是面向市场的,农产品的高商品化率甚至是全商品化率是其重要特征,而赢利则是其重要的经营目标。

第四,企业化管理。无论是从国外还是国内规定看,家庭农场都需要依法在工商部门登记注册,是一个法人组织。农场所有者不仅承担生产功能,还要承担经营管理功能。在这一过程中,农场所有者和其他企业类组织所有者一样,其重要任务是按照标准化管理方式对资源进行计划、组织、协调与控制。

(三)家庭农场的典型模式

相比于国外比较成熟的家庭农场发展模式,国内家庭农场起步较晚,且尚未形成规模化连片发展态势,但在政府部门大力支持下,部分地区已经开始涌现出具有当地特色的家庭农场发展模式,其中比较有代表性的是浙江省宁波市模式、上海市松江区模式和安徽省郎溪县模式。

1. 浙江省宁波市模式——市场推动型

到2017年年底,宁波市已进行工商注册登记的家庭农场有4148家,土地规模在3.48—14.55公顷之间。在这4000多个家庭农场中,77%是以个体工商户的形式进行注册登记,剩下的以个人独资企业形式登记。大多数家庭农场要么加入了当地农民合作社,要么与农业企业进行合作,其中约有1/10的家庭农场进行标准化生产。

浙江省宁波市家庭农场是在市场经济推动下自动成长起来的。20世纪80年代中后期,宁波市开始农业适度规模经营探索,首先是形成了一批粮食种植大户、专业户,这是家庭农场的雏形;进入到90年代以后,为了提高农业经营效益,粮食专业户开始转向蔬果、畜禽、药材等经济作物的规模化经营,并在2000年后正式在工商部门登记注册,家庭农场开始形成规模。从这个过程可以看出,宁波市市场经济的迅速发展是推动家庭农场形成和发展的主要动力。

浙江宁波模式的主要经验就是在依靠市场力量的基础上,给家庭农场明确的法人地位,并对其发展提供持续政策扶持。从这一模式的发展历程可以看出,其对当地市场化程度有比较高的要求。

2. 上海市松江区模式——政府主导型

上海市松江区位于上海市西南,黄浦江上游,总面积 604 平方公里。2016 年年底,松江区有家庭农场 966 户,经营面积 14 万亩,占全区粮田面积的 95%,其中农机一体 606 户,占 62.7%。家庭农场经营收入从最初的户均 4.6 万元提高到目前的 12.2 万元,亩均净收入从 460 元持续提高到 973 元。上海市松江区家庭农场发展主要是在政府主导下完成的,被称为松江模式。其特点具体表现为以下几个方面:(1)政府政策支持。根据当地政府出台的《关于鼓励发展粮食生产家庭农场的意见》,支持家庭农户发展以粮食生产为主的家庭农场。(2)规范土地流转。松江地区由村委会统一组织土地流转,将土地集中后统一交给合格的农业经营者发展家庭农场。在土地流转费用方面,由原来固定价格变为稻谷实物折价后计算,土地流出方和流入方共同分担农产品价格风险。(3)精心组织生产。松江区根据国家提出的适度规模经营的指导方针,对辖区内的家庭农场发展规模做了一定的限制,以防止过度集中。比如以粮食生产为主的家庭农场设定为 100—150 亩。这种适度规模能够实现劳动力与土地面积有效匹配,提高农业生产效率。[①](4)严格挑选家庭农场经营者。松江区一般由村委会组织,在集体经济内部统一民主选举具有丰富农业生产经验的专业农民和种田能手,通过技术培训让其成为合格的种养结合、机农一体的家庭农场。并同时制定了家庭农场经营者淘汰和退出机制,对考核不合格的家庭农场进行淘汰。(5)强化政府扶持工作。松江区政府特别重视加强粮田基础设施建设、保护和管理,特别是病虫害防治

---

① 方志权、张晨、楼建丽等:《松江家庭农场十年历程与展望》,《农村经营管理》2018 年第 2 期。

工作。在农资方面,通过提供农资配送服务,增强农资的供应保障力度。在农业信息方面,农委及时向农户们发送天气、市场动态、产品价格、技术发展等相关信息,方便农户进行生产经营决策。在金融方面,松江区对农业的抵押质押、信用担保等方式进行了多样化的创新,同时贷款利率给予较大幅度优惠。

3. 安徽省郎溪县模式——市场引领,政府推动型

郎溪县位于安徽省东南边陲,在皖、苏、浙三省交界处,比邻太湖,是一个传统的农业大县。由于郎溪县的家庭农场起步较早、发展迅速、效果明显,近年来受到社会广泛关注。截止到 2016 年年底,郎溪县家庭农场共有 683 家,经营土地总面积达 15 万亩。家庭农场经营种类主要有粮油、瓜果、蔬菜、苗木、茶叶、肉禽以及水产养殖等,经营范围较为广泛。①从郎溪县家庭农场发展历程来看,其主要的经验有:(1)政府制定了较为科学的家庭农场准入标准,比如种植业要求 100 亩以上、水产养殖 50 亩以上、生猪养殖 500 头以上、蛋禽 5000 羽以上,这有利于提高家庭农场整体素质和促进它们持续发展。(2)农民自发成立了家庭农场协会,提高了农场组织化水平。早在 2009 年,郎溪县就自发成立了"郎溪家庭农场协会",极大地促进了家庭农场发展。仅 2012 年,郎溪县家庭农场人均纯收入就达到 28910 元,是全县人均纯收入的 5.7 倍。(3)政府在家庭农场发展过程中不断提供技术和信息服务,帮助家庭农场进行标准化生产和农业新技术采用,并依托"安徽省农业信息网",多渠道、多元化、多内容地提供包括农资供应、产品价格、深度加工、知识技术等方面的信息。同时政府还不断完善金融体系,为家庭农场发展提供资金支持。

可以看出,安徽省郎溪县家庭农场发展一方面是依靠市场化力量来推动,比如农民土地的市场化流转、民间组织的成立等;另一方面又依靠行政力量推动,政府在家庭农场认定、土地市场规范化、新型农业主体扶持等方面出台了很多政策。目前,郎溪县家庭农场更是产生了类型多样的家庭农场模式,形成了"场市联动""场场联合""场企联盟"等不同的

① 胡月英、郝世绵:《安徽郎溪家庭农场发展探究》,《新余学院学报》2017 年第 1 期。

家庭农场经营模式。

二、连接对象二：农民合作社

（一）农民合作社的内涵

农民合作组织发轫于 1844 年罗虚代尔的公平先锋社,已经经过了一百七十多年的发展历程。在 1995 年的国际合作社联盟第 31 次社员大会上,参会成员一致同意了对合作社的最新定义:是人们为了追求在经济、社会以及文化方面的需求和共同目标,构建一个共同所有、民主管理的组织,并自愿联合在一起的自治社团。从合作社诞生到不断发展壮大过程中,国外诸多学者对其进行了广泛研究。作为现代农业中重要的新型农业经营主体,《中华人民共和国农民专业合作社法》明确规定:"农民合作社是在农村家庭承包经营基础上,同类农产品的生产经营者或者同类农业生产经营服务的提供者、利用者,自愿联合、民主管理的互助性经济组织。农民合作社以其成员为主要服务对象,提供农业生产资料的购买,农产品的销售、加工、运输、贮藏以及与农业生产经营有关的技术、信息等服务。"至 2016 年 6 月底,全国依法登记的农民合作社达到 166.9 万家,入社农户约占总农户数的 42.7%。①

（二）农民合作社的特征

第一,成员同质性。传统经典的合作经营主体有成员同质的结构特点。同质性成员更有利于合作经济组织运行,其主要表现在三个方面:首先,同质性成员在利益上具有相似性。合作经营主体成员的同质性,一般表现为具有相同偏好或者资源禀赋。相同偏好是成员加入合作经济组织的前提条件,也是进行合作的根本目的。在合作经济组织当中,这种相同偏好主要表现为对经济利益的追求,即希望通过加入合作经济组织,获得收益上的增加或者成本上的节约;相同资源禀赋的成员在合作经济组织中能投入大致相同的资源,并据此分配合作产生的盈余。其次,同质性成员在对合作经济组织所提供的服务要求上具有一致性。家庭经营主体对

---

① 崔宝玉、王纯慧:《论中国当代农民合作社制度》,《上海经济研究》2017 年第 2 期。

生产资料、生产技术、销售信息和销售渠道有类似需求,是组成和加入合作经济组织的必要条件。汉斯曼(Hansmann)指出,"当某一类生产投入不具备高度的同质性时,即便是该投入的需求方面临着严峻的市场失灵问题,提供这种投入的合作社可能也不会很成功;相反地,当某种投入具有高度的同质性时,即使每个单个的买方所面临的市场交易费用都微不足道,提供这种投入的合作社也可能会相当成功"①。换言之,成员在所需服务上的一致性才能导致合作经济组织在提供这种服务时具有规模效应,从而为成员达到节约成本的目的。最后,同质性成员更容易产生信任感。由于同质成员在经营行为、经营方式、经营规模、经营目标等方面更具有一致性,相互之间更容易产生信任感,这种信任感可以有效降低合作经济组织在运行过程中的协调成本、契约拟定、执行和监督成本。运作良好的合作组织,一个重要的因素就是成员在诸多方面具有较高一致性,在一定程度上成员之间有一种大家庭的感觉②。如果合作经济组织中成员异质性过大,异质性要素就会存在定价难题,异质性成员通过掌握组织剩余控制权进而获得组织剩余索取权,最终结果就是合作经济组织会偏离合作的本质而发展成为少部分异质性成员控制的企业组织。就如有学者所指出的那样,"这种组织的剩余分配方式不是按提供特定要素的数量进行,不符合合作社的本质规定性"③。

第二,利益联结性。所谓利益联结,是指以合作经济组织和组织成员之间建立利益共同体,并且该利益共同体有正常的运作机制,各成员以及组织之间有稳定的利益关系,联合在一起共同进行规模化生产和经营。④合作经济组织的生成与发展,一个基本动因就是合作经济组织能够让组织成员分享更多利益。分享合作收益的前提,就是成员之间要有相互的利益联结。这种利益联结将会对合作组织的形式产生重大影响,因为合

---

① 　[美]汉斯曼:《企业所有权论》,于静译,中国政法大学出版社 2001 年版,第 212 页。

② 　Berglas E., "On the Theory of Clubs", *American Economic Review*, 1976, Vol.66, No.66, pp.116-121.

③ 　秦愚、苗彤彤:《合作社的本质规定性》,《农业经济问题》2017 年第 4 期。

④ 　申云、贾晋:《土地股份合作社的作用及其内部利益联结机制研究——以崇州"农业共营制"为例》,《上海经济研究》2016 年第 8 期。

作组织本身无非是这种利益联结性的外部契约表现。如果认为组织本质是用一种契约取代一系列契约、用长期契约取代短期契约或用要素契约取代商品契约，从而使契约数量大大减少，实现交易费用降低，那么对合作经济组织而言，通过利益联结的多元化选择最大限度地降低组织内部的交易费用就变得尤其重要。就合作经济组织而言，组织成立时成员在土地、资金、技术和社会关系等资源方面的投入会构成利益的初次联结；在组织运行过程中，又通过建立不同类型的利益分享机制构成利益的再次联结。通过各方主体的两次利益联结，可以增加成员退出合作经济组织的机会成本，巩固合作经济组织的存在基础，促进合作经济组织的发展。

第三，决策民主性。合作经济组织与企业等其他营利性组织相比，最显著的独特性就在于合作经济组织成员是在自愿基础上的平等合作。正是这样的原因，传统合作经济组织通常会采用自愿进入和退出、资本有限报酬、一人一票、按惠顾额返还盈余等原则来保障这种平等性。合作经济组织的决策民主性，源于成员同质性。一般而言，组织成本包括交易费用和所有权成本两个方面，同质性成员具有大致相同的资源禀赋，将这些资源要素内化于合作经济组织从而达到节约交易费用时，所有权成本随之产生。所有权成本的决定因素，主要是组织剩余控制权以及由其决定的剩余索取权。根据汉斯曼的理论，当企业所有者具有同质性时，平均分配控制权有利于产生最优决策。[1] 换言之，合作经济组织的民主决策性，源于对组织剩余控制权的安排，目的在于实现组织成本最小化。合作经济组织民主决策性并不意味着在组织内部对所有事务进行一人一票式的决策方式，因为这既不现实也不符合效率原则。民主决策性应该体现在两方面：一是民主决策将组织的控制权，特别是剩余控制权赋予谁；二是民主决策如何监督组织中剩余控制权的拥有者。[2] 随着社会经济不断发展，合作经济组织发展所面对的外部环境变得日益复杂多变，人们对产品

---

[1]　[美]汉斯曼：《企业所有权论》，于静译，中国政法大学出版社 2001 年版，第 212 页。

[2]　徐旭初：《中国农民专业合作经济组织的制度分析》，经济科学出版社 2005 年版，第 48 页。

的独特性、安全性和品质都提出了更高要求,市场竞争日益激烈。面对这种情况,合作经济组织为了生存不得不引入外部资本、技术等异质性要素,但这并不意味着异质性要素提供者(即异质性成员)能够借此攫取组织的剩余控制权。合作经济组织可以通过制度创新来解决异质性要素进入组织所引发的问题,从而继续维持合作经济组织的民主决策性。本着最小化组织成本的目的,合作经济组织制度创新沿着两条路径进行:一是减少组织和异质性要素提供者的交易费用。对于实物型资本,一般做法是要么给予这部分异质性要素固定性回报,要么给予这部分异质性要素只有收益权但没有投票权的特殊股权。[①] 这两种方式实质都是将这部分异质性要素的收益视为组织生产经营成本,并不涉及组织的剩余索取权,也和组织的剩余控制权没有任何关系。二是减少异质性要素提供者进入组织之后的所有权成本。对于非实物型资本比如管理才能、专业技术技能、社会关系等,由于此种资本如果给予固定回报将会导致严重的委托代理问题,一般做法是给予部分剩余控制权和有条件的剩余索取权,类似于企业中职业经理人的固定薪酬和变动薪酬,但对此类要素提供者的选用和任免依然掌握在同质性成员手中。通过上面两种方式可以看出,即使在合作经济组织中引入了异质性要素,也并不必然破坏组织的民主决策性。

(三)农民合作社的类型

经过二十多年的发展,中国合作社逐步具备了共同购买生产资料、共同销售农产品、共同使用技术服务和共同进行农产品加工四种基本功能,根据合作社的组建方式和过程,学者把其分为几种不同的类型。

1. 农户自发型

农业大户或农村能人围绕某一产业或产品,自发组建某一特定类型的合作社。其特点是利用各自的土地种植或养殖同一品种,采取土地、劳力、资金入股等方式,按股份多少分红,形成决策民主化和利益、风险共享

---

① Chaddad,Fabio,Cook M.,"Understanding New Cooperative Models:An Ownership-control Rights Typology",*Review of Agricultural Economics*,2004,Vol.26,No.3,pp.348-360.

共担的紧密合作组织。这种合作社体现"民建、民管、民受益"的办社原则，虽然在实际中有所偏差，但代表了今后合作组织发展的主导方向。

2. 市场领办型

这种合作社源于当地存在农产品集散、批发的历史传统，以此为契机进行农产品的生产与销售业务，逐步形成了区域性主导产业和专业化、社会化的生产和服务体系。农户在这一过程中可以利用这些生产和服务组织了解市场需求，自主规划生产。当然，这种合作社是比较松散的，体系中的各类组织有赢利需求，与农户依然是市场化的关系。农户在其中的得益程度取决于市场基础设施完善程度、市场管理规范程度、市场信息传播速度和准确度等。

3. 农业企业领办型①

这类型合作社由农业企业牵头发起，充分利用农业企业在资金、技术、人员上的优势，组建农民合作社的目的是发挥合作社与小农户之间的中介作用，发挥联结小农户、农产品基地、市场的功能，结成紧密的产加销一条龙、农工贸一体化的生产经营体系，合作社作为其子公司依托农业企业，实力比较雄厚，同时也能享受到国家的优惠政策。② 这种形式以合作社为中介，辅之契约来界定农业企业与农户之间的经济利益关系，农户除了可以获得技术指导、优惠农资、市场信息等之外，还能够分得一些合作社赢利，收入比自己单干要高。

4. 政府部门领办型③

这类型合作社由政府有关部门发起创建，政府部门在合作社成立和发展过程中起着关键和主导作用。政府部门领导兼任理事长，联合政府其他部门或者社会组织共同参加，利用政府在资源、技术、人才、场地、设备优势和管理经验，充分利用专业大户的销售网点优势，合作社挂靠行政

---

① 郭晓鸣、廖祖君、付娆：《龙头企业带动型、中介组织联动型和合作社一体化三种农业产业化模式的比较——基于制度经济学视角的分析》，《中国农村经济》2007年第4期。

② 钟真、张琛、张阳悦：《纵向协作程度对合作社收益及分配机制影响——基于4个案例的实证分析》，《中国农村经济》2017年第6期。

③ 崔宝玉、高钰玲、简鹏：《"四重"嵌入与农民专业合作社"去内卷化"》，《农业经济问题》2017年第8期。

部门。这种类型合作社的典型代表就是由农村供销社改制而来成立的合作社,其社长或者理事长大多由乡镇主要领导担任,或者是由受聘于政府部门的农村精英担任。

三、连接对象三:农业企业

(一)农业企业的内涵

农业企业是在经营指标上和组织形式上达到相关标准,通过国家有关部门认定,采取订单农业、投资合作等方式联结农户,形成"生产—加工—销售"和"农业—工业—商业"一体化的以农产品为主营业务的加工企业或者流通企业。联合国粮农组织认为"农业企业是农产品粮食价值链的非农联系环节。它为农业领域提供生产资料投入,它以粮食和其他农产品的处理、加工、运输、销售和分配等方式将农业领域与消费者联结起来"。

也有学者认为,上述概念是狭义的农业企业。从广义上来看,农业企业还应该包括农业生产资料诸如饲料、化肥、农业机械和大农业产品诸如肉类、谷物类、纺织类等商品的生产、加工、流通和销售。就研究主题而言,本书中的农业企业主要是指狭义农业企业。在实践中,农业企业一般由三种类型构成:第一种类型是农产品生产企业;第二种类型是初级农产品的再加工企业;第三种类型是农产品流通企业,主要从事农产品的运输、储存和销售。当然,有些农业企业可能三种业务都有所涉及,变成混合型农业企业。

(二)农业企业的特征

农业企业的特征,既具有一般企业的共性,也由于镶嵌于农业产业之中,必然带有产业烙印,有其特殊性的地方。

第一,农业企业经营对象是农产品,而农产品具有很强的自然属性。农产品生产在目前科学技术水平下很大程度上还必须依靠自然过程,由于农产品的自然生长具有不可违逆性,使得农业生产与工业生产在组织形式上有较大区别。农产品再加工环节一般可以通过规模化方式集中进行,但农产品种植、收获、采集、保存等产前和产后环节却分散在广大农村地区，难以进行有效聚集，这毫无疑问增加了农业企业在生产管理、质量监督、经营控制、绩效考评等方面的困难，这是一般企业不会面对的难题。上述情况使农业企业的经营管理活动更加复杂和烦琐，最明显表现就是工业企业的大规模化、流程化在农业生产上并不适合，农产品在自然特性上的分散种植和收割使农业企业对前端的控制力非常弱。

第二，农业企业经营风险较高。由于农业企业生产、加工、运输和销售的对象都是农产品，每一个环节不但受到企业自身经营管理水平影响，也受到土地状况、天气因素、水文状况等自然条件影响，影响因素多样化且难以控制，使得农业企业生产具有明显周期性和季节性，面临较大的自然风险。农产品在特定价格水平下需求弹性较小，供给弹性较大，一旦市场均衡被打破，农产品价格就将发生较大范围波动且短时间难以恢复到稳定水平，这种情况将使农业企业比一般企业承受更大市场风险。农业企业既面临较大自然风险，又面临较大市场风险，在双重压力下农业企业为了保持经营稳定性，通常会有向农户转移风险的行为，这就反过来使得农业企业与农产品供应者关系比较紧张，进一步加剧了农业企业经营风险。

第三，农业相对于其他产业，一直属于"弱质"产业。由于农产品品质难以有效监控、容易腐烂变质、容易遭受污染、不易运输保存的特性，使得农业企业生产经营成本比较高且具有较大不可控性，而农产品市场波动性又使得农产品收益不稳定，成本高企和收益波动造成农业企业总体利润和工业企业比较起来有较大差距。

第四，农业企业产品差异性较小，同质性较高。一般而言，农产品品种种类与工业品比较起来相差较大，这就决定了适合农业企业经营的农产品品种具有较大雷同性。加之中国农业企业经营品种以初级农产品为主，品牌意识不强，同一类型农产品差异化程度不高，这就进一步使得农业企业在竞争上手段比较匮乏，难以进行差异化竞争战略而只能选择低成本战略。这种局面让农业企业在收购农产品时通常会采取"压价"方式，使得农业企业和农户之间关系比较紧张。

第二节 连接工具

从前面对家庭农场、农民合作社和农业企业相关问题，以及与小农户关系的论述可以看出，小农户与现代农业的关系主要是通过连接现代农业新型经营主体来实现的。因此需要仔细地审视这种组织间的关系，归纳和提炼出小农户与这些新型农业经营主体到底是通过什么连接起来，即它们之间的连接工具问题。小农户作为一种组织，其与新型农业经营主体之间的连接表现为多类型的契约关系，二者可能通过资源要素的交易发生联系，可能通过农产品的交易发生联系，也可能通过基于某种类型的创新发生联系。基于此，从小农户视角出发，本书把小农户与新型农业经营主体的连接工具分为资源链、产品链和创新链三种类型。

一、资源链

所谓资源链，主要是指小农户在与新型农业经营主体连接时，是通过向新型农业经营主体输送一般性普通资源要素从而产生连接关系的。具体而言，小农户通过流转、入股、受雇、借贷等方式向现代农业中的新型农业经营主体提供土地、劳动力、少量资金等资源要素，并相应地获得资源要素的租金收益。

如果进一步细分，按照资源要素的类型，资源链又可以分为土地资源链、劳动力资源链和资金链三种细类。小农户与现代农业之间的连接有很多情形：既有单一资源链条，即上述链条中的任意一种，但目前多以土地资源链为主；也有多种链条铰合在一起，形成混合链。比如小农户向新型农业经营主体流转土地，并受雇于该组织成为雇佣农民，则形成土地—劳动力资源混合链。再比如小农户加入农民合作社，既可提供农地、劳动力，又有少量的资金入股，则会形成土地—劳动力—资金资源混合链。

在现实中无论是浙江省宁波市模式、上海市松江区模式还是安徽省郎溪县模式，都是凭借部分小农户的生产经营能力，首先成长为"大户""能手"，再通过土地流转、劳动力雇佣等方式获得资源要素并最终发展成为家庭农场；在四川省崇州市推行的"农业共营制"中，合作社中的小农户通过流转土地方式获得股份，社会资本通过提供资金获得股份，农业职业经理人向合作社提供生产经营能力分享收益。上述这些模式都有一个共同的特点，就是小农户都向新型农业经营主体提供了不同类型的资源要素，即都是通过资源链来构建小农户与现代农业的连接。

二、产品链

所谓产品链，主要是指小农户在与新型农业经营主体连接时，通过向新型农业经营主体输送农产品从而产生连接关系。具体而言，小农户通过直接售卖、订单履行、合作社惠顾等方式向新型农业经营主体直接提供农产品，获得农产品价格收益。当然，如果深入研究，则可以按照农产品类型对产品链进一步细分为两类：如果农户提供小麦、玉米、稻谷、生猪等大宗农产品，则可以归为大宗农产品链；如果农户提供具有一定特色的果蔬、药材、水产等高价值经济农产品，或者具有一定知名度的农产品，则可以归为特色农产品链。每种链条下的连接方式都将有其独特性，在这里本书不再详述。

在现实中，小农户向合作社出售农产品，农业企业通过订单方式向小农户收购农产品的实例都表明，部分小农户与新型农业经营主体是通过直接的农产品提供来建立联系的，即通过产品链实现小农户与现代农业的连接。

三、创新链

除了常见的资源链和产品链之外，少部分小农户与现代农业之间还可以通过创新链进行连接。所谓创新链，主要是指小农户利用现代科学技术发展的最新成果，结合自身优势和特点，通过开发新的农业市场、延伸农业产业链、开创新的农业组织形式等，从而与新型农业经营主体在现代农业发展过程中产生的各种关系。当然，值得注意的是，只有极少部分的小农户能够进行此类创新活动，建立创新链。

在现实中，部分知识文化水平较高的农户在信息化和互联网技术的影响和推动下,借助现有的网络销售平台和电子商务系统,实现农产品线上销售,通过销售方式创新和现代农业进行链接;再比如部分小农户会依托当地旅游产业,将自己的宅基地扩建为旅游民宿、修建蔬果采摘基地,发展旅游农业、观光农业,从而延伸农业产业链,直接实现和现代农业的连接。

第三节　连接结构

在社会科学研究中,"分类"通常是从纯粹描述走向解释性研究的关键一步,是实现有序控制和预测的开始。本书最早分析了小农户的两种类型——资源贡献型和生产经营型,接着在本部分区分了三类不同的连接对象——家庭农场、农民合作社和农业企业,以及不同的连接工具——资源链、产品链和创新链。本节主要内容就是要具体阐述不同类型小农户和现代农业三大新型农业经营主体(家庭农场、农民合作社、农业企业)是如何通过不同类型的连接工具组合在一起的,即它们的连接结构问题。具体而言,本书将在下面阐述六种不同的连接结构,其中前面三种是一对一的简单结构,即小农户与家庭农场、农民合作社和农业企业的连接结构。后面三种是在简单结构基础之上,小农户与多个经营主体串联在一起,形成更为复杂的连接结构。

一、结构一:小农户—家庭农场

小农户与家庭农场连接,可以分为两种情况:一是生产经营型小农户利用自身资源禀赋发展成为家庭农场,下文称为生产经营型小农户的自成长;二是资源贡献型小农户与现有已经存在的家庭农场发生连接关系。下面分别分析这两种情况。

(一)生产经营型小农户的自成长

生产经营型小农户自成长,是指生产经营型小农户通过自身积累、壮大和成长,演变成为现代农业中新型农业经营主体的过程。对于这一过程,下面将从理论逻辑和现实路径两个方面进行阐述。

1. 生产经营型小农户自成长的理论逻辑

小农户在中国是以家庭为单位而存在的。从经济学的角度来看，家庭成员是以血缘为纽带组合在一起的，家庭成员之间并不完全是按照自身利益最大化的方式来行为，"利他主义"行为方式在家庭行为中表现得尤其明显。这就意味着，由于家庭内部存在信任、友爱、互助等因素，家庭这一组织内部的协调成本较之于其他组织如市场、农业企业、农民合作社更低。

农业生产具有自然性，工业生产中常见的标准化流程作业方式并不能在农业生产过程中适用。农业生产有季节性和周期性特点，使得从事农业生产的作业单元和劳动力需要根据农业生产的特点灵活进行资源配置，特别是劳动力配置。显然，家庭组织在资源使用方式的协调中将比其他组织更具有优势，协调成本更低。除此之外，农业生产过程由于缺乏精细化作业标准，农作物产出受到多种因素影响，难以将贡献与责任量化到每一个作业者。如果农业生产采取工业化方式进行，监督问题将导致高额监督成本。因此就协调成本而言，家庭组织可能比其他组织更适合进行农业生产。

由于家庭中成员身份具有不可替代性，因此专业化分工与个人禀赋之间的匹配度并不能适时调整，其对家庭这一组织的生产效率会产生影响，而且越是高水平分工经济，这一不利因素就越被放大。从这个角度而言，家庭组织与市场、农业企业、农民合作社相比，生产效率低的弱点会随着分工加深而不断放大。换言之，家庭组织更适合低分工产业。

在现代农业中，即使农业科技得到了广泛运用，却依然无法完全改变农业生产的自然特性，"农业劳动在时间上必然是与自然的生长周期相联系的，因而带有严格的季节性；在空间上，农业劳动必然与土地及其他自然资源的自然状态相联系，带有严格的区域性"[1]。这意味着，由于现代农业依然无法打破时间与空间对生产过程的制约，因此农产品生产中进行专业化分工在当前既不现实也不经济。[2] 即使在现代农业中，无论

---

[1] 陈纪平：《家庭农场抑或企业化——中国农业生产组织的理论与实证分析》，《经济学家》2008 年第 3 期。

[2] 比如玉米种植过程，如果进行专业化分工，则需要甲负责播种、乙负责扶苗、丙负责病虫害防治、丁负责采收。显然，这在当前的农业生产中并不现实。

是以节约人力投入为目的的农业机械革命还是以节约土地投入为目的的生物技术革命，都未能改变农业生产的时空限制，现代农业中农产品生产过程的专业化程度并没有增强，因此对劳动力的专业化需求并不高，减少了家庭组织作业过程中因专业化分工与个人禀赋之间匹配度不能适时调整所带来的效率损失。

从上面的分析可以得出结论：在现代农业产业中，家庭组织在和其他农业经营主体的竞争中是有独特优势的，其体现为家庭组织在农业生产中可以凭借家庭成员的身份特殊性有效降低协调、代理、监督等交易费用，而且在农业生产过程中的低分工水平降低了资源匹配上的效率损失。正因为这样的原因，党的十八届三中全会通过的《中共中央关于全面深化改革若干重大问题的决定》，明确提出要"坚持家庭经营在农业中的基础性地位"，此后连续四年的"中央一号文件"中都明确把"家庭农场"作为新型农业经营体系中的重要组成部分。不仅中国如此，根据联合国粮农组织统计，全球范围内的农场，无论在发达国家还是在发展中国家，由家庭管理的比例超过90%，家庭农场通过耕种70%—80%的耕地提供了80%的世界粮食产量。换言之，小农户成长为家庭农场符合现代农业对农业经营主体的要求，是现代农业中一种非常有效率的组织，代表了小农户连接现代农业的一个方向。

2. 生产经营型小农户自成长的现实路径

虽然大多数小农户本身并不具有独立适应现代农业发展要求的能力，但依然有少部分小农户，他们除了和普通小农户一样拥有土地、劳动力等显性资源要素之外，他们还具有经营管理知识、科学技术知识、风险承受能力、企业家精神、社会关系网络等隐性要素，其发现将这些显性或者隐性资源投入到当地农业生产经营中去，将会获得较高的收益。这部分小农户将产生用隐性资源带动显性资源的动机和行为，最初是流转少量土地，以家庭劳动为主，适度扩大经营规模，变为所谓的"专业大户"或者"种养能手"。

值得注意的是，"专业大户"仅仅是生产规模比一般小农户略有扩大而已，这种简单粗放外延式的扩大并不能完全适应现代农业对农业经营集约化、科技化、市场化、绿色化要求。而且"专业大户"只是一种口语化、习惯化的表达方式①，许多地方对于"专业大户"的认定并没有专门程序和机构且标准不统一，至于工商登记等规范操作更无从谈起，这使得"专业大户"对外进行市场化经营时因为无独立法人资格而困难重重。另外，土地作为农业生产中非常重要的一项资源，"专业大户"们在流转土地时由于规模有限，通常都是临时的，并无正式且具有法律效力的土地流转合同，这种情况造成"专业大户"的生产具有很大不确定性，难以稳定进行长期生产经营活动，造成"专业大户"们具有很强的投机性，不愿意进行长期土地投资，农产品质量自然也就难以保障。

面对这样的现实情况，一部分农户并不满足于停滞在"专业大户"这个阶段，他们觉得如果要真正在现代农业中有所作为，就需更进一步，不满足于现状的"专业大户"们融入现代农业最便捷的途径就是创办家庭农场。

重庆市巴南区二圣镇的李某一直在村里从事水蜜桃种植，从1995年开始陆续在自家承包地的基础上，通过承包村里的荒山不断扩大水蜜桃的种植规模，在2012年时达到30亩的规模，成为当地水蜜桃种植大户。2014年，李某为了进一步扩大水蜜桃种植规模，在当地政府扶持和帮助下，通过各种途径筹集资金70余万元，其中大部分资金用于土地流转，挨家挨户地同其他农户协商，以720元/亩的价格，转入土地大概130亩，并在2015年又以800元/亩的价格转入120多亩，总共达到300多亩的规模用于种植水蜜桃。在当年成立了以水蜜桃种植和销售为主的家庭农场，并在当地工商进行了注册登记，同时注册了商标品牌。在农场经营管理上，李某负责农资采购、果林管理等事务，其妻负责销售、雇人、记工、财务等事务。平时依靠夫妻二人以及父母进行农场生产经营活动，只是在打药、收摘等比较繁忙时雇佣几个当地农民一起进行劳作。2016年，该家庭农场共收获水蜜桃6万多斤，再扣除包括土地流转费用在内各项费

---

① 郭亮、刘洋：《农业商品化与家庭农场的功能定位——兼与不同新型农业经营主体的比较》，《西北农林科技大学学报》(社会科学版)2015年第4期。

用之后,利润有 12 万多元。

从上面的案例可以看出,"小农户—专业大户—家庭农场"是小农户自成长的基本路径,"专业大户"只是一个过渡形式,其名称可能有很多。一部分"专业大户"经过多年农业生产活动累积了生产经验,具备了经营管理知识,也在市场竞争中开阔了视野,他们逐步意识到要在现代农业中发展,必须在组织形式和经营方式上有所改变,进化成为更加适应现代农业发展的新型农业经营主体,而家庭农场无疑是最为简便和现实的方式。这也是为什么近年来中国家庭农场迅速发展的原因。截至 2016 年年底,全国已有各类家庭农场 87.7 万家,逐渐成为中国农业生产的生力军。其中,经农业部门认定的达到 41.4 万户,平均每个种植业家庭农场经营耕地 170 多亩。据农业农村部对全国 3000 多户家庭农场生产经营情况的典型监测,家庭农场年均纯收入达到 25 万元左右,劳均纯收入近 8 万元,高于普通农户收入。

在这一演变过程中,正如案例所反映的,农户们首先需要累积一定数额的资金,来源可能有家庭出资、亲朋借贷、政策补贴以及金融贷款等方式(见表4-1)。一般而言,家庭农场初期投入资金较多,主要用于土地流转、幼苗幼崽购买、小型农机购置等,以及政策咨询、技术学习、相关证照办理等。家庭农场一经成立,正常运作起来,资金投入就相对稳定,主要用在肥料购买、雇佣劳动力工资、农场正常运转、病虫害防治、产品营销推广等方面。

表4-1　家庭农场资金来源表

资金来源	特　　点
家庭出资	拿出部分或全部家庭资金投入家庭农场的经营,是家庭农场资金最主要的来源
亲朋借贷	家庭农场成立初期或运营中出现资金短缺的情况下,是农民最常用的融资方式
政策补贴	各地均有对土地流转、生产管理、药剂以及绿肥等多方面不同层次的补贴政策
金融贷款	农户贷款是单户限额管理,没有抵押物的贷款额度大部分在 10 万元以下

资料来源:笔者通过调查收集。

其次,农户们需要流转适度规模的土地才能申请成为国家和地方认可的家庭农场。不同地区认定标准可能不同,但对于种植业而言、50—100亩是最低标准。农户获得土地的方式比较多元化,各个地方有所不同①(见表4-2)。但无论哪种方式,农户要获得土地来成立和发展家庭农场,通常需要借助一定的社会关系网络。在李某发展家庭农场的过程中,他也是"挨家挨户地同其他农户协商",就是利用了对本村村民比较熟悉、大家相互信任的因素。

表4-2　家庭农场土地来源表

方　式	特　　点
土地出租	土地承包人作为出租方,将自己的部分或全部土地以一定期限出租给其他个人或单位从事农业生产活动,进而获得租金。此方式原土地承包关系不变
土地转让	承包方将承包期未满的部分或全部土地的承包经营权按照一定的方式和条件转让给其他个人或单位。此方式原土地承包关系终止
村集体流转	农户将手中的土地流转到村集体,村集体将土地集中、成块地出租或发包给其他个人或单位,村集体扮演中间人的角色

资料来源:笔者通过调查收集。

再次,按规定家庭农场的主要劳动力应该以家庭成员为主。从团队合作的角度来看,家庭成员在凝聚力、信任感、归属感、荣誉感、使命感方面具有优势,使得家庭成员行动上更具主动性和积极性,为家庭农场经营提供了重要的人力保障。因此家庭农场劳动力以家庭成员为主也具有经济上的合理性。上面例子中,李某的妻子并不具备专业财务知识,但依然从事家庭农场的财务工作,除了家庭农场的财务工作较为简单之外,一个重要原因就是个人禀赋的匹配度被家庭成员的信任感所代替。

除了家庭成员,家庭农场也会雇佣少量劳动力,以短期雇工为主,多是邻近村镇的当地劳动力。一般而言,家庭农场雇佣的劳动力主要从事

① 有个别地方也采取土地入股形式,但家庭农场一般规模不大,采用土地股份制的极少。故这里不列举。

两方面的工作。一是体力性劳作,其技术含量低,操作重复性高。这种雇佣方式一般长期性和临时性都有。比如作物收割的农忙时节,有的家庭农场往往临时雇佣本地劳动力从事体力劳作,进行人工收割与搬运存储工作。而一些蔬果家庭农场,由于种植面积较大,则会常年雇佣劳动力从事农业生产工作。二是技术性工作,进行家庭成员缺乏的关键性技术工作,专业性强,劳动力成本较高。这种雇佣一般以短期为主。比如有的家庭农场租用了收割机等农业机械,雇佣专业人员操作机械来组织收割工作,或者临时聘请技术人员解决农业生产中的技术性难题,但多以短期为主。

最后,前面所说的都是资金、土地、劳动力等显性资源对小农户融入现代农业的作用。但值得注意的是,隐性要素依然对小农户的自成长起到关键性作用。在前述案例中,李某常年从事水蜜桃的种养,积累了较多的生产经验与技术诀窍,"专业大户"的经历也使他具备了一定的经营管理能力,加上他是当地人,人际关系网络良好,这在土地流转、劳动力雇佣上具有一定的优势。在李某转入的土地中,有一部分并未提前支付流转费用,而是产品销售后进行结算,减轻了他的资金压力。

3. 小农户自成长过程中的创新链

连接工具中的创新链,在生产经营型小农户自成长为家庭农场的过程中具有非常重要的作用,这里需要稍加说明。在小农户向家庭农场成长的过程中,一个关键性问题就是该农户的主要决策者在生产经营过程中是否具有创新性行为。小农户创办家庭农场这一新型农业组织,本身就意味着小农户将要投入更多的资源要素,将要面对更大的风险,这对势单力薄的小农户提出了巨大挑战。只有少部分小农户能够在这种高不确定的情景下进行认知和决策,并采取相应行为利用市场机会。因此,这种认知、决策和行为不同于土地、劳动力、资金等一般性资源,其构成了创新链的实质性内容。创新链在小农户自成长过程中的作用通常表现为:小农户通过农业科技知识的学习和引进,开发新的农产品,为家庭农场的创办奠定产品基础;小农户开辟新的销售渠道以解决家庭农场扩大生产规模后的产品销售问题,保证家庭农场持续发展,这通常需要创新和网络销售平台的合作关系；小农户具有一定的产业延伸能力，通过家庭农场来发展休闲农业、观光农业、生态农业；小农户具备某些特殊的种养技能和农业经验，通过创办家庭农场这种组织形式与其他的农业经营组织进行合作，实现人力资本与物质资本更有效结合。家庭农场本身就是一种新的农业组织形式，其本身也是小农户创新性行为的结果。

限于本书主题和篇幅，这里不再仔细考察和论述小农户在现代农业中创新创业的具体行为。但正如《关于促进小农户和现代农业发展有机衔接的意见》中提到的，小农户在"康养农业、创意农业、休闲农业、农村电商、观光旅游、餐饮民宿、养生养老"等方面大有作为，而小农户与上述产业之间主要依靠创新链来连接。

（二）资源贡献型小农户与家庭农场的连接

生产经营型小农户在为数众多的小农户中只占小部分，其属于农村社会中的"精英分子"。大多数小农户属于资源贡献型，会与已经存在的家庭农场建立连接。在这一关系中，首先是通过资源链进行连接。从资源贡献型小农户角度看，他们以土地转出的方式为新兴的家庭农场提供土地资源，出让土地经营权的农户一部分会进入城市寻找就业机会，一部分特别是老年农民会临时受雇于家庭农场，为其提供劳动力资源。也有部分农户会通过资金借贷与家庭农场发生关系。即它们之间会形成土地资源链、劳动力资源链和资金资源链的交织，其具体过程已经在生产经营型小农户自成长过程中进行了说明，这里就不再赘述。

这部分小农户除了主要为家庭农场提供资源要素之外，也有一部分小农户在家庭农场带动下，以家庭农场需求为导向向家庭农场提供农产品，形成前文所说的产品链连接关系。就笔者观察到的实际情况而言，小农户为家庭农场提供农产品的个案和数量都是比较少的，原因在于家庭农场本身只是一个规模更大的生产单元，其优势在于农产品生产的规模化、标准化、品质化。因此除非家庭农场自身产量无法满足外部对农产品的需求，且其他小农户的产品能够满足家庭农场标准，否则家庭农场本身是不会向其他小农户收购农产品的。换言之，小农户与家庭农场之间通过产品链连接的情况并不常见。

二、结构二:小农户—农民合作社

小农户与农民合作社连接是现代农业中的常见形式之一。可以说,小农户与农民合作社之间有着天然的连接关系,因为合作社从理论上讲是处于弱势地位的小农户的联合体。小农户与农民合作社的具体连接结构,可以分为以下几种方式。

(一)产品交易型

产品交易型连接结构,主要是指小农户和合作社之间主要是通过农产品的交易关系即产品链连接起来。在这种连接结构中,合作社理事长或者主要负责人产生于当地种养大户和乡村能人,凭借较强的经营能力和良好的社会关系,累积了部分资金,出于扩大生产能力和获取更大利润的目的,利用其在农产品价格、销售渠道、农资采购、市场信息等方面的优势,在国家优惠政策的鼓励和推动下组建合作社。合作社成立之后,在运营上主要通过以略高于市场的价格向加入合作社的小农户收购指定农产品,并以合作社名义对外加工销售。

重庆市梁平县 C 合作社就属于这一类型。该合作社成立于 2010 年 4 月,注册资金 60 万元,依托当地种植"梁平柚"的传统,主要经营范围是柚子的种植、收购、简单加工以及销售。合作社发起人和实际控制人于某,是合作社理事长,也是当地 G 村村民,一直以来长期从事柚子的种植和售卖,由于聪明能干,逐步累积了一些资金,在 2009 年自筹资金 30 万元并向当地信用社贷款 20 万元,成立了该合作社。2017 年,该合作社柚子生产面积大约为 5000 亩,年产柚果大概 4000 吨,合作社拥有社员 1315人,主要来自附近 6 个行政村。该合作社拥有一个重庆市名优水果商标,并建有小型冷藏保鲜仓库,能够少量对柚子进行存储和跨季销售。

合作社在运营方式上比较简单,合作社每年以高于市场价 5%—10%的价格向社员分级收购柚果,并在原则上要求社员的柚果应该优先出售给合作社。对于非社员的柚果则按照市场价进行,且买卖自由双向选择。合作社的柚果销售渠道较为稳定,主要销往重庆、四川、云南、湖南、湖北等省市。除此之外,合作社也向社员提供农资集中采购、农机租用以及农技培训等服务,但规模比较有限。

换言之,该合作社和社员之间的连接关系比较松散,二者主要是简单的商品交易契约关系,农产品交易基本上是现收现结,或者"收购记账、售卖结算"。小农户作为普通社员只关心合作社对柚果的收购价格,对于合作社向市场售卖的价格并不在意,合作社是否赢利也和普通社员没有关系。合作社的销售渠道、销售方式、销售价格等重要事宜都由理事长于某一个人决定,合作社盈余也基本上归属于理事长一个人,并无盈余返还(二次分配)。由于小农户与合作社关系松散,在合作社收购价格高于市场价格时,农户们还愿意积极配合合作社缴纳农产品,一旦市场状况出现变化,小农户与合作社就容易出现农产品价格和缴纳数量上的纠纷,从而影响二者之间的关系。①

(二)资源交易型

资源交易型连接结构,主要是指小农户与合作社之间通过资源要素的交易关系即资源链连接起来。在这种连接结构中,合作社发现简单收购和销售社员农户的农产品并不能满足合作社市场化发展的要求,需要对农产品生产品种、生产过程、生产标准、生产规模、品牌打造等环节进行管理、控制和监督,原先分散种植每户上交的方式并不能满足这一要求。因此这类型合作社就通过土地流转、土地入股、资金入股、劳动力雇佣等方式,集中各类资源,统一安排农产品生产。

资源交易型的典型代表是四川省崇州市的"农业共营制"。崇州市位于岷江中上游川西平原西部,全市面积 1090 平方公里,总人口 67.02万(其中城镇人口 31.6 万),城市建成区面积 43 平方公里,是全国新增千亿斤粮食生产能力建设县、四川省粮食主要产区。近年来,崇州市通过"土地股份合作社+农业职业经理人+农业综合服务"的"农业共营制",创新了现代农业经营体制。具体而言,面对农业生产中土地资源零散化的现实困境,崇州市按照"入社自愿、退社自由,利益共享、风险共担"原

---

① 徐旭初、吴彬:《异化抑或创新?——对中国农民合作社特殊性的理论思考》,《中国农村经济》2017 年第 12 期。

则,鼓励农户以土地承包经营权折资入股,并在工商注册成立土地股份合作社,落实合作社理事长法人治理机制。在成立合作社之后,由民主决定合作社经营品种,并向社会公开竞聘农业经理人进行统一的生产经营。在利益分配上,合作社采取按经营纯收入"127"模式进行分配,即纯收入的10%计提为公积金、20%作为工资支付给农业职业经理人、剩下70%按照土地入股份额进行分红。

　　上述制度在实际执行过程中会有一些偏差。崇州市 B 镇 S 村的 H 土地股份合作社有 1300 多亩土地,聘请了 5 名农业职业经理人来分别经营上述土地。5 名职业经理人按照每亩 350 斤大米的价格向社员支付土地租金后,在"自负盈亏"的原则下,经营品种、售卖价格、售卖渠道完全由职业经理人自行决定,合作社的主要功能变为协助进行土地流转集中,并适当提取一部分管理费。土地入股的农民在收取固定土地转让费之后,也不再参与合作社的盈余分红。该社高姓社长坦承,"现有的经营模式和普通的土地流转区别不大,职业经理人相当于种粮大户,农民通过合作社将土地流转获得租金收益。按照一开始宣传的,种什么怎么种,应该由农业职业经理人提计划,最后决定权在理事会和社员大会。但在大部分村民离乡离土的大环境下这很难实现"①。

　　从上面崇州市的例子可以看出,在这类连接结构中,小农户与合作社通过资源交易契约关系联结在一起,小农户为合作社提供土地、劳动力、小部分资金等资源要素,但无直接的生产经营决策权,而是在合作社统一管理和指挥下,通过所提供的资源要素获得固定性的收入或者类似分红的风险性收入或者二者兼有。相对于产品交易型连接,资源交易型连接更稳定,原因在于资源要素的同质性要远远高于农产品本身,契约上的稳定性使得二者的连接结构也相对变得更稳定。

　　(三)产品—资源混合交易型

　　产品—资源混合交易型主要是指小农户与合作社之间既有产品交易又有资源要素交易,即产品链与资源链交织在一起形成连接结构,这一结

----

　　① 张艳玲:《合作经营中的职业经理人缘何纠结》,《农民日报》2016 年 6 月 21 日。

构具有商品契约和要素契约的共同特征。[①] 在这种连接结构中，由于异质性小农户拥有的资源要素有较大差异，在合作社成立过程中进行了不同类型的资源要素投入，诸如资金、土地、企业家才能、社会关系等，由于不同种类的资源要素所有者既不能单独依靠自己的资源要素来雇佣其他类型的要素，又无力单独承担合作社经营风险，因此只能采取资源要素交易的方式来共同组建合作社，从而形成小农户与合作社以资源要素为媒介的连接关系；同时为了衡量每一种要素的贡献，特别是保护普通资源要素（土地、劳动力、小资金）所有者的利益，防止特殊资源要素所有者（企业家才能、社会关系、大资金）对普通成员利益的侵犯，合作社在利益分配上又采取以农产品交易量为标准，从而形成以农产品为媒介的连接关系，并用产品交易关系来反向制约资源交易关系。

重庆市万州区的小岩合作社成立于 2008 年，主要以生产和销售无公害蔬菜为主，注册资金 8 万多元，涵盖 22 名当地农户。2009 年，考虑到合作社规模较小，不利于长期发展，合作社决定采用土地入股的方式扩大合作社规模、扩大社员范围。到了 2014 年，合作社成员已经发展到 400 户，无公害蔬菜经营面积达到了 6000 亩，其中 4000 亩左右由合作社统一经营，2000 亩由合作社成员独立经营。其中，每亩土地折价 1050 元，以地入股的农户除了土地折价之外，另外每入股一亩土地再缴纳 200 元配套费，一起折算为合作社股份。在 400 户中有 118 户农户既没有缴纳现金入股，也没有用土地进行入股。

在经营管理上，合作社按生产管理需要建立了技术服务组、机械服务组、市场开发组、财务组等服务机构，对生产经营采取"七统一"管理：统一规划品种、统一生产技术标准、统一机械化耕作、统一采购生产资料、统一组织施肥和施药等生产管理、统一组织产品销售、统一包装和申请产品质量安全认证，实行集约化经营。对成员因土地不成片、没有实行统一经营的蔬菜产品，由合作社采取优惠的价格统一组织销售，分户结算，可分

---

① 刘西川、徐建奎：《再论"中国到底有没有真正的农民合作社"——对〈合作社的本质规定与现实检视〉一文的评论》，《中国农村经济》2017 年第 7 期。

配盈余按照成员与合作社的交易量(额)分配。在利益分配上,根据合作社统一签订的《经营协议》,对进行了土地入股的农户,首先给予500元的土地保本收益,然后对于入股后统一经营盈余部分,除了提取10%的合作社风险金之外,剩余的90%按照入股份额每年进行一次分红。对于没有统一入股经营而是由农户自己分户独自经营的部分,合作社对收入扣除成本后的盈余部分,按照农户与合作社的交易量进行分配。

从上面小岩合作社的例子可以看出,小农户与合作社之间既有资源要素交易(土地和资金入股)又有产品交易,农户可以自由选择交易类型和方式。在这种混合型交易中,资源要素交易能够帮助合作社扩大生产经营规模,壮大合作社实力,而产品型交易有利于保护小农户利益,防止合作社中资本要素对合作社赢利的过度侵蚀。由于资源链与产品链铰合,小农户与合作社的连接结构变得更为牢固。因此这种类型的连接得到了部分学者的高度赞扬,认为其是小农户融入现代农业的正确方式与途径,真正体现了农民合作社的本质。

三、结构三:小农户—农业企业

"小农户—农业企业"的连接结构在理论界也被称为"公司+农户"模式,是最早出现的小农户与现代农业的连接结构之一。出于不同研究目的,学者们将二者的连接划分为不同类型。本书依然以前面的连接作为小农户与农业企业之间连接结构的划分标准,分为产品订单型和要素—产品混合型两种连接结构。

(一)产品订单型

产品订单型,主要是指小农户与农业企业签订农产品收购协议,保证在某一时期按照某一价格收购约定数量的农产品。在这一关系中,小农户与农业企业之间主要是农产品是否能按照合同约定保质保量如期交付的问题。在实践中,除了农产品交易外,农业企业也会给农户在农资购买、技术指导、病虫害防治等方面提供一些支持,其目的是为了农户更好地履行合同。在这一连接结构中,小农户能够在降低选择成本、降低销售成本、降低生产成本等诸多方面获得好处;企业能够在稳定货源、稳定原材料价格、保证产品品质等方面获得好处。①

湖南省 T 玉米股份有限责任公司，在 2016 年通过 C 镇镇政府的牵头和组织，和周边玉米种植农户签订了 6 万多亩优质玉米的种植收购合同。在合同中规定，该公司以高于国家保护收购价 5%的价格向农户购买所产玉米。但在执行合同的过程中，由于当年玉米的市场价格上涨，比合同中所规定的高于国家保护收购价的 5%还高，大量农户放弃履行合同，将玉米拿到市场上进行售卖，导致合同仅仅履行了 20%。

从该案例中可以看出，如果小农户与农业企业之间仅仅依靠产品链来维系，这一关系是比较脆弱的。在现实中无论是小农户还是农业企业，在面对农产品市场不确定风险时，特别是农产品价格出现较大波动时，双方都有违约的可能性，从而导致连接关系破裂。

(二)要素—产品混合型

要素—产品混合型主要是指一部分农业企业因为担心单纯的农产品订单合同难以履行，因此在产品订单合同基础之上，附加了要素合同，通过要素合同与产品合同捆绑，将本来独立的小农户转化为企业掌控下的一个一个生产车间，从而保证农业企业与小农户之间连接结构的稳定性。这种连接结构多发生于特色农产品交易之中。因为如果是普通大宗农产品，农业企业可以向不特定农户进行收购，农产品同质化使得这种收购方式变得简单且容易，如上面玉米的例子。但如果是特色农产品，由于其具有某些特殊品质，难以在大众市场上进行大量购买，因此企业需要找到农户进行"定制"。为了得到符合要求的农产品，农业企业通常需要对农户生产过程进行管理和控制，在原料投入、生产过程、采集运输等环节进行专门的要素投入，即形成二者之间的要素交易。同时，当生产过程结束后，农户将产品交付给农业企业，企业按照契约规定进行收购，即形成二者间的产品交易。

W 肉鸡有限责任公司是一家以鸡肉养殖、加工和销售为主业的一体

---

① 刘凤芹：《"公司+农户"模式的性质及治理关系探究》，《社会科学战线》2009 年第 5 期。

化大型农业企业。公司与一些规模较大的养鸡农户签订了包括鸡苗销售合同、饲料销售合同以及成鸡购买合同等既包括要素(鸡苗和饲料)也包括产品(成鸡)的系列合同。在系列合同中规定,公司签约农户必须使用公司提供的鸡苗、饲料和药品,且在养殖过程中接受公司指导。在具体条款中,鸡苗价格为2.4元,高出市场价格0.6元左右,饲料价格比市场价格每吨高出300元左右,药品价格也比市场同类药品高出20%。饲料和药品等要素资金由公司先行垫付,鸡苗费用由养殖户和公司各自承担一半,在收购成品时统一结算。由于合同中要素价格较高,因此在产品合同中成鸡收购价格达到11.2元,比市场上同类肉鸡的收购价格高出1.1元。由于合同上的设计,养鸡农户履约度比较高,除了养殖户由于发生大面积鸡瘟等原因无法履约之外,几乎所有养殖户都能够积极履行合同。

　　从W公司的实例可以看出,与单一产品订单型农业企业相比,要素—产品混合型农业企业对契约方式进行了创新,其实质是通过要素合同对养殖户进行了捆绑,迫使养殖户进行资产专用性投资。即养殖户只有将农产品售卖给企业才有利可图,如果进行自行售卖则会亏本。这样的交易方式,使得养殖户的履约率大大增加,稳固了二者之间的连接结构。也有学者指出[①],这种交易方式其实也是农业企业反向占有了养殖户的土地、资金甚至是劳动力等要素,使得企业能够通过少量资金就进行快速扩张。可以说,不同于前面合作社中的产品契约对要素契约的制约,这一类型连接结构是通过产品链与资源链铰合来实现要素契约对产品契约的反向治理。

　　除了农业企业会让小农户进行资产专用性投资之外,现实中农业企业为稳固二者的连接结构,也会对小农户进行资产专用性投资,比如向小农户提供特定的农业设备和技术、进行农业基础设施建设等,这也可以视为一种要素交易,目的是为了让小农户为企业提供合格农产品。一般而言,小农户和农业企业双方都会进行专用性投资,通常包括物资资本专用

---

① 米运生、罗必良:《契约资本非对称性、交易形式反串与价值链的收益分配:以"公司+农户"的温氏模式为例》,《中国农村经济》2009年第8期。

性投资、关系专用性投资和人力资本专用性投资。从小农户角度看，为农业企业种养特定类型产品，就是在进行物质资本专用性投资，因为这种产品可能只有这个企业使用，或者即使转卖他人，其价格亦会遭受较大损失。除此之外，农户还可能要购买一些生产该农产品专用设备，对田地进行适应性改造，这些活动无疑具有相当的专用性。与物质资本专用性投资相伴的，还有人力资本专用性投资，农户可能还需要为生产该农产品进行专门的培训和学习，而这些知识在其他地方是没有太大用处的。

从农业企业角度看，为了解决小农户资金不足问题，其可能会帮助农户进行一部分的基础设施建设和改造工作，比如土地平整、棚户搭建等，对于企业而言这属于物质资本专用性投资，因为无法拆走。更重要的是，企业为了与农户建立纵向供应关系而进行了专用性关系投入，如寻找农户、培训人员、设计合约和签约成本等。因此，在小农户和农业企业的连接结构中，无论哪方进行了专用性投资，都存在被另一方"敲竹杠"的可能性。正是由于对"敲竹杠"问题的担心，由哪一方以及以哪种方式进行专用性投资常常成为双方争论的焦点，也影响着彼此连接结构的稳定性。

（三）合作经营型

少部分具有创新意识和能力的小农户，在农业生产经营的部分环节能够捕捉到动态环境中的机会，从而开发出具有高度新奇性的农副产品，并在一定范围内已经创造出一定的市场需求。但鉴于小农户实力有限，这种创新仅发生于农业生产经营完整过程中的某一环节之中，小农户还无法将其渗透到价值链的各个环节中去，导致小农户从这一创新中的收益比较有限。也正是由于这一原因，这部分小农户需要与其他组织进行合作，获得外部资源支持，从而将这一创新转化为可实现的收益。小农户与外部组织合作，即是通过创新链连接现代农业的过程。一般而言，具备资源支持能力的外部组织绝大多数情况下都是农业企业。因为创新需要一定数量的资源进行持续支持，结果又具有较大不确定性，这对外部组织的决策能力和风险承受能力提出了较高要求，农业企业是较为合适的对象。

在具体连接关系上，这部分具有创新能力的小农户并不会简单地向农业企业提供产品或者受雇于农业企业,双方会采取灵活的合作形式,但一般是小农户以创新要素入股,农业企业则以传统的资金、土地等资源入股,即在创新链驱动下,通过特殊的人力资本与物质资本相结合。在笔者的调研中,这种创新链形成的连接关系通常是以一种小规模方式展开。在对重庆市彭水县载禾农业公司的蔬菜基地的调研中发现,该蔬菜基地主营业务是种植高品质有机蔬菜,全程不施加任何化学农药,只进行生物农药喷洒。最初公司进行有机蔬菜种植时,由于难以掌握生物农药喷洒技术,经常造成蔬菜作物大面积绝收,经营效益惨淡。后来公司了解到当地有个王姓蔬菜种植大户,在蔬菜种植上具有二十多年的丰富经验。公司与王姓农民进行深入交流,王某并不想成为公司技术人员,只想自己当老板创业。因此双方共同合作创办了现在的蔬菜基地,王姓农户以技术加15万元资金入股,占51%的股份,公司出资60万元占49%的股份。在具体经营上,王姓农户负责蔬菜基地的日常经营管理工作,主要包括各类有机蔬菜的种植、病虫害防治和采摘等;公司主要负责蔬菜品种的选择、成品储存、运输和销售工作,以及各类农资采购工作。至今为止,公司经营状况良好,年经营收入能达到70万元左右。

但正如前面所说,由创新链所形成的连接结构具有较大不稳定性,连接中的双方或多方如果对经营前景感觉无望,就极容易造成这种结构破坏。同样是该农业公司,在重庆市璧山区与当地一家农户合作进行高山冷水鱼养殖,投入了70多万元成立养鱼基地,但出产的高山冷水鱼无法在市场上打开销路,又遭遇成鱼大面积缺氧死亡,最终基地关门停业,双方合作关系也到此结束。

四、结构四:小农户—家庭农场—农业企业

在这种结构中,家庭农场成为农业企业与小农户之间的中介与纽带,农业企业不再和数量众多的小农户直接进行产品和资源要素交易,而是与规模更大、数量更少的家庭农场进行交易,再由家庭农场和小农户进行交易。这种连接结构的产生,主要有两方面原因:一是农业企业本身规模不大,对农产品需求不大,主要依靠家庭农场的产量和一部分小农户作为

补充就能够满足企业需求;二是农业企业为了节约交易费用选择家庭农场作为交易对象。后者通常是主要原因。

家庭农场这个时候成为整个连接结构的核心,和小农户之间将会发生产品交易关系,家庭农场主自身有一定的经营管理能力和技术上的诀窍,通过与小农户的产品交易,一方面能够对周边小农户起到示范带动作用,扩大农场的生产规模和影响力,带动整个乡村的发展;另一方面家庭农场与农业企业也是比较简单的产品交易关系,家庭农场一般按照合同规定向农业企业提供产品并获得收入。只有小部分家庭农场,由于规模发展较大,农业企业对其发展的趋势和前途比较看好,也为了进一步带动周边农户生产,会对熟识的家庭农场进行一部分资金投入和技术扶持,这会形成更为复杂的关系,本书在后一章会谈及这一情况。

需要对这种连接结构的稳定性做一下说明。如果在"小农户—家庭农场—农业企业"连接结构中,小农户与农业企业之间仅存在产品链,则这种连接结构会由于双方的机会主义行为倾向变得非常不稳定。要素—产品混合型结构(小农户—农业企业连接结构的第二种类型)之所以稳定,是因为产品链与资源链铰合的结果。但要素—产品混合型结构并不在所有的小农户与农业企业的关系中出现,很多农业企业由于实力不强、规模不大,无法对数量众多的小农户进行要素支持、建立资源链,只能采取单一产品链。为了克服单一产品链中连接结构不稳定问题,"小农户—家庭农场—农业企业"连接结构出现了。在这一结构中,首先,家庭农场作为中介组织,代替小农户与农业企业进行合作。由于家庭农场数量相对较少而规模相对较大,一方面即使与农业企业之间只有产品链,也能削弱双方的机会主义行为从而维护连接结构的稳定性;另一方面有利于农业企业集中力量对数量较少的家庭农场给予要素支持,从而形成产品链与资源链铰合。其次,在小农户与家庭农场关系上,二者一般是通过资源链进行连接,其结构相对更稳定。即使有少量的产品交易,也会因为下一章将要谈到的嵌入关系而弱化。总之,"小农户—家庭农场—农业企业"连接结构之所以更为稳定,是因为这一结构是由产品链与资源链共同支撑的。这一结论说明,小农户与连接对象之间的连接链条对连接结构的稳定性有重要影响,资源链对结构稳定性的作用更大,而没有资源链配合的产品链会使连接结构缺乏稳定性。

五、结构五:小农户—农民合作社—农业企业

与前一种连接结构不同,农民合作社取代了家庭农场的角色,成为小农户与农业企业之间的中介。和家庭农场不同,农民合作社规模更大,而且在"合作"名义下,能够吸引到更多小农户加入。因此农业企业更愿意采用这种连接结构,通过农民合作社与小农户打交道,这也是"企业(公司)领办型合作社"大量出现的原因。根据钟真等[①]的研究,在"小农户—农民合作社—农业企业"的纵向协助关系中,可以详细区分为松散型连接、半紧密型连接和紧密型连接。

在松散型连接中,生产功能完全由分散小农户去执行,农民合作社仅仅是一个销售中介,除此之外基本上不提供任何其他服务。在半紧密型连接中,小农户与合作社连接比较紧密,农产品生产不再由小农户分散进行,而是由合作社通过资源要素交易集中农户的土地后统一安排生产,对农产品生产过程会进行管控。除此之外,合作社还会提供农资采购、技术指导、病虫害防治等服务。在紧密型连接中,农业企业会对整个产业链进行严密控制,合作社本身可能就由农业企业出资创办,其完全成为农业企业在农村地区的"代理人"。在这种紧密型关系下,农产品生产的主要设施设备由农业企业提供,甚至种子、农资、农药等生产资料也由企业提供,且对整个生产过程进行严密监控。

从上面分析可以看出,松散型连接接近市场交易,小农户与合作社和农业企业是依靠产品链连接起来。在这种连接结构中,合作社资源比较多,市场信息比较充分,在交易中处于优势地位。分散的小农户经营规模小,实力有限,基本无法准确获取有效市场信息,销售渠道有限且基本没

---

① 钟真、张琛、张阳悦:《纵向协作程度对合作社收益及分配机制影响——基于4个案例的实证分析》,《中国农村经济》2017年第6期。

有议价能力，处于劣势地位。一般而言，在松散型连接结构中，小农户获得的利益有限，处于被盘剥的境地。[1]

在半紧密型连接结构中，双方除了通过产品链进行连接之外，还存在资源链，而这部分资源链很大程度上就是双方进行的资产专用性投资。由于是半紧密关系，合作社对小农户提供各种各样的统一服务，或者为了集中资源进行了挨家挨户谈判，这些都可以视为合作社进行了资产专用性投资。从小农户角度看，假设在和合作社的交易关系中不进行任何资产专用性投资收益为 R_1，进行资产专用性投资后的收益为 R_2，但资产专用性投资的成本为 C_1，因此进行资产专用性投资的净收益为 $(R_2 - C_1)$。从事前看，如果不进行资产专用性投资的收益大于进行专用性投资的收益，即 $R_1 > (R_2 - C_1)$，则小农户不会进行任何的资产专用性投资。如果这项资产专用性投资有助于提升合作社的绩效且 $R_2 > R_1$，则该专用性投资则会由合作社来进行。如果资产专用性投资的收益大于不进行资产专用性投资的收益，即 $R_1 < (R_2 - C_1)$，则小农户只会进行一定程度的资产专用性投资，因为害怕事后被"敲竹杠"，这时候合作社为了提高总体收益，一般会采取多种方式激励农户，如提供免费技术培训服务、提供较低价格的生产资料、提高农产品收购价格等。如果从事后看，由于资产专用性的存在，这部分资产的机会成本会变为零，即 $C_1 = 0$。因此一旦小农户进行了资产专用性投资，只要 $R_2 > R_1$，小农户就会继续使用这些专用性资产进行生产。这样资产专用性投资给小农户带来的收益增加额事前为 $(R_2 - C_1 - R_1)$，事后为 $(R_2 - R_1)$，C_1 这个部分就成为小农户和合作社相互争夺的利益空间，双方都有动机去损害对方的利益而增加自己的利益。[2] 也正是这种相互竞争关系的存在，半紧密型连接结构中小农户与合作社的利益分配格局显得更加公平。

在紧密型连接结构之中，由于合作社基本上是由农业企业领办的，合

---

① 李云新、王晓璐：《农民专业合作社行为扭曲现象及其解释》，《农业经济问题》2017 年第 4 期。

② 徐志刚、朱哲毅、邓衡山等：《产品溢价、产业风险与合作社统一销售——基于大小户的合作博弈分析》，《中国农村观察》2017 年第 5 期。

作社依托于实力雄厚的农业企业,其经营和管理也受制于农业企业本身。这样,小农户的博弈方由农民合作社变为农业企业,而合作社更多时候变成了一个"幌子"。由于这种紧密型连接结构很多时候发生在特色农产品领域,因此农业企业经常处于买方垄断地位。在合作社中,农业企业会凭借强大的资本力量和垄断地位,削弱了《中华人民共和国农民专业合作社法》对小农户利益的保护。垄断背景下双方博弈的最终结果往往是企业凌驾于社员投票权之上,企业利用自身垄断力量掌控合作社的利益分配,小农户的利益很难得到保障,利益分配向企业一方严重倾斜。

需要说明的是,学者们提出的松散型连接、半紧密型连接和紧密型连接,从连接链角度看其实就是连接结构中的产品链与资源链问题。松散型连接其实就是单一产品链下的连接结构,半紧密型连接和紧密型连接都存在产品链和资源链铰合的情况。当然,仅有二者的铰合对于连接结构的稳定是远远不够的,这将在下一章详细说明。

六、结构六:小农户—家庭农场—农民合作社—农业企业

这一连接结构基本涵盖了现代农业中的所有经营主体,充分发挥了每种经营主体的特点和功能。从理论上看,通过家庭农场和农民合作社这两个中间组织,使得小农户在一定程度上在乡村内部被自发地组织起来。无论是家庭农场还是农民合作社,虽然现实发展过程中有着这样或者那样的问题,但毕竟不同于纯商业企业,通过与小农户的连接能够更好地保障他们的利益。在这个连接结构中,既包含了资源要素交易关系,又包含了产品交易关系,资源链、产品链和创新链在各个主体之间相互交织,形成了一个完整的农业经营体系。从小农户角度看,无论是资源贡献型小农户还是生产经营型小农户,都能够连接进入这一结构之中。

和前面的基本观点一致,连接结构越是复杂,结构中的中介组织越多,就越容易打破单一产品链的连接方式,在各个环节形成资源链、产品链和创新链的铰合,从而促进连接结构稳定。从单一连接结构到复杂连接结构的演进,是小农户与各个主体之间连接链条不断延伸、交织的过

程,也是不同类型小农户、不同类型连接对象,共同选择不同类型连接工具来不断尝试寻找更为稳定的连接结构的过程。

第四节　对连接问题的进一步思考

本章主要研究内容是小农户与现代农业的连接问题,也就是要厘清小农户如何与新型农业经营主体——家庭农场、农民合作社和农业企业——形成不同的连接关系。小农户与家庭农场连接是比较特殊的,因为生产经营型小农户可以从资源贡献型小农户那里获取部分资源,从而成长为家庭农场,即前面所说的小农户自成长过程。本书认为家庭农场与小农户之间有天然的连接关系,其是小农户分化、发展的一种必然结果,也是现代农业中不可或缺的家庭经营主体,代表了家庭经营在农业现代化中的发展方向。小农户与农民合作社连接,曾被视为是小农户融入现代农业的一条最优路径,本书也对小农户与合作社的关系进行了梳理和阐述,明确了农民合作社在现代农业中的巨大贡献和作用。但不能否认的是,小农户与农民合作社的关系离发展农民合作社的初衷、离社会对农民合作社的希望还有相当距离,小农户在合作社中的地位日益变得尴尬,利益难以得到完全的保障,"合作社行为扭曲发生在合作社成立、运行及利益分配等多个环节,并呈现逐渐蔓延之势"①。最后是小农户与农业企业的关系,"公司+农户"是最早的农业产业化形式,也是被人们最早寄予希望的农业组织化形式,但经过多年发展,理论界逐渐得出了一致性意见,归结起来就是仅仅依靠工商资本的力量是无力解决小农户与现代农业共同发展问题的,单纯的"订单农业"虽然在短期内能够解决小农户产量不高、品质不行、销路不畅等现实问题,但缺乏进一步发展的动力。

除了小农户与这三个主要生产经营主体形成的连接结构外,本书还考察了它们之间的组合情况,即"小农户—家庭农场—农业企业""小农

---

① 李云新、王晓璐:《农民专业合作社行为扭曲现象及其解释》,《农业经济问题》2017年第4期。

户—农民合作社—农业企业""小农户—家庭农场—农民合作社—农业
企业"等连接结构。这些连接结构非常类似于学者们提出的农业纵向一
体化问题①,虽然有理论上的支持,但实践中农业产业纵向一体化的效果
并不理想,远不如工业企业。鲁默(Romme)②认为单纯的纵向一体化企
业存在规模经济不协调问题,即纵向一体化中某个生产部门的产量可能
过大或者不足,这种规模经济不协调问题会由于农产品的易腐特点而被
放大。奥登(Mden)也指出"纵向一体化会减少合作对象的灵活性,丧失
原有比较优势以及降低生产者的积极性与管理者的管理效率等。这些问
题的存在导致农业纵向一体化虽然理论上具有较好的适用性,但是在实
践中却没有得到验证"③。总而言之,纵向一体化理论与实践在农业产业
中并不完全适用,其原因既有外部因素比如土地政策限制等,也有深刻的
内部原因比如农业企业最优规模比较小,而纵向一体化会导致规模过大
从而失去效率,等等。

基于此,小农户与新型农业经营主体的关系可能并不适合于农业纵
向一体化,而更接近于农业纵向合作。巴泽尔(Buzzell)认为合作包括
"信息共享或是价格协商,实现在生产、分配、销售各个方面"④。对于小
农户和新型农业经营主体之间存在的资产专用性投资,阿尔钦论证了其
可以存在于一体化之外,各个组织之间通过各类契约进行协调。⑤ 由于
农业生产不同于工业生产,在诸多方面具有特殊性,比如农业中土地等生
产要素所有权难以改变,农产品生产过程难以监督等,这一特性使农业生

①　Babb E. M., "Management and Financing of Vertical Coordination in Agriculture: Discussion", *American Journal of Agricultural Economics*, 1992, Vol.74, No.5, pp.1238–1239.

②　Romme A.G.L., "Vertical Integration as Organizational Strategy Formation", *Organization Studies*, 1990, Vol.11, No.2, pp.239–260.

③　Mden O., Dijkhuizen A. A., Rbm H., et al., "Vertical Cooperation in Agricultural Production-marketing Chains with Special Reference to Product Differentiation in Pork", *Agribusiness*, 2010, Vol.12, No.3, pp.277–290.

④　Buzzell R.D., "Is Vertical Integration Profitable", *Harvard Business Review*, 1983, Vol.61, No.1, pp.92–102.

⑤　Klein B., Crawford R.G., Alchian A.A., "Vertical Integration, Appropriable Rents, and the Competitive Contracting Process", *Journal of Law & Economics*, 1978, Vol.21, No.2, pp.297–326.

产经营主体之间存在"一体化—分离化—合作化"的趋势①，在非产权变动的情况下实现产业链的内部整合，从而实现各个组织合作。因此小农户在和新型农业经营主体建立连接关系进行合作时，可以分享资产专用性投资带来的组织盈余增加、对外联合带来的市场扩张，以及产品多样化带来的利润，等等。但由一些契约构成的合作关系会因为机会主义带来违约风险。

在农业纵向合作化理论中，包括小农户在内的各个经营主体不再进行产权上的转移与合并，而是强调通过稳定的契约关系来减少市场交易费用，即"无需用增加生产环节来进行扩张，而是在原有的生产环节中形成规模经济，以契约与其他生产环节的企业进行链接，这些契约关系不仅包括传统的买卖契约、投资契约等，还包括了共同研发、专利权使用、商品品牌使用等其他契约，通过这些复杂的契约关系构建农业纵向合作组织"②。这就意味着小农户在同现代农业进行衔接的过程中，并不意味着被兼并甚至是消灭，而是主要和新型农业经营主体建立各种各样的契约，以及完善各种契约的治理方式。由于纵向合作化中组织间的紧密程度远不如一体化，契约稳定性较差，容易产生大量的机会主义行为和道德风险问题。可汗（Khan）的研究证明传统的交易费用分析框架并不能完全适用于农业组织的纵向合作化问题③，专用性资产投资规模、契约价格并不是影响农户合作稳定性的唯一因素，需要结合各国农业的实际状况去寻找稳定农业纵向合作组织的方式。至于这个"实际状况"具体是什么，可汗并没有具体说明，这也是本书将在下一章要分析的内容之一。

本章已经对中国农业产业中的各个经营主体进行了分析，可以发现中国现有的农业经营主体存在着较为明显的边界和较大差异，并分别处

---

① Van D. O. D., Bentvelsen F. M., Boeve E. R., et al., "Positive Margins after Radical Prostatectomy: Correlation with Local Recurrence and Distant Progression", *British Journal of Urology*, 2010, Vol.72, No.4, pp.489-494.

② 叶祥松:《国外农业组织理论的新发展及其应用》,《甘肃社会科学》2015 年第 5 期。

③ Khan M. A., "Benefits of a Marketing Cooperative in Transition Agriculture: Morakert Purchasing and Service Co-Operative", *Society & Economy*, 2012, Vol.34, No.3, pp.453-468.

于不同的产业链环节,大致上可以分为农资环节、种养环节、加工环节与销售环节。在不同环节上,各个生产经营主体的连接结构可以构建模块化和标准化的契约关系。但目前的连接结构存在诸多问题,使得连接结构不稳定,尤其是小农户在这一结构中处于弱势地位,仅仅依靠资产专用性投资并不能解决所有问题。因此如何进一步稳定和强化它们之间的这种连接结构,是下一章研究的主要内容。

第五章 小农户对现代农业的嵌入

前一章研究了小农户在现代农业中的连接问题,但连接只是小农户与现代农业有机衔接的第一个步骤。从前面的分析可以看出,部分小农户在农业现代化发展过程中已经与新型农业经营主体建立了多元化连接关系,但从实践层面来看,小农户在这种连接中虽然分享了现代农业发展的部分成果,但从整体上来说小农户受益有限,成长不足,大多数小农户的实际状况离现代农业发展的要求还有相当距离。究其原因,关键就是小农户与现代农业的连接只是和新型农业经营主体建立了一个初步的联系,这种关系或者连接结构是不稳定的,容易受到各种各样因素的影响,结果就是小农户的利益在这一关系中容易受到损害甚至导致他们之间的连接结构的损坏和破裂。因此,要做到小农户与现代农业有机衔接,在建立了与现代农业的初步连接之后,应该将这种连接结构进一步固化,使小农户真正融入现代农业发展过程中去。本书把小农户与新型农业经营主体建立连接关系,不断强化、巩固、治理这种关系的过程称为嵌入过程。

第一节 资源贡献型小农户的关系嵌入

"经济行为是嵌入社会关系网络的,一定的经济行为总是与一定的社会关系网络相适应。"[1]要理解小农户与新型农业经营主体之间的关系,就必须洞悉和解构其背后的社会关系网络,才能更好地理解彼此的行

---

① Granovetter M.,"Economic Action and Social Structure: The Problem of Embeddedness", *Social Science Electronic Publishing*,1985,Vol.91,No.3,pp.481−510.

为逻辑。在中国农村地区,由于地缘、血缘、邻里、能人等因素的存在,"熟人关系"往往成为双方进行交易时考虑的一个非常重要的因素,农户更喜欢与自己信任和熟悉的人进行各种往来。小农户与新型农业经营主体之间由于涉及多个参与主体,其社会关系的构建也依然会遵循这样一个原则,在社会网络的各个关系节点上会非常明显地呈现出互惠互利性的特点。因此,小农户与新型农业经营主体的契约关系,可以理解为二者为获取对自己有利的资源而发生的嵌入在社会关系网络中的双边交换关系。① 换言之,小农户与新型农业经营主体要从浅度的连接关系发展为深度的嵌入关系,除了基于自身利益最大化的纯粹市场契约关系之外,彼此关系中会糅杂亲友、熟人、邻里、村能人、村干部等社会关系网络,信任、利他、情面等非经济因素会在彼此的关系中酝酿和发酵,并影响彼此的行为方式。

一、资源贡献型小农户与家庭农场、农民合作社的关系嵌入

如前所述,小农户分为了资源贡献型和生产经营型。资源贡献型小农户,主要为家庭农场和农民合作社提供土地、劳动力两类资源要素。② 先考察土地这一最为重要的资源要素。土地之所以重要,一是因为土地依然是当前农业生产必不可少的要素,无土栽培技术虽然已经存在但并不能大规模地用于现实的农业生产。二是中国的土地制度。中国农村土地属于集体所有,农民以家户为单位拥有土地的承包权和经营权,土地分散于每家每户。现代农业中任何新型农业经营主体如果想进行规模化的农业生产经营,都必须从分散的农户手中以土地流转方式获得土地经营权才能实现。另一方面,分散的农户如果无力自己进行农业生产,在不丧

---

① 李世杰、刘琼、高健:《关系嵌入、利益联盟与"公司+农户"的组织制度变迁——基于海源公司的案例分析》,《中国农村经济》2018 年第 2 期。

② 需要说明的是,资金的提供也是有的,但小农户的资金通常是少量的,这里没有详细阐述。关于这方面的文献可以参见任芃兴、陈东平:《农村民间借贷行为中农户社会资本匹配研究——关系嵌入视角》,《现代财经》2014 年第 9 期;万江红、杨柳:《农村金融的组织形态、运作逻辑与结构嵌入》,《南通大学学报》(社会科学版)2016 年第 3 期。

失土地承包权的情况下转让经营权就会成为其一种可行的选择。这样，小农户与新型农业主体之间就会建立起基于土地流出和流入的互动关系。从理论上讲，在土地流转中小农户可以和任意农业经营主体签订土地流转合同。但现实中情况并非如此简单，由于土地对小农户而言具有特殊意义与价值，是其最后的生活保障。因此小农户在转让土地经营权时有两个比较突出的问题：一是害怕因为土地流转而永远失去土地。当然，随着政府对土地"三权"分置政策的大力宣传，小农户开始理解经营权的转移和承包权的丧失并无必然的联系。二是随着承包权与经营权的分置，小农户开始意识到经营权的价值，因此如何通过流转土地来获取更多的收益就成为农户考虑的主要问题，而对能否有保证地获得这种收益就成为影响土地流转的决定性因素。即使有土地流转契约存在，并在其中明确规定土地流转价格，但纯粹的市场契约并不能解决所有问题。比如土地流入方在契约中承诺了土地年租金，一般还要求一个较长的土地租赁期限以便于对农业经营进行长期投资。但由于资金压力，土地的转让租金并不会一次性付清而是采用按年支付方式。但小农户的疑虑在于土地租赁方一是能否按期支付土地租金，二是将来土地增值后租金是否能够随之增加。显然，这些内容无法完全在契约中进行明确规定，即使明确规定了任何一方均有违约的可能性。这也是导致当前农村土地流转不畅的一个主要原因。因此，在土地流转过程中，相互之间的社会关系网络将会发生非常重要的作用。

在土地流转过程中，小农户更倾向于将土地经营权转让给本村熟人、能人、贤人或者通过这些人担保、介绍而进行流转。这就意味着，资源贡献型农户与新型农业经营主体的连接结构要趋于稳定化，一定程度上要依靠基于亲戚、熟人、邻里、村能人、村干部等产生的社会关系网络来实现。双方通过这种社会关系网络开始进行事前的交易对象选择，建立初步联系，并依靠这一关系不断强化相互之间的连接，使得即使在契约不完备的情况下也能顺利实现土地流转并保证小农户的土地流转收益。由于这种社会关系网络的存在，很多地方甚至出现了大规模无书面契约而仅仅依靠口头协议、"君子协议"就实现土地流转的现象。叶剑平等人调查发现,中国 17 个省市的土地流转中,无书面合同的高达 86%。[1] 王春超、李兆能在湖北省的调查也印证了这一结果,发现只有不到 14% 的农户有书面的土地流转合同。[2] 这种口头协议代替书面协议的做法,除了交易费用框架下"源于村庄内部道德能够约束个人的'离合'行为,使得口头契约交易费用低于书面契约"[3],以及"声誉的信号发送效应使得农户更愿意选择口头契约"之外,还必须考虑到"华人社会是关系本位制,差序格局的社会网络从方方面面影响着个体的行为"[4]。

诸多学者的研究业已表明,小农户出让土地时,受让方通常是具有血缘关系的亲属或地缘关系的乡邻能人,而且如果小农户的田地质量等级越高,转出户越倾向于流转给自己有地缘或有亲缘关系的人。[5] 除了流转契约的便利性之外,关系嵌入还降低了土地流转价格,有的地区土地流转甚至是完全免费的。[6] 之所以会产生低租金甚至是零租金现象,原因就在于在关系嵌入中由于"人缘、地缘和业缘"关系所形成的各种人情,"亲友之间的土地流转可能以隐蔽的人情租代替了显性的实物与货币租。将人情视作一种特殊的交易媒介并从'理性人'的视角来审视,转出户将土地以零租金方式流转给亲友很可能是一种'还人情',或是增加人情,以备后用的方式"[7]。

随着嵌入关系发展,小农户在土地流转过程中可能还会凭借农村社会的中间组织来促进土地流转,而这些中间组织正是错综复杂的农村社

---

① 叶剑平、蒋妍、丰雷:《中国农村土地流转市场的调查研究——基于 2005 年 17 省调查的分析和建议》,《中国农村观察》2006 年第 4 期。

② 王春超、李兆能:《农村土地流转中的困境:来自湖北的农户调查》,《华中师范大学学报》(人文社会科学版)2008 年第 4 期。

③ 钱龙、洪名勇、龚丽娟等:《差序格局、利益取向与农户土地流转契约选择》,《中国人口·资源与环境》2015 年第 12 期。

④ 费孝通:《乡土中国 生育制度》,北京大学出版社 1998 年版,第 163 页。

⑤ 叶剑平、蒋妍、丰雷:《中国农村土地流转市场的调查研究——基于 2005 年 17 省调查的分析和建议》,《中国农村观察》2006 年第 4 期。

⑥ Gao L., Huang J., Rozelle S., "Rental Markets for Cultivated Land and Agricultural Investments in China", *Agricultural Economics*, 2012, Vol.43, No.4, pp.391-403.

⑦ 陈奕山、钟甫宁、纪月清:《为什么土地流转中存在零租金?——人情租视角的实证分析》,《中国农村观察》2017 年第 4 期。

会关系网络的载体。比如在有些地区，土地流转并不在小农户与新型农业经营主体之间直接进行，而是由村委会等组织牵头，依靠小农户对村委会的信任来促进土地流转。村委会作为中国农村基层群众性自治组织，是上级县乡政府和广大村民的连接器，是"准行政机关"，作为土地流转中介服务组织具有明显优势。比如前面所说的四川省崇州市土地股份合作社，政府"在引导农村土地股份合作社成立过程中，地方政府向农户详细解读国家政策，并对地方农业发展规划等进行大力宣传。此外，地方政府还反复召集村镇相关领导干部集中学习，鼓励领导干部人员带头参与农村改革试点，为推动农村土地股份合作这一新型农业经营主体的发展提供了动力"①。崇州市土地股份合作社的土地流转之所以能够大规模地顺利进行，和市政府、乡镇政府积极推动以及农户对政府的信任密不可分。进一步，如果新型农业经营主体的领办人不是本村人，通常会在本村寻找一个代理人进行土地流转工作，其目的就是减少农户们对外村人或者陌生人的不信任感。在杨柳和万江红的研究中②，如果家庭农场主是"内生"的本村人，由于存在内部信誉机制，在"熟人关系"中小农户更愿意将土地流转出来，而且对土地租金可以采取后付费方式；但对于"外生"的非本村人，由于担忧土地收入无法保障、土地质量无法维持等原因，小农户在土地流转上就显得尤其谨慎且漫天要价，最后往往导致土地流转协议无法达成。

在劳动力方面，农村地区产生的"换工""互助"等农业雇佣劳动力的初级形态就发生于农村社会的熟人、乡邻之间，具有很强的社会关系网络性。特别是由于农业生产具有特殊性，劳动力监督对于雇主而言是一个巨大难题，交易费用高昂。但如果小农户在这一过程中存在关系嵌入，"村民会顾及自己的偷懒行为可能带来的影响；同时本村人都是'低头不见抬头见'，人们之间的互动是重复博弈，谁也不能保证这一次自己的机

---

① 刘灿、黄城：《新型农村土地股份合作社的形成及治理机制——基于四川崇州调研案例的分析》，《四川师范大学学报》（社会科学版）2017年第2期。
② 杨柳、万江红：《生产要素、身份特征与家庭农场组织形态》，《改革》2018年第1期。

会主义行为是否会令自己在下一次的互动中陷入被动地位"①。利用这种熟人关系，一部分小农户能以比较灵活的方式在这些新型农业经营主体中就业，比如作为季节性临时雇工，可以随时满足新型农业经营主体对劳动力的需求，而且出于相互信任，作为劳动力提供方的小农户一般会按照雇主要求认真劳作，无需太多监督。作为劳动力需求方的新型农业经营主体则会按时支付工资，现结现付。

总之，如果小农户只是单纯向新型农业经营主体提供土地和劳动力等资源要素，并获得要素租金，问题并不复杂。小农户与作为资源要素需求方的新型农业经营主体可以通过日益成熟、正规的土地流转协议、劳动雇佣协议等方式解决，政府机构、乡村能人、农产品行业协会都可以作为一种中间社会组织来促进这种嵌入关系的形成和稳固，从而为这部分资源贡献型农户提供租金收入。

二、资源贡献型小农户与农业企业的关系嵌入

资源贡献型小农户中，有一种常见形式是一部分小农户与农业企业签订了农产品生产与供应契约，即"订单农业"形式。从表面上看，"订单农业"中小农户向农业企业提供的是农产品而非土地和劳动力等资源要素。但实质上，在"订单农业"中由于有契约作为约束，小农户不过是根据契约规定利用自己的资源要素生产满足契约要求的农产品。更为重要的是，小农户在"订单农业"中，无论在资金、技术、信息、社会关系等诸多方面都处于劣势地位。因此它们实际上成为新型农业经营主体的生产车间，接受来自农业企业这个总部的生产指令，并按照契约完成指令。

之所以需要单独论述这种类型的资源贡献型小农户，原因是相对于单纯的资源贡献型小农户通过资源链与农业企业连接而言，这种以产品链代替或者掩盖资源链的做法使情况变得更为复杂了。在单纯的资源要素交易中，土地流转中的土地面积、质量、租金、年限、利用方式等内容很大程度上可以用土地流转协议进行明确规定，且在现实中也日益成熟，争

---

① 杨柳、万江红：《生产要素、身份特征与家庭农场组织形态》，《改革》2018 年第 1 期。

议点并不大。劳动力要素虽然比土地要素更难以明确，但就中国农业发展的现状来看，一是农业劳动力的雇佣规模并不大，直接进行农业生产的农业企业非常少，大多数都是加工型农业企业。二是在小规模的劳动雇佣中，雇佣的农业劳动力基本都来自"熟人关系"，这种关系使得劳动力的"偷懒"现象得以较大程度减弱。资金的借贷方式、归还日期、利息高低也是容易通过契约来进行约定。

问题关键在于，用产品链掩盖资源链之后，即使小农户与农业企业都进行了资产专用性投资，农产品最后的产量与质量会成为双方共同但无法完全清晰化的责任。这就是第三章的理论分析框架中提到的情况，即交易中的强—弱主体数量不均衡性、高人力资本专用性、复杂任务同步性并存必然导致的结果，再加上小农户数量众多，频繁交易现象会加深这一问题。在这种局面下，小农户与农业企业之间更加需要进行关系嵌入和治理。遗憾的是，目前中国农村社会经济的现实状况并没有成熟和完善的社会关系网络来解决这一难题。因为由亲戚、熟人、村能人、村干部等关系形成的社会关系网络不够细密，并不能覆盖所有小农户以及以追求商业利益的农业企业。进一步，随着商业利益的不断侵袭，单纯基于"情谊"的社会关系网络会显得非常脆弱。

那么为何资源贡献型小农户不能发展出其他的社会关系网络来改善这种脆弱的嵌入方式？不能像日本丰田公司那样将众多的汽车零件供应商牢牢地团结在自己周围，结成稳固的关系网络？除了农产品与工业品本身的特性区别之外，一个重要原因就是中国资源贡献型小农户数量过多，农业企业在面对数量如此庞大且实力弱小的小农户时，一方面固然可以凭借自身优势对小农户进行一定程度的"盘剥"，另一方面却也无力和数量如此众多的小农户建立更为深入的关系。无论是相互大规模专用性资产投入还是通过频繁信息交流来建立社会关系网络的方式，都无法在二者之间实现，因为这会导致非常高昂的交易费用以至于组织无法承担。这也是传统"公司+农户"的农业组织模式经过这么多年发展，公司与农户之间相互挤占租金的痼疾无法根治的基本原因之一。为解决这一问题，中国农业在发展过程中采取的解决办法是建立一些中间组织来协助编织社会关系网络,这些中间组织包括农民合作社、农产品行业协会、供销社等,形成了"农户+农民合作社+公司""农户+行业协会+公司"等组织形式,但效果有限。之所以会这样,是由于虽然合作社或者行业协会减少了所面对的小农户数量,但自身实力也在同步退化,依然无力建立良好的社会关系网络,它们试图解决农业企业面对的难题,却发现自己也无能为力,反而模糊了组织自身的功能和性质。[①]

三、资源贡献型小农户关系嵌入的困境

小农户与农业企业无法在产品链下发展出稳定的社会关系网络,主要原因是小农户数量众多且分散,交易费用庞大。即使在二者之间加入农民合作社,但如果合作社与小农户之间也只存在产品链连接,也依然无法发展出更深入的关系网络。下面将专门论述这一问题。

根据当前流行的合作社成员异质性理论[②③④⑤],核心成员在合作社中处于主导控制地位,而小农户由于资金有限、社会关系匮乏、信息封闭、缺乏冒险精神等处于附属追随地位。虽然从理论上讲,这些小农户是自愿加入合作社,而且在加入后也可以"用脚投票"退出合作社。但在实践中,小农户常常被地方政府鼓励和说服尽量加入合作社,以扩大合作社的规模和影响,满足地方政府的政绩要求。这样,当小农户进入合作社之后,存在比较严重的"搭便车"现象,即"集体理性和个体理性的冲突、信息不对称和机会主义行为是农民面临合作困境的深层次原因"[⑥],因此小

---

① 目前对农民合作社的本质和治理方式理论界争议颇多,也是缘于此。

② 赵凯:《论农民专业合作社社员的异质性及其定量测定方法》,《华南农业大学学报》(社会科学版)2012 年第 4 期。

③ 楼栋、孔祥智:《农民合作社成员异质性研究回顾与展望》,《华中农业大学学报》(社会科学版)2014 年第 3 期。

④ 孔祥智、楼栋、方婵娟:《成员异质性背景下农民合作社的收益分配机制研究》,《农林经济管理学报》2015 年第 2 期。

⑤ 应瑞瑶、唐春燕、邓衡山等:《成员异质性、合作博弈与利益分配——一个对农民专业合作社盈余分配机制安排的经济解释》,《财贸研究》2016 年第 3 期。

⑥ 黄珺、顾海英、朱国玮:《中国农户合作行为的博弈分析和现实阐释》,《中国软科学》2005 年第 12 期。

农户的行为将会对合作社绩效产生重要的影响，并反过来影响到小农户本身的利益。不仅如此，由于中国农村居民居住相对集中且相互比较熟悉，在"熟人社会"中信息沟通渠道在一定地域范围内比较通畅，这就导致小农户之间容易相互模仿与学习，即行为具有扩散性。

（一）小农户"搭便车"行为的产生

相对于合作社中的"大户"，小农户在诸多方面处于劣势地位，这样小农户的生产成本较高，而合作社中的"大户"生产成本较低。假设合作社收益取决于所有社员的共同努力程度，但努力程度难以在生产过程中进行观测，只能通过产出结果进行间接观测。当存在部分社员"搭便车"时，合作社的总体收益将会下降，而且这种下降程度与"搭便车"的社员数量相关。为了方便起见，假设每个农户面临的机会成本 C_0 相同。R_t（ $t = 0,1,2,3,...,n$ ）为 t 个农户选择"搭便车"时候合作社每个成员的平均收益，$C_1(H)$ 为低成本农户（通常为大户或者异质性成员）在正常努力程度下的成本，$C_2(H)$ 为高成本农户（小农户）在正常努力程度下的成本，而 $C_2(L)$ 为高成本农户（小农户）在"搭便车"情况下的成本。

正常情况下，低成本农户的参与约束为：

$$R_0 - C_1(H) \geq C_0 \tag{5-1}$$

而高成本农户的参与约束则为：

$$R_0 - C_2(H) \geq C_0 \tag{5-2}$$

$$C_2(H) > C_1(H) \tag{5-3}$$

这样，在相同收益和机会成本约束下，高成本农户会更倾向于"搭便车"。其理由在于，单个小农户由于通过"搭便车"行为虽然减少了整个合作社收益，但在收益均分情况下，收益减少的数量远远小于努力减少所带来的成本减少，因此完全理性的高成本小农户选择"搭便车"便成为一个占优策略，在多人条件下，"搭便车"就会成为一个占优策略均衡，即一种稳定的纳什均衡。

（二）普通农户"搭便车"行为的扩散

前述分析只是从静态角度分析了小农户在合作社中会采取"搭便车"行为。但在实践中，完全理性这个假设可能过于严格。换言之，并非所有高成本小农户都会在第一时间采用"搭便车"的行为策略。基于"情面"上的考虑,小农户可能一开始并不会采取偷懒行为,但传统的社会关系网络可能逐步地被经济利益的诱惑性所侵蚀,表现出来就是小农户"搭便车"的行为会逐步演化成为一种动态的模仿与学习机制。即使单个小农户是有限理性的,"搭便车"行为也会由于小农户之间相互模仿和学习从而在小农户之间扩散开来。

假设在合作社中有 n 个小农户,但并非全部采用"搭便车"的行为,而是只有一部分会采用"搭便车"行为,假设这一比例为 s。这样,同为高成本农户,其期望的收益就会产生不同。

其中,"搭便车"的高成本农户收益的期望值为:

$$U_2 = [R_{(ns+2)} - C_2(L)]n + [R_{(ns+1)} - C_2(L)](1-n) \tag{5-4}$$

而不采取"搭便车"行为的高成本农户收益的期望值为:

$$U_1 = [R_{(ns+1)} - C_2(H)]n + [R_{(ns)} - C_2(H)](1-n) \tag{5-5}$$

在为数众多的农户中,可以认为所研究的策略方对不同类型策略方的影响,因此上面的式子可以修正为:

$$U_2 = [R_{(ns+1)} - C_2(L)]n + [R_{(ns)} - C_2(L)](1-n)$$
$$= -\Delta R + R_{(ns)} - C_2(L) \tag{5-6}$$

$$U_1 = [R_{(ns)} - C_2(H)]n + [R_{(ns-1)} - C_2(H)](1-n)$$
$$= -\Delta R + R_{(ns)} - C_2(H) \tag{5-7}$$

因此,n 个高成本农户的平均收益为:

$$U_3 = -2s\Delta R + R_{(ns-1)} + s[C_2(H) - C_2(L)] - C_2(H) \tag{5-8}$$

而高成本农户可以通过模仿和学习"搭便车"行为,其扩散的速度为:

$$ds/dt = s(s-1)[\Delta R - C_2(H) - C_2(L)]C_2(H_1) > 0 \tag{5-9}$$

(5-9)式说明,随着模仿和学习过程延长,在高成本农户中,即使开始只有个别小农户脱离传统的社会关系网络而采取"搭便车"行为,在经济利益的诱惑下也会逐步导致更多小农户采取这一行为,最后结果就是所有高成本小农户均采用"搭便车"行为。

（三）模型的结论

上述模型表达的含义分为两个方面：

第一，如果假定小农户是完全理性的，那么在合作社中的小农户由于其成本较高，而其采用"搭便车"行为的收益大于不采用"搭便车"行为，也就意味着 $R_1 - C_2(L) > R_1 - C_2(H)$。这样，完全理性的小农户在"囚徒困境"博弈下必然采取"搭便车"行为，并产生一个稳定的纳什均衡结果。这个结论背后的解释逻辑是，对于"搭便车"行为的理解可以划分为两个方面，一方面是小农户生产努力程度下降，表现为农产品产品产量减少、质量降低或者隐蔽地违反与合作社的订单契约，减少与合作社的交易数量，并把这部分农产品对外进行出售。而这一类型的"搭便车"行为容易发生在"按股分红"比例较大而"按交易数额返还"比例较小的合作社中。原因就在于"按股分红"的合作社中由于小农户资金有限，仅仅依靠土地入股方式获得的股份数额较少，无法与合作社中的大股东结成深入的社会关系网络，当传统社会关系网络无法抵御经济利益诱惑时，"搭便车"行为就会大规模发生，从而影响合作社乃至小农户自身利益。反过来，如果"按交易数额返还"比例较大的合作社，小农户"搭便车"行为会弱化一些，原因也是"按交易数额返还"的规定使小农户和"大户"们又站在了同一起跑线上，小农户之间更容易结成相互信任的社会关系网络，从而能更有效地遏制"搭便车"行为，在提高合作社绩效的同时也能让广大小农户得到更多收益。

另一方面是小农户在农产品生产技术、农场产品市场讯息、质量保证、产品的推广宣传等方面信息获得较少，小农户与大户之间、与合作社之间交流不畅。究其原因，依然是因为多数农民合作社的合作关系非常松散，小农户在生产过程中无法与大户或者合作社本身进行太多信息交流，彼此之间仅仅是"你交产品我付钱"的状态，这种高度类似市场交易的关系无法促成二者之间深度合作，深层次信息交流也就无从谈起了。

第二，如果考虑群体博弈行为，那么重复博弈可以消除"搭便车"行为的结论就值得怀疑。因为即使小农户并非是完全理性的，但只要有部分普通农户采用"搭便车"行为，并且这一行为通过生产结果被观测到或者在社交活动中通过某种方式被了解到,那么在模仿和学习的过程中,"搭便车"行为不仅不会被消除,反而采取"搭便车"行为的普通农户将会越来越多,从而导致合作社的合作效率降低。这也解释了在合作社中,众多小农户对合作社的参与度比较低、积极性不高、对合作社事务不关心、忠诚度不高的现象,而且这种现象随着合作社的发展日益突出。换言之,单纯重复博弈而不借助社会关系网络就能促成交易双方保持合作的想法在现实世界中行不通。

第三,当交易双方借助社会关系网络发展关系嵌入时,基于亲缘关系的传统社会关系网络可以促成双方形成初步的、浅度的嵌入关系,但这种传统社会关系网络会受到双方交易关系不断发展和经济利益因素的影响,需要进一步演化为深度社会关系网络,才能使交易双方的嵌入关系更加稳固。如前所述,无论是在农民合作社层面还是在农业企业层面,都无法直接和为数众多的小农户在产品链的形式下发展出深度的关系嵌入,无论这种产品链是直接的还是作为资源链的掩盖物而存在。

基于此,要在农户和农业企业之间建立稳定的社会关系网络,一个重要思路就是要减少小农户数量,让新型农业经营主体和相对少数但规模更大的农户来构建社会关系网络。这一思路的具体内容将在下面这个部分来详细阐述。

第二节 生产经营型小农户的关系嵌入

在这一节的前两个部分的分析中能够看到,单纯的资源贡献型小农户可以通过社会关系网络嵌入现代农业后获取稳定的资源要素租金收入,问题并不复杂。而资源要素契约一旦被产品契约掩盖之后,问题就开始变得复杂且难以解决了。因此试图以产品契约掩盖和代替资源要素契约是注定难以建立稳定的社会关系网络的。换言之,资源贡献型小农户与新型农业经营主体之间依靠产品链建立起来的连接结构是不稳定的,也很难通过社会关系网络进一步强化。即是说,社会网络可以让基于资源链连接的小农户进行深度嵌入,但对基于产品链连接的小农户却无能为力。

　　既然分散且数量众多的资源贡献型小农户在产品链下不能和新型农业经营主体形成稳固的嵌入关系，那另一种类型的小农户即生产经营型小农户的情况如何呢？这类型小农户最大的特点就是他们能够在一定程度上适应现代农业要求，通过运用自己的经营能力、社会关系、风险承受力等隐性要素，进行市场化的生产经营活动。本书第四章分析了这类型小农户连接现代农业时的自成长过程，即"小农户—专业大户—家庭农场"是这类型小农户成长的主要路径。在这一过程中需要探讨和分析两种情况：一是生产经营型小农户成长为家庭农场过程中的嵌入关系是怎样的？二是由小农户成长而来的家庭农场与农民合作社、农业企业之间的嵌入关系是怎样的？

一、生产经营型小农户与家庭农场的关系嵌入

　　小农户要发展成为家庭农场，首先要解决资金和土地问题。创办家庭农场，需要大量资金。按照田一年 800—1000 元/亩、地一年 600—800 元/亩的标准，再加上购置农资农机的费用，初始投入最少也得 30 万—50 万元，而规模大一些的家庭农场，投入则更高。这就要求创办者要有一定的资金累积。因此家庭农场的创办者绝大部分都源自一些"种养大户"，其通过长期农业经营活动积累了一定资金，也获得了社会关系网络。在创办家庭农场时，他们可以利用国家优惠政策，通过相关金融机构获得低息贷款或者利用熟人关系进行借贷活动，甚至是亲戚之间共同入股出资创办。在土地获取和劳动力雇佣方面，家庭农场创办者与村民和村干部的网络关系成为制约农场获取村社资源的主要因素。① 如前所说，家庭农场的创办者能够利用村内的地缘和亲缘关系更顺畅地获得土地资源，减轻土地租金压力，并解决雇佣劳动力中信息不对称和监督难题。舒尔茨就曾经指出，家庭农场更适宜本地化发展，与非本地化的农场所有者相比，本地创办者能获得更为稳定的资源交易契约。这种稳定性，很大程度

---

① 管珊：《多重网络结构嵌入下的农场规模选择》，《华南农业大学学报》（社会科学版）2017 年第 6 期。

上来自资源交易双方由于嵌入关系所形成的相互信任。

除了在资源获得方面家庭农场可以凭借乡村关系有优势之外,当地乡镇政府的支持也是这一嵌入关系的重要体现。在小农户发展成为"大户"过程中,很多时候已经得到了当地政府的重视,当国家鼓励发展家庭农场的政策出台时,这部分大户就能够利用和当地政府之间的良好关系,率先注册成为家庭农场并获取政府相关补贴。合理利用政策法规获取利益已经成为一部分小农户成长的关键性优势。同时,地方政府为了推动农业发展,也会要求部分小农户积极发展为家庭农场、合作社等国家所倡导的新型经营主体。

二、生产经营型小农户与农民合作社的关系嵌入

在中国农业发展实践中,小农户成长路径上的第一次升级通常是成为各类"专业大户",这些大户与传统小农户不同,他们通过流转拥有比小农户更多的土地,通过借贷、自身积累等拥有更多的资金,其生产经营的规模比传统小农户大一些,而且进行市场化经营。这部分"专业大户"基于各个方面的考虑,大多数注册成为家庭农场。由于这部分"专业大户"或者"家庭农场"由小农户发展而来,与其他小农户之间有着千丝万缕的联系,在中国农业产业组织中起着重要的中介作用,与农业企业、农民合作社的关系,是在简单的资源和产品的交易关系基础之上,进行了更深度的镶嵌。这种镶嵌意味着,这些由小农户成长而来的经营规模更大的组织能改变这一状况,与农民合作社、农业企业发展出更深入的社会关系网络。家庭农场是小农户成长的典型形式和结果。① 下面将以家庭农场作为这些升级的生产经营型小农户的代表,分析它在现代农业中的关系嵌入。②

---

①　这种经营规模较大的组织,在不同的历史时期可能有不同的称谓,比如专业大户。这些组织都有一个根本性的共同特征,就是家庭经营。这不同于农业企业,也不同于农民合作社。

②　根据本书对小农户的定义,从静态上看专业大户已经不是小农户,但这里主要是从动态的角度考察小农户与合作社的嵌入关系,所以引入了小农户—专业大户—家庭农场—农民合作社的动态发展过程。

从制度经济学角度看，一项制度安排要产生并发挥效果，其取决于两个方面的因素：一是制度安排的外生变量，其包括技术变革、要素价格变化、政治法律制度等诸多方面，其决定了制度安排的方向与范围选择；二是制度安排的内生变量，其包括构成制度安排本身的各个要素自身的性质与特征，决定了制度安排的核心内容、运行方式与稳定程度。这两方面共同决定了制度安排的绩效。①

家庭农场与农民合作社，二者之间固然有其明确边界，但二者之间又不是完全割裂的，存在明显的嵌入关系。其表现为：

第一，农民合作社在经营过程中，需要对分散的农户进行协调，这种协调是需要付出成本的。一方面，如果农户过于零散化而无法达到适度规模，就必然造成农户数量过多，这将使得协调成本过高，最终导致合作经营由于交易费用过大而归于失败。一般而言，在合作社经营规模既定的前提下，单个成员的生产规模越大，组织中成员的数量就会越少，合作经营的交易费用就会越小，合作的可能性就会越大。另一方面，传统小农户的农产品商品化率较低，这使得合作经营给单个小农户带来的利益比较有限，小农户往往缺乏参与合作经营的激励和动机。因此只有通过小农户升级为家庭农场后形成适度规模化，满足农产品商品化生产和市场化经营的要求，增加合作经营给农户带来的收益，才能更好地带动合作经营。无疑，家庭农场将是生产经营型小农户最佳发展方向和载体，既有利于发挥家庭经营的劳动效率，又有利于发挥规模化的土地效率。

民主决策通常是合作社中一个难以解决的问题。一般观点认为，由于合作社成员有异质性，合作社的监督机制难以发挥作用②，普通成员要么对农民合作社的决策事务有心无力，要么漠不关心。究其原因，就在于成员差异性过大，会造成一是弱势成员由于出资额上的差异无法对强势成员进行制约，缺乏有效监督手段；二是弱势成员由于进行监督收益过低

---

① ［美］奥斯特罗姆、［美］菲尼、［美］皮希特：《制度分析与发展的反思》，王诚译，商务印书馆 2001 年版，第 7 页。
② 李世杰、刘琼、高健：《关系嵌入、利益联盟与"公司+农户"的组织制度变迁——基于海源公司的案例分析》，《中国农村经济》2018 年第 2 期。

倾向于在管理事务上"搭便车"。因此要保证合作社民主决策性,必须满足两个基本条件:一是成员有民主决策的动力;二是成员有民主决策的能力。而解决这一问题的关键,就在于要缩小成员之间的禀赋差异①,增强他们之间的同质性。家庭农场适度规模性和经营管理性为这种同质性提供了条件。首先,适度规模性使得家庭在入社动机和在经济资本、社会资本和人力资本等资源禀赋方面具有相似性,合作社的经营状况和自身利益密切相关,因此有参与合作社重大事务决策和监督的动力;其次,由于家庭农场的经营管理性使得所有者具备一定的经营管理能力和水平,能够对合作社在管理者聘任、经营方向、经营策略等重大问题进行理性和审慎地思考,并提出合理化建议,合作社成员民主决策能力的提升将大大提高民主决策的效率和质量。

第二,"家庭农场+农民合作社"组合下的家庭农场,其执行的不仅是传统的农业生产任务,而是要适应中国构建现代农业产业体系、生产体系和经营体系的大战略,所以必须要具备一定的经营管理水平。家庭农场已经不同于传统小农户,其"更加注重农业标准化生产、经营和管理,重视农产品认证和品牌营销理念"②。重视和强调经营管理的特性,首先表现为家庭农场和传统小农户的区别在于不以简单的自给自足、维持家庭生存为根本目的,而是通过农产品的商品化生产来实现农场利润最大化。利益导向既是家庭农场的生存之本,也是发展之源。因此家庭农场在产品种类确定、原料来源与购买渠道的选择、农业技术和农机设备的采用、销售渠道和产品价格的制定等经营管理问题上,会非常重视成本与收益。从成本角度来看,家庭农场希望通过农业社会化服务组织降低土地流转成本,种子、化肥、农药、农机等原料和设备的购买成本,农产品存贮、运输和销售等流通成本,以及上述各个环节的交易费用;从收益角度来看,家庭农场则希望有稳定的农产品销售渠道和合理的价格,减少市场波动风

---

① 刘雨欣、李红、郭翔宇:《异质性视角下农机合作社内部监督缺失问题的博弈分析——以黑龙江省为例》,《农业经济问题》2016 年第 12 期。

② 高强、刘同山、孔祥智:《家庭农场的制度解析:特征、发生机制与效应》,《经济学家》2013 年第 6 期。

险。这两方面会促使具有相似性的家庭农场合作起来，共同组建或者寻求一个稳定的社会化服务组织来实现上述功能，实现更大的合作盈余。

第三，家庭农场的经营管理过程将成为新型职业农民的重要生成器，会形成一大批有文化、懂技术、会经营、重管理，强调资源合理配置，重视农业产出和农产品市场价值的新型职业农民。[①] 以家庭农场为载体形成的新型职业农民，在农民合作社等合作经济组织中将发挥至关重要的作用。首先，家庭农场中的新型职业农民将成为合作社宝贵的人力资源，其中的佼佼者将在农民合作社中占据重要管理职位，保证农民合作社有序运转；其次，由于家庭农场的新型职业农民在人力资本上具有同质性，对于合作经营的战略方向、经营范围、出资方式、治理结构、分配原则等问题更容易达成一致，减少合作成本；最后，当合作组织的所有权和控制权分离时，拥有经营管理才能的新型职业农民能够更好地对剩余控制权的拥有者进行监督和制约，有效减少剩余控制权人的机会主义行为。

第四，家庭农场在成立、发展过程中，开始具备了企业的某些特征，这一特征的重要表现就是家庭农场对外将面临一系列复杂的契约关系。在家庭农场生成与发展过程中，需要与农地所有者、政府机构、村级集体经济组织、劳动者、农资供应商、农产品采购商等主体进行各种交易，形成广泛的契约关系。[②] 因此，在上述复杂的契约关系交织中，家庭农场将逐步成为一个中心缔约者。一方面，在家庭农场内部由于规模化原因，经营者需要与土地、劳动力、资金等要素所有者签订契约，以利用这些资源用于生产经营活动；另一方面，在家庭农场外部，由于市场化原因需要就销售渠道、结算方式、产品质量等内容和其他利益相关者达成契约。但由于家庭农场本身受制于制度约束，其性质是类企业性的。[③]

---

① 朱启臻、胡方萌：《新型职业农民生成环境的几个问题》，《中国农村经济》2016 年第10 期。

② 陈军民：《制度结构与家庭农场的运行效率及效益》，《华南农业大学学报》（社会科学版）2017 年第 5 期。

③ 家庭农场在制度上的约束，主要是指中国家庭在生产经营过程中的诸如土地、雇佣劳动力等重要要素的来源与数量还受到制度性的限制，而不能像企业那样自由扩张，因此称为类企业性。

值得说明的是,家庭农场的组织优势仅限于农业生产环节,在农业产业链的其他环节中家庭农场并无明显优势,在农业生产上下游环节中的企业普遍采用层级制组织形式,因而在组织规模上超过家庭农场,家庭农场在面对这些交易伙伴时,往往处于弱势地位,易受交易对手机会主义剥削。① 家庭农场这一弱势地位,也表现"在农场之外的各种交易之中,比如购买原料投入、获得信贷和其他金融服务,获取农业和市场信息,以及在销售上,包括满足标准和认证生产上,都存在着种种起抵消作用的规模经济"②。正是由于上述原因,对于依然属于农业最基本生产单元的农民家庭而言,在面对频繁且复杂的内部契约与外部契约时,亟须寻找到另一个中心缔约者,从而一方面可以减少内外部契约签订、执行以及监督的频率和数量,保持契约稳定性;另一方面则可以绕过土地、雇佣劳动力等方面的限制。③ 因此,类企业性使家庭经营主体自身并不是一个完整的中心缔约者,迫使其寻找另一个中心缔约者来帮助解决作为非完整中心缔约者所面临的问题。可以说,上述情况是家庭农场需要进行合作经营的关键原因。家庭农场解决自身类企业性的有效手段之一就是将前述复杂多变的契约关系通过一定方式让渡于一个更具优势的中心缔约者来集中签订。即家庭农场让渡部分私人权力和权利,组建和加入合作社,形成相互之间的利益联结,并通过和合作社的契约关系来代替外部分散且复杂的契约关系,并由农民合作社来统一完成对外契约关系。这一方式具体表现为家庭农场可以通过合作社统一完成土地流转、农资采购、技术服务、品牌建设、产品销售等工作,大大减少家庭独自执行上述复杂契约关系时的交易费用。

---

① Valentinov, Vladislav, "Why are Cooperatives Important in Agriculture? An Organizational Economics Perspective", *Journal of Institutional Economics*, 2007, Vol.3, No.1, pp.55-69.

② Wiggins, Steve, Kirsten J., et al., "The Future of Small Farms", *World Development*, 2010, Vol.38, No.10, p.1343.

③ 对于企业化的经营主体而言,其不一定需要另一个外部的中心缔约人,其本身就能够成为一个完整的中心缔约者。但中国类企业性的家庭经营主体在这一点上有明显的区别,其类企业性也决定了其中心缔约者是不完整的,可称为非完整中心缔约者。

三、生产经营型小农户与农业企业的关系嵌入

中国大多数农业企业的主要经营范围是农产品的深度加工和流通，直接从事农业生产的农业企业数量非常少，农产品生产工作主要还是交由农户家庭进行，并由农业企业来统一收购。在这种情况下，小农户与农业企业有天然的连接关系。但如前所述，这一关系是非常脆弱的，当面对数量庞大的众多小农户时，"订单农业"通常是低效率的。在现实世界中，农业企业在收购农产品时，通常不愿意和为数众多的小农户进行直接接触，更多的是和数量更少但单个规模更大的农业生产经营主体进行交易，而这些规模更大的农业生产经营主体的典型代表就是家庭农场与农民合作社。换言之，"农业企业+家庭农场"或者"农业企业+农民合作社+家庭农场"是当前农业企业涉足农业生产的主要模式。在农业企业无法与传统小农户在商品交易关系中建立深入社会关系网络时，农户家庭经营的现代形式——家庭农场将和农业企业发生一系列的关系。家庭农场与农业企业的嵌入关系，除了与前述家庭农场与农民合作社的嵌入关系有相似之处外，二者还有一些独特的地方，主要表现在：

第一，技术知识传播和学习机制。与合作社相比，农业企业是商业化的营利组织，对利润的追求更甚于农民合作社。面对激烈的市场竞争，农业企业更需要品质化、特色化、稳定化的农产品，这就需要农产品生产者在生产过程的每一个环节都要适应和满足农业企业的要求，才能生产出农业企业要求的农产品。虽然农业企业无法对分散小农户的具体生产过程进行详细的指导和管控，但对具备规模化的家庭农场以及由家庭农场所组成的农民合作社却有相当的管控能力。为了保证农产品品质和产量，农业企业会经常派遣技术人员到有合作关系的家庭农场和农民合作社去进行技术培训和指导，帮助其解决生产过程中的技术难题，提高农产品品质和产量。同时，这也是一种监督方式，防止部分生产者随意改变生产方式和生产过程，影响农产品质量。

农业技术的优势方并不一定是农业企业。由于家庭农场经营者基本都是常年从事农业生产的农民，其在多年生产中往往累积了大量经验与

知识,具备普通小农户没有的能力。与工业生产不同,这种农业生产中的技术和知识往往沉淀和依附于农户个体,无法简单对外复制和传授。正是由于这一特点,农业企业与家庭农场在反复不断的合作中会不断深化技术上的相互依赖性,也会促进农业技术知识在二者之间的传播与融合。由于双方频繁接触,技术知识的交流速度会明显加快,能够极大地增强农业企业和家庭农场面对不确定市场时的快速反应能力,促进二者共同发展。

第二,资金互助机制。家庭农场发展过程中经常会面临资金匮乏压力和难题。农业企业相比于农民合作社,资金上更加雄厚和充裕,能够对长期合作的家庭农场提供一定程度的资金支持。这种资金上的融通有多种表现形式:农业企业为家庭农场垫付种苗费用,产品收购时统一结算;农业企业采取预付方式定向购买一定数量农产品;农业企业直接向家庭农场提供低息无息贷款,还款方式灵活,可以用产品抵扣。当然,既然家庭农场和农业企业之间存在嵌入关系,这种资金支持并非是单向发生的。一些小型农业企业在经营过程中也会遇到一些资金周转上的困难,这个时候家庭农场基于双方长期合作所产生的信任感,通常会满足企业延后结算的要求,减轻农业企业资金压力。

第三,人力资源交流机制。农业企业经营的地域范围一般比较广泛,其经营人员一般不是当地人员。由于中国农村社会所特有的"熟人关系"特点,非当地人与当地农户打交道困难重重,特别是土地流转问题,小农户一般不愿意将承包土地随意流转给非当地人,经常漫天要价导致农业企业无法直接进行农业生产。在实际中,农业企业无论在获取资源要素还是产品时,通常都会在当地寻找一个合适的"代理人"帮助企业去处理这些事务。这种"代理人"通常就是和农业企业有着紧密接触的家庭农场负责人或者在农村有着丰富社会关系和背景的"大户"们。对农业企业而言,能否拥有和利用这类关键性的具有高强度社会关系的农民对于企业能否在当地顺利开展业务有非常重要的影响。为了解决这一问题,许多农业企业采取"内部化"方式,将这部分关键性人员聘请为企业员工并发放工资。同时,企业也向这些家庭农场派遣经营管理顾问,长时间驻扎在当地家庭农场之中，就如同一个联络人，通过这些家庭农场负责人不断地和当地人接触，增强企业本地化程度，减少业务开展时的阻力。

第四，组织形式融合机制。将农村关键性能人内部化为企业员工在一定程度上深化了家庭农场和农业企业的关系，随着这种关系不断深化，双方会共同投入各类资源合资成立农业经营组织，可以是一个原有规模上的扩建，也可能是新的家庭农场甚至是新的农业企业，双方共同持有股份。一般而言，农业企业由于资金实力比较雄厚，多以出资作为股份。家庭农场资金实力较弱，通常以技术股方式存在。共同持股农业经营组织的方式，进一步扩展了二者之间的嵌入关系。一个农业企业甚至会在当地组建数个这样的共同持股企业，交叉持股形式使得部分家庭农场成为农业企业的一个子公司，二者利益交织在一起，从而形成一种复杂的以经济利益为基础的农村社会关系网络。

四、两个不同层面的嵌入关系

上面的论述勾勒出一个小农户在融入现代农业过程中所形成的社会关系网络图谱。在这个图谱之中，第一个层面的嵌入关系发生于小农户内部，也就是不同类型小农户之间发生的各种关系。生产经营型小农户在农村社会经济发展过程中依靠拥有的特殊技能和资源禀赋脱颖而出，他们利用自身资源优势实现了政治影响力、经济收入或社会地位的提升，并为所在乡村作出了贡献[1]，在乡村公共事物决策上拥有较大话语权，也赢得了资源贡献型农户的尊重与信任。因为这种尊重与信任，加上这类农户本身就是农村政治精英、经济精英和社会精英[2]，资源贡献型小农户愿意将土地流转给这部分能人使用，一部分小农户也变为农业雇佣工人受雇于这部分生产经营型农户。通过这一社会关系网络，生产经营型小农户逐步成长为现代农业中的新型农业经营主体。虽然在这一过程

---

① 李世杰、刘琼、高健：《关系嵌入、利益联盟与"公司+农户"的组织制度变迁——基于海源公司的案例分析》，《中国农村经济》2018年第2期。

② 谢安民、薛晓婧、余恺齐等：《重建乡村共同体：从村民自治到社区自治》，《浙江社会科学》2017年第9期。

中,无论是土地流转还是劳动力雇佣都包含经济利益关系,但小农户之间的社会关系网络也具有决定性作用。

第二个层面是由小农户成长而来的以家庭农场为代表的新型农业经营主体所产生的嵌入关系。由于农民合作社和农业企业本身已经超越了家庭经营范围,但又依靠单个独立的农户提供资源要素或者农产品,因此家庭农场就成为该项事务的"代理人"。具体而言,在农民合作社中,规模化的家庭农场逐步成为合作社中的主要成员来代替原有的传统小农户,减少成员数量降低交易费用是一个维度,而家庭农场与合作社之间的关系网络是降低交易费用的另一个维度;在农业企业和小农户关系中,传统小农户无法直接和农业企业建立紧密关系,取而代之的是农业企业和家庭农场,以及由家庭农场组成的农民合作社之间发展出的不断深化的嵌入关系。"小农户+家庭农场+农民合作社+农业企业"或者"小农户+家庭农场+农业企业"的连接结构之所以更稳定,除了前面所说的产品链与资源链相互铰合外,也是由于嵌入了复杂的社会关系网络,因为在结构中每出现一类主体,其背后都意味着复杂的社会关系在整个结构中弥漫。

需要说明的是,社会关系网络可以在这两个层面同时起作用,但机制有所区别。在第一个层面中,资源贡献型小农户在资源要素交易关系即资源链条件下的嵌入关系会逐步发展,而农产品交易关系即产品链的嵌入关系则会不断弱化直至消失;在第二个层面中,生产经营型小农户成长为专业大户、家庭农场之后,与合作社和农业企业的嵌入关系,无论是基于资源要素交易关系还是基于农产品交易关系,都会以不同形式发展。换言之,由小农户成长而来的家庭农场会在现代农业中扮演重要角色起到关键作用,变成各类主体间关系的节点和枢纽。

第三节　两种类型小农户的结构嵌入

前一节详细论述了生产经营型小农户成长为家庭农场过程中的各种关系,以及它与农民合作社、农业企业之间的互动关系,关注它们之间的社会黏着性,通过社会连接的密度、强度、对称度等来说明小农户特定行为和过程,即小农户的关系嵌入过程。小农户与家庭农场、农民合作社和农业企业形成的关系嵌入,以及它们彼此之间的关系嵌入和外部环境要素之间的互动构成了错综复杂的关系网络,包括小农户在内的各个经营主体都处于这个关系网络之中,在这个关系网络中占据不同位置,发挥不同功能。因此小农户结构嵌入问题的关注焦点就是小农户与多方复杂关系中所折射出来的结构性,以及这种结构的形成和演进过程。

一、结构嵌入的静态特征与动态过程

(一)静态特征

在研究小农户结构嵌入时,重要的是要弄清楚小农户在复杂关系网络结构中的位置和地位。对于组织位置和地位一般由节点度、中介中心度和结构洞三个概念来进行衡量。

节点度是指与一个节点直接相连的节点数目,描述了节点所嵌入的网络联系规模,反映了该节点在网络中的重要程度。[①] 在农业产业中,与小农户进行直接连接的节点可能包括其他小农户和家庭农场、农民合作社、农业企业,以及政府机构和农业协会等农村社会服务组织。一般而言,经济主体的连接对象越是广泛,其节点度也就越高。对于小农户而言,越高的节点度也就意味其越是处于整个网络的中心地位,其接触各类信息的机会也就越多,在资源获取、知识学习、风险分担、合作对象选择等诸多方面将会获得优势。

中介中心度是由美国社会学家弗里曼(Freeman)[②]教授提出来的一个概念,其描述了一个组织位于其他组织间位置中心的程度。如果一个组织介于多数组织之间并起到串联作用,则该组织的中心度就比较低,其在这个网络中就处于重要的中心位置。对于小农户而言,如果其能够处于中介中心的位置,那么其他经济主体的知识、信息、资源就能够更快速

---

① 范群林、邵云飞、唐小我等:《结构嵌入性对集群企业创新绩效影响的实证研究》,《科学学研究》2010年第12期。

② Freeman L.C.,"A Set of Measures of Centrality Based on Betweenness",*Sociometry*,1977, Vol.40,No.1,pp.35-41.

和更广泛地汇集到这里,从而为自身发展带来极大优势。

结构洞这个概念则是由博特(Burt)提出来的。[①] 它是指网络中的一些经济主体相互发生直接联系,但与其他经济主体不发生直接联系或存在关系隔断现象。比如 A 和 B 发生联系,A 和 C 发生联系,但 B 和 C 没有直接联系,只能通过 A 间接发生联系,则在 A 处就产生了结构洞。由于结构洞处于网络中联系的中介位置上,一些经济主体为谋求利益会将本身没有任何联系的其他经济主体连接起来,稠密化经济主体之间的连接关系,通过主动塑造结构洞的方式改变网络结构,为自己带来新的资源输送通道。这就意味着拥有越多结构洞的经济主体,在资源获取、信息掌控、渠道开辟等方面将具有一定优势,甚至对整个网络结构都有一定影响甚至塑形。换言之,结构洞理论把个别经济主体在网络中的作用由被动变为主动,一方面,通过主动性行为能够将支离破碎的关系网络缝合起来,给自身带来利益。另一方面,也主动开发和制造结构洞,为开发者带来信息利益和控制利益[②]。

(二)动态过程

前一节勾勒了小农户与各个新型农业经营主体之间的关系嵌入图谱。关系嵌入主要强调了两个经济主体之间是如何深化联系的。但两个经济主体之间的关系并不是静止的,它是可以延伸的。一般而言,经济主体在经济活动和社会活动中,既会重视对现有关系的维护和加强,也会注重对潜在关系的开发和建立,即和所谓的"朋友的朋友""客户的客户""熟人的熟人"[③],通过共同认识的第三方来建立关系。这种关系延伸现象在农业产业中也是经常出现的,比如农户通过熟人介绍向第三方流转土地、通过现有客户向潜在客户推销产品、政府机关向农业企业介绍一些种养名特优农产品的农户等。格兰诺维特(Granovetter)[④]在开创性的研

---

① Burt R.S.,"The Social Structure of Competition",*Economic Journal*,1995,Vol.42,No.22,pp.7060-7066.

② 盛亚、范栋梁:《结构洞分类理论及其在创新网络中的应用》,《科学学研究》2009 年第9 期。

③ 奇达夫、蔡文彬:《社会网络与组织》,中国人民大学出版社 2007 年版,第 30 页。

④ Granovetter M.,"Economic Action and Social Structure:The Problem of Embeddedness",*Social Science Electronic Publishing*,1985,Vol.93,No.3,pp.481-510.

究中注意到这些"中间人"的作用，其可以超越彼此圈层边界而进行物质资源和信息资源交易，这对促进新关系的出现和发展将具有非常重要的作用。伴随着这种新关系的出现和延伸，经济主体及其行为本身就逐步嵌入到一个包含了经济因素与情感因素的多元复杂关系之中，从而形成了在复杂网络中的结构嵌入。因此结构嵌入的形成和发展过程就会表现为关系的复制、传递、融合等动态特征。

关系延伸作为经济主体结构嵌入的触发点，是影响经济主体结构嵌入的关键性因素。从组织网络角度看，坎贝尔（Campbell）[1]认为如果两个经济组织是通过都认识的第三方建立关系时，它们之间将会有更高的合作水平，同时这种介绍关系可以形成新关系，当这些关系纠缠在一起时，就有利于促成网络联结的形成[2]。这种关系延伸有三种基本的类型[3]：一是主体联结型关系延伸，即由组织内自然人的私人关系联结而成；二是资源需求型关系延伸，即基于组织对各类资源的需求联结而成；三是任务推动型关系延伸，即基于组织之间为了完成特定任务联结而成。一般而言，后面两种类型更强调组织间的经济利益关系，组织与组织之间在资源、任务方面具有一定互补性。[4]

关系的延伸，在现实世界中可能会最初源于社会经济组织中个人关系的联结，即私人关系的建立是组织间联系的原点，要将这种个体私人关系转化为组织关系，形成组织间的经济利益联结，就需要一个跨层次转变，"这种人格化的交换到非人格化的交换是世界经济不断发展的关键"[5]。在这一过程中，单纯的私人关系是组织关系连接的起点和铺垫，

---

[1] Campbell A., "Signaling in Social Network and Social Capital Formation", *Economic Theory*, 2014, Vol.57, No.2, pp.303-337.

[2] Thune T., "University Industry Collaboration: The Network Embeddedness Approach", *Science & Public Policy*, 2007, Vol.34, No.3, pp.158-168.

[3] 郑方、彭正银：《基于关系传递的结构嵌入演化与技术创新优势——一个探索性案例研究》，《科学学与科学技术管理》2017 年第 1 期。

[4] Kwon S.W., Adler P.S., "Social Capital: Maturation of a Field of Research", *Academy of Management Review*, 2014, Vol.39, No.4, pp.412-422.

[5] ［美］诺斯、［美］托马斯：《西方世界的兴起》，厉以平、蔡磊译，华夏出版社 2009 年版，第 43 页。

组织中的关键性人物由于更关注组织的生存与发展,将会有更大意愿将私人关系发展为组织间的连接关系。主体联结型关系延伸、资源需求型关系延伸和任务推动型关系延伸是相互交织在一起的,组织的社会关系与经济关系也是交织在一起的,二者相辅相成。即经济行为本是镶嵌于社会关系之中的,而内生于经济行为的经济关系本身又是社会关系和社会结构产生的基础。

从关系延伸视角,关系嵌入演进为结构嵌入一般会经历几个阶段:首先,有适宜的组织作为关系延伸的中间方,通过这个中间方形成新的关系嵌入;其次,通过首次关系延伸所连接的新组织,又会成为新的中间方,通过互动性行为进行新的关系延伸,这种反复进行的"关系延伸—关系再延伸",使得不同组织之间的关系嵌入有了位置上的区分和差异,关系嵌入逐步产生了结构性,为组织结构型嵌入打下了基础;最后,"关系延伸—关系再延伸"中,组织相互之间的嵌入关系是分散的,如果某一组织能够创造某种整合机制,将这些零散的嵌入关系拉拢、汇聚和整合,那么这个组织在整个关系网络中就将占据优势和主导地位,即它具有前面所说的高节点度、低中介中心度和制造结构洞的能力。这一过程可以见图5-1。在图5-1中,实线表示已经存在关系嵌入,虚线表示经过关系延伸之后的连接状态。假设A组织最初只与a组织建立了关系嵌入,而a组织和b、c企业之间存在关系,这样通过a组织介绍,A和b、c在关系延伸中建立了关系嵌入,逐步地通过b和c再介绍,A开始和d、e、f建立连接关系,这样就初步传递了原有连接关系。进一步,在第Ⅲ中g、h和i之间本来是有关系嵌入的,也有一定的结构,但和A没有任何关联。但在交往过程中由于f和i的关系,它们之间的关系网会整体与A发生关联,形成一个更复杂的结构嵌入。如果A具备了这样的能力,A在整个结构嵌入中将具有优势地位,比如i、h和g就可以跳过f直接与A发生关系。

从图5-1中可以看到,在结构嵌入形成过程中,A与a、a与b、c等关系嵌入是事先已经存在的,而A与d、f以及同g、i等关系的建立是通过已有关系嵌入延伸而来。正如前所述,关系嵌入是结构嵌入的起点,从

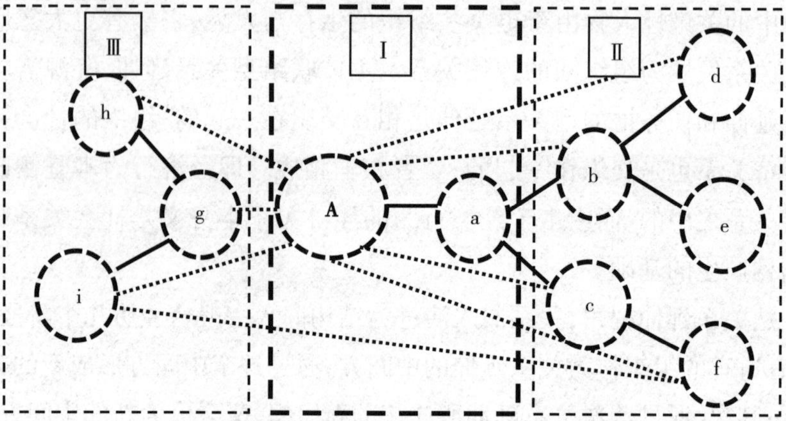

图5-1　从关系嵌入到结构嵌入演进示意图

静态角度看,结构嵌入是多个关系嵌入纠缠在一起之后形成的集合,每一个嵌入关系都会在这一结构中呈现出自己的特征。从动态视角来看,已有关系嵌入是关系延伸的基础,而关系延伸是结构嵌入形成的重要过程和方式,不同类型的关系延伸对整个网络结构的特征与功能有着重要影响。

小农户的结构嵌入就是要弄清楚小农户在整个产业网络中所处的位置,并在此基础上探索小农户是如何增加它与各个方面的连接关系的,是如何通过关系延伸由双边关系嵌入发展为多边结构嵌入的。当然这一过程也可以视为小农户是如何增加自身节点度以及在节点度增加的情况下,它是否能够逐步走向这一结构的中心位置,或者小农户在这一过程中能否以及如何降低其中介中心性的度数。最后,还需要去考察一部分小农户如何利用自身能力去扩大对外联系与交往,有效整合资源,并逐步扩大自己在产业中的影响力。即少部分小农户是如何在关系嵌入中制造结构洞来增强自身在关系网络中的话语权,从而实现自身成长。

二、资源贡献型小农户的结构嵌入

资源贡献型小农户在现代农业中主要提供的资源是土地和一部分农业劳动力,在关系嵌入中这类小农户主要是在熟人带动下或者地方乡镇政府的宣传鼓动下将土地流转给新型农业经营主体,而这类经营主体一般是由本地乡村能人或者"精英"领办,或者在土地流转过程中由这类人牵线搭桥。在这一过程中,普通小农户一般处于被动地位,其土地流转行为除了经济利益上的考虑之外,会受到小农户本身所处的个体关系网络影响,特别是小农户相互之间形成的网络结构特征——网络规模、网络密度、网络异质性等——的影响。具体而言,如果资源贡献型小农户数量众多,且他们相互之间有着诸如朋友、亲戚、熟人、邻居等关系,这种类型关系越多,小农户的节点度就越高,就越能够获得与土地流转有关的政策信息以及流转方式、流转价格等交易信息,小农户"从亲戚朋友和其他农户参与流转情况中获取流转信念作为是否参与农地流转的参考,且受到强关系的影响更明显"[1]。他们和对土地有需求的农业经营主体的嵌入关系可能一开始并不存在,但通过主体联结型关系延伸,这些小农户可以逐步与土地需求方建立间接联结。土地流转信息在农户之间讨论越是频繁,他们之间关于土地流转的信息流动速度就越快,越是有利于他们在网络内部实现资源共享并达成合作。因此基于"熟人关系"的主体联结型关系延伸中,关系强度越高、关系质量越好、关系互动越频繁,越是有利于关系延伸。更为特殊的是,土地流转通常需要成片进行,当个别农户对土地流转还存有疑虑影响土地连片时,可以通过主体联结型关系延伸,对这部分农户进行鼓动和说服,促使他们进行农地流转,形成农地大规模、成片化流转。

除了主体联结型关系延伸,资源需求型关系延伸也是影响小农户结构嵌入的关键性因素。资源贡献型小农户的主要劳动力入城之后,转让承包土地给合适的农业经营主体来避免土地荒芜、肥力下降以及获取一定收入就成为一种合理选择。乡镇政府出于发展当地经济需要以及政绩考核原因,也愿意在土地流转中牵线搭桥或者直接组织和干预土地流转。[2]　在资

---

①　杨卫忠:《农村土地经营权流转中的农户羊群行为——来自浙江省嘉兴市农户的调查数据》,《中国农村经济》2015 年第 2 期。

②　涂满章、詹朝裕、陈敏洁:《地方政府农村土地流转网络治理机制探索——以陕西杨凌示范区为例》,《西安财经学院学报》2018 年第 2 期。

源需求型关系延伸所形成的网络结构中，首先是考虑不同主体间的需求匹配问题，网络中主体间差异性越大，资源互补性越高，关系延伸就越容易发生。[①] 在农地流转上，建立在"熟人关系"上的主体联结型关系延伸能够很好地和资源需求型关系延伸交织与配合，将分散在各家各户的农地资源更顺畅地汇集到需求者手中。其次是网络中各个主体的地位问题。在关系网络中，如果一方处于垄断性地位，则会在结构嵌入中居于主导或者优势地位，成为多元关系嵌入汇集中心，或者扮演将多元关系嵌入进行连接的关键角色，即制造结构洞（见图5-2）。从图5-2可以看到，在农村现实情况中，小农户虽然拥有农地承包权，但由于拥有的农地资源有限，在土地流转上话语权较少，大型农业经营主体或者乡镇政府往往在土地流转中居于主导地位，而小农户本身居于整个结构边缘位置。从小农户利益而言，如何在结构中逐步走向中心位置是一个值得研究的话题。

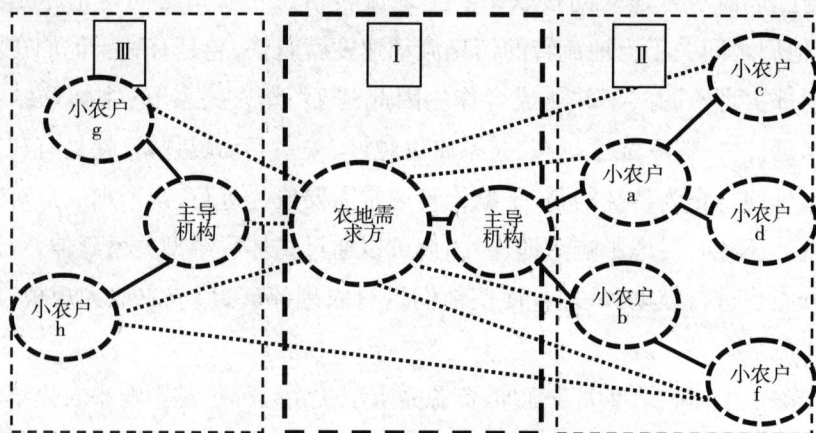

图5-2 资源贡献型小农户结构嵌入过程图

三、生产经营型小农户的结构嵌入

不同于资源贡献型小农户，生产经营型小农户的结构嵌入过程更为

---

① Kwon S.W., Adler P.S., "Social Capital：Maturation of a Field of Research", *Academy of Management Review*, 2014, Vol.39, No.4, pp.412-422.

复杂一些。如前所述,生产经营型小农户由于在生产能力、管理能力、社会关系、承受风险等方面具有优势,从小农户成长为家庭农场的过程存在关系嵌入,成长为家庭农场之后与其他主体之间也存在关系嵌入,这种复杂情况会影响它的嵌入结构。

首先,这些关系嵌入的形成过程是一个不断从外部获取一定数量资源的过程。由于这部分小农户可能最开始是"专业大户",在当地已经是小有名气的能人、名人,这种知名度使他们容易在主体联结型关系延伸中与原本没有联系的第三方建立关系,帮助这部分小农户获得原有社会关系中难以得到的资源,比如原料供应渠道、信贷资金、销售渠道、政商关系等。在这一过程中,起中介作用的主体除了常见的亲戚乡邻之外,更为重要的是乡镇政府的扶持。在小农户发展为家庭农场的过程中,面临的困境主要是"农村金融、保险支持不足,融资难、融资贵和农业保险惠及面有限的问题较普遍;要素成本较高或上升较快,土地租金、雇工成本和农业生产性服务成本侵蚀利润的现象总体上较严重;对农业生产性服务业优质高效发展的需求强烈,农业生产性服务供求矛盾较突出;农村土地流转的稳定性、可得性和基础设施条件较差"[1]。而这些问题和困难的解决,乡镇政府的作用变得尤其突出。通过乡镇政府这一中介关系,在成长为家庭农场的过程中,小农户可以通过政府的推动来获得土地流转上的便利和价格上的优惠,可以通过政府的撮合获得农村金融组织的资金支持,可以通过政府的推荐与合作社和农业企业建立业务关系。笔者在调研中也发现,小农户自成长过程中地方政府的推动和鼓励作用巨大,成为小农户结构嵌入的一个重要中间环节。

一旦生产经营型小农户成长为家庭农场之后,其结构嵌入的方式就会发生变化。在当前,由小农户"升级"而来的家庭农场和其他的小农户还存在千丝万缕的联系,会对周边小农户产生带动作用和形成合作关系,表现为他们采用大致相同技术,生产相同的农产品,让家庭农场代为采购

---

① 姜长云:《龙头企业与农民合作社、家庭农场发展关系研究》,《社会科学战线》2018 年第 2 期。

农资农具，最后将产品交由家庭农场代为销售等。家庭农场与小农户之间的关系网络是由主体联结型关系延伸而来，通常这些小农户就位于家庭农场的周围，相互之间是熟人关系，通过口碑相传从而对该家庭农场产生信任感。这些由小农户成长而来的家庭农场会因为实力不断发展和产品类型的相同性，处于进一步发展的需要而组建农民合作社，或者被已有的农民合作社所吸纳，成为其社员。如果这些农民合作社与农业企业本身存在联结，这些家庭农场就可能通过主体联结型关系延伸与农业企业建立联系。当然这个中介可以是农民合作社，也可能是当地的政府机构的推荐或者纯粹是由当地农户的口碑相传而来。

在主体联结型关系延伸之外，资源需求型关系延伸也是家庭农场进入关系网络的重要动力。如前所说，农业企业一般难以和众多的小农户直接打交道，农业企业一般会选择合适的"代理人"来和小农户进行接触，而兼具生产经营能力和人脉关系能力的家庭农场无疑是一个比较好的选择对象。因此家庭农场和农业企业会出于各自的需要结成较为紧密的关系联结，家庭农场会在农产品的种植推广、技术传播、产量控制、质量监督等诸多方面为农业企业提供中介或者"代理人"服务，而农业企业则会为家庭农场提供部分资金支持、产品技术、销售渠道等便利。

除此之外，如果家庭农场在某些农产品的种养上具有特殊的技术诀窍或者资源优势，比如能生产一些特殊品种的农产品，则这部分家庭农场会引起新型农业经营主体的高度关注，并与其进行深度合作。合作形式包括投资入股、组建新农业经营主体、内部化等方式，从而在任务推动型关系延伸下形成更为复杂的结构嵌入。

生产经营型小农户结构嵌入的过程见图5-3。在第Ⅰ中，生产经营型小农户 a 成长为家庭农场 A，在成长过程中可能会和小农户 b 已经存在关系嵌入，小农户 b 为其提供土地和劳动力资源。家庭农场 A 成立之后，其加入农民合作社 B 成为其社员，建立关系嵌入。在第Ⅱ中，通过小农户 b 的关系延伸，家庭农场 A 又和小农户 f 产生了关系，或者说对小农户 f 产生了带动作用。进一步，由于农民合作社 B 的缘故，原来和合作社

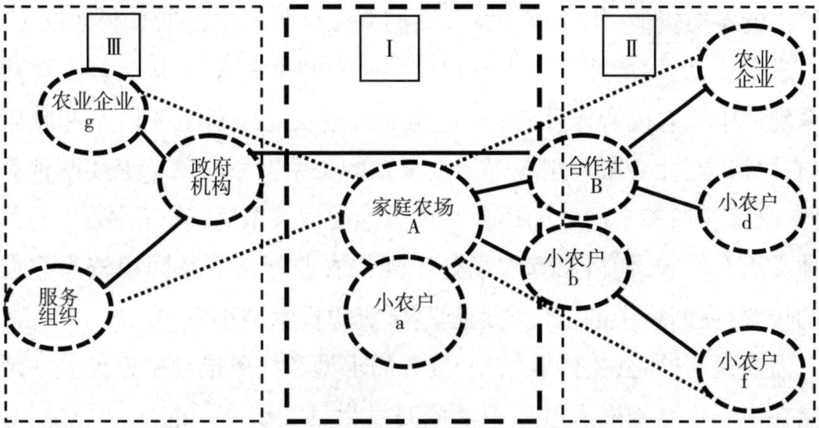

图5-3　生产经营型小农户结构嵌入过程图

有合作关系的农业企业通过合作社接触到了家庭农场 A,其可以直接为农业企业提供农产品以及进行深度合作。在第Ⅲ中,地方政府也可能会通过合作社 B 的关系接触到家庭农场 A,从而将自身所涉及的关系网络嵌入到现有的网络结构之中。从这个过程中可以发现,由小农户成长而来家庭农场在整个网络关系中处于比较中心的位置,其在结构嵌入中的网络地位要高于普通的小农户,部分家庭农场甚至已经具备制造结构洞的能力,能够将两个分离的关系网络整合为一个关系网络,并在其中发挥重要作用,这在任务推动型关系延伸中特别容易出现。

第四节　对嵌入问题的进一步思考

本章从关系延伸视角描绘了小农户在现代农业中从关系嵌入到结构嵌入的路线图。在演进过程中,经济主体间关系延伸是主要推动力,它分为主体联结型、资源需求型和任务推动型三种类型。资源贡献型小农户主要是通过主体联结型和资源需求型关系延伸逐步进入到整个关系网络之中,其中主体联结型关系延伸是源于主体间的"情谊"关系,而资源需求型关系延伸是源于主体间的"利益"关系,二者相辅相成;生产经营型小农户在成长过程中,会通过上述两种关系延伸汇集和组织农业生产经营所需的各类资源,织结成一张关系网并在这张网中占据有利地位。

进一步,由生产经营型小农户成长而来的家庭农场,也会在上述两种关系延伸中和农民合作社、农业企业等新型农业经营主体以及和政府机构、农民协会、社会服务组织等结成复杂的关系网络。除了上述两种关系延伸,家庭农场和它们之间还存在任务推动型关系延伸,三种类型的关系延伸交织在一起,使得家庭农场处于现代农业复杂关系网中较为靠近中心的位置,在网络中的地位要远远高于资源贡献型小农户。

需要说明的是,主体联结型、资源需求型和任务推动型三种关系延伸虽然在小农户结构嵌入过程中是同时发生且交织在一起的,但它们对小农户在结构嵌入过程中地位的形成具有不同的作用。主体联结型关系延伸通常是小农户发生结构嵌入的初始动力,中间人对双方的熟悉程度对这一动力的大小有决定性影响。这一动力会催生以经济利益为目的的资源需求型和任务推动型关系延伸。即"情谊关系"会助推"经济关系"的产生。根据费孝通先生的差序格局理论,主体联结型关系延伸所产生的"情谊关系"影响范围有限,在更为宽广的范围如果要产生结构嵌入,就需要资源需求型和任务推动型关系延伸所形成的"经济关系"推动。这就意味着,仅仅依靠主体联结型关系延伸所形成的结构嵌入中,小农户位置较为边缘,地位较低,辐射范围有限。由小农户成长而来的家庭农场,则会在资源需求型和任务推动型关系延伸所形成的结构嵌入中占据较为有利位置,特别是这种"经济关系"搭建在"情谊关系"基础之上且与"情谊关系"混合在一起时。如果小农户拥有某种特殊资源,且能够与其他主体合作进行某项任务,则会进一步提高小农户在结构嵌入中的地位,甚至使小农户具备制造结构洞的能力。

第六章　小农户在现代农业中的价值创取

现代农业与工业化和城市化相伴而行。现代农业的特征最初体现为农业组织的生产效率、产出效率以及规模经济方面,而当前现代农业正呈现出产业化、市场化和组织化等方面的特征。因此,现代农业的具体特征处于不断变换和呈现之中,这种特征的转变意味着农业生产方式的转变、农产品加工方式的转变、农产品消费方式的转变等。现代农业当前正在经历学者们所说的第二次农业革命[1],以产业为中心的价值链成为推动第二次农业革命最为关键和重要的动力。农业产业化与市场化主要的外部推动因素包括市场需求多元化、技术变革和创新,以及消费者生活方式转变,等等,而商业企业对农业产业的涉足和进入,在现代农业发展过程中既紧密了生产者与消费者的联系,又将农业中各个生产经营主体串联在一起。这种串联使得自给自足的传统小农经济日益瓦解,其不断被卷入社会化之中,既依托价值链创造价值,又通过价值链增值获得利润。[2]

第一节　小农户在现代农业中的价值创造

在现代农业中,农业产业的价值创造不再是单一部门的工作,而是一组围绕农产品生产、初加工、运输、再加工、配送和消费所形成的产业链条,即农业产业价值链。在农业产业价值链之中,这个链条中的任何可能

---

[1]　Thapa G.:《亚洲和拉美地区经济转型过程中小规模农业面临的挑战和机遇》,《中国农村经济》2010 年第 12 期。

[2]　Martin M.A.,"The Future of the World Food System",*Outlook on Agriculture*,2001,Vol. 30,No.1,pp.11–19.

出现价值增值的环节，都会吸引相应的主体切入以及投入相关资源。农业产业价值链的存在为各类农业组织带来了广泛的参与机会和巨大的经济利益。虽然农业产业价值链可以开拓新的产品市场，但新市场对农产品品质的稳定性、品种的丰富性、交易的便利性、交付的及时性等方面都提出了新要求。换言之，农业产业价值链中高附加值农产品的生产对以家庭经营为主、擅长精耕细作的小农户而言是一种机会，如果能够参与其中则可以获利颇多。但这种参与是有条件约束的，高附加值农产品的范围受众较小、异质性强、市场分割明显以及农产品本身所特有的易腐性使农产品价格波动大，这些无疑增加了小农户参与现代农业的风险。而传统小农户资源匮乏，技术传统、信息不足，难以越过这些约束直接进行高附加值农产品的生产。这也是为什么在现代农业中单枪匹马的小农户难以参与其中并分享利益的重要原因。如果小农户在嵌入现代农业基础上，通过参与、发展农民合作组织，采取纵向合作为主、横向合作为辅的方式，鼓励它们与农业企业发展深度协作以及与农村社会组织建立广泛多元合作关系，则有助于消除小农户参与价值链的约束。这也符合世界银行曾提出的促进农业发展的"钻石政策"："（1）提高市场准入，建立有效的价值链，将农业市场的需求和小农生产者联系起来，并沿着价值链环节在农业中创造机会。（2）提高小农户竞争力，方便其进入市场，为小农户的资产禀赋创造有利的环境。（3）提高糊口农业和低技能农村从业者的收入，实现农业劳动力市场和农村非农收入的多元化，降低其脆弱性。（4）通过价值链高价值领域的活动，增加农村劳动力市场的就业机会，提高农民的非农产业的就业技能。"①

一、资源贡献型小农户价值创造

根据第三章的分析框架，稀缺资源将在价值创造中起到更为重要的作用。"劳动是财富之父，土地是财富之母"，在农业产业中由于土地不

———————

① 程传兴、张良悦、赵翠萍：《价值链驱动、土地流转与现代农业发展》，《中州学刊》2012年第5期。

可或缺性使它具有极为重要的价值。在中国农村基本经营制度当中，小农户拥有农地承包权和经营权，对农地这一宝贵资源具有一定的垄断性权利。现代农业在农产品的生产环节需要进行适度的规模经营，这就包括土地资源的适度集中。农地适度集中，首先，对农业生产绩效提高具有正面效应，对农产品产量提高具有较好效果，且能够增加生产者收入[①]，其基本机制是土地规模化能够优化土地与其他资源要素的配置方式，并带来全要素成本节约。[②] 付晓亮分析了2006—2015年四川省农村居民农业生产基本情况和数据，认为适度农地集中能够有效促进农业经营效益提高。其次，土地适度规模经营能够实现规模经济或者规模经济递增。[③] 在早一点的时期，弗莱舍（Fleisher）[④]分析了江西、江苏、吉林、河南和河北5省1200个农户在1987—1988年的调查数据，通过柯布—道格拉斯生产函数估算出农业各项投入要素系数之和为1.45，有着明显的规模收益递增现象。苏旭霞和王秀清[⑤]的研究也发现，山东省莱西市农产品规模弹性分别为1.278和1.268，存在着明显的规模报酬递增现象。最后，农地适度规模经营除了能够提供农业生产效率，提高农户收入之外，还能够影响农户的生产经营行为，使其行为更加审慎、积极与科学。柯福艳等[⑥]以浙江省蔬菜产业为例，证明微观目标下农户适度经营规模要远高于宏观目标下农户适度经营规模，其基本原因除了收入上的提高之外就是对农户行为上的改变。

由于上述三个方面原因，农地适度规模经营可以在农业产业链中实

---

① Kalirajan K.P., Huang Y., "An Alternative Method of Measuring Economic Efficiency: the Case of Grain Production in China", *China Economic Review*, 2004, Vol.7, No.2, pp.193-203.

② 胡初枝、黄贤金：《农户土地经营规模对农业生产绩效的影响分析——基于江苏省铜山县的分析》，《农业技术经济》2007年第6期。

③ 付晓亮：《农业适度规模经营及其效益实证研究——以四川省为例》，《中国农业资源与区划》2017年第5期。

④ Fleisher B.M., Liu Y., "Economies of Scale, Plot Size, Human Capital, and Productivity in Chinese Agriculture", *Quarterly Review of Economics & Finance*, 1992, Vol.32, No.3, pp.112-123.

⑤ 苏旭霞、王秀清：《农用地细碎化与农户粮食生产——以山东省莱西市为例的分析》，《中国农村观察》2002年第3期。

⑥ 柯福艳、徐红玳、毛小报：《土地适度规模经营与农户经营行为特征研究——基于浙江蔬菜产业调查》，《农业现代化研究》2015年第3期。

现更多价值增值。在现代农业中，农地通过新型农业经营主体的适度集中，使它们降低了生产成本、提高了经营效率、增加了收入水平。以前面四川省崇州市的土地共营制为例。一是农产品产量提高。在崇州市2016年实行农业共营制的土地股份合作社水稻产量平均可达39吨/公顷，比周边农户分散经营产量增加0.5—0.6吨/公顷；其小麦产量平均达到4.125吨/公顷，比周边农户分散种植高出1.125吨/公顷。二是农业生产成本降低。以粮食作物种植为例，2016年实行农业共营制的土地股份合作社每公顷每年直接节约生产成本2250元以上。三是增加了土地股份合作社农民收入。据崇州市农村发展局估计，2016年实行农业共营制的土地股份合作社的农户平均增收6000元以上①。换言之，资源贡献型小农户在现代农业中通过流转土地与新型农业经营主体进行价值共创。

从资源基础观来看，农地本身具有独特价值，掌控这种资源的小农户会根据自身情况理性地决定该项资源的使用方式。随着现代经营主体对农地资源的需求量加大，资源贡献型小农户逐步意识到农地价值最大限度的实现方式是"他用"而非"自用"。从经营管理过程来看，这些农地资源自身并不能自动产生更高价值，只有通过农业产业中包括家庭农场、农民合作组织、农业企业、地方政府机构、社会服务机构在内的组织对农地资源进行流转、整合、经营等，才能让农地资源在这一过程中实现价值增值。

除了农地资源以外，资源贡献型小农户为现代农业提供的资源主要还有劳动力。随着城市化不断推进，大量农村青壮年劳动力进入到城市中打工，农村中从事农业生产的主要是45—65岁的中老年劳动力。从笔者调研情况看，新型农业经营主体对农业劳动力的需求特别是在农忙时节其实非常大，也非常需要20—45岁年龄段的青壮年劳动力，但这部分劳动力在笔者调研地方非常少，从其他学者的研究来看，这在全国也属于

---

① 郭铖：《农业共营制效率及其利益相关者筛选、激励机制——基于崇州市的经验分析》，《湖南农业大学学报》（社会科学版）2017年第6期。

普遍现象①,有学者指出"种地农民的平均年龄甚至已经达到 57 岁"②。农村劳动力老龄化首先会带来农业生产效率缺失和农业发展后劲不足。③ 由于老龄劳动力耕种的土地面积以及农业生产中土地和机械的边际产值均低于中青年劳动力,会影响到中国农业生产的规模化、专业化和机械化。④ 老龄化的农业劳动力参与农业生产很大程度上并不是为了谋生,具有很强的兼业性质,其对农业机械的需求意愿不高,也不愿意为了这种兼业性质的收入而采用新的农业技术,对加入合作社等新型农业组织的意愿也不高。

根据马克思主义经济学基本原理,劳动是价值创造的唯一源泉,因此要对农村劳动力在价值创造中的决定性作用引起足够重视。如果能够对农业劳动力进行一定程度的改造和优化,改变他们的思想观念和兼业化的劳作方式,将对农业价值创造起到非常重要的作用。这一过程的关键是资源贡献型小农户受雇于新型农业经营主体,在统一指挥下进行有组织地农业生产劳动,充分发挥其长期积累的农业生产经验和技能知识,逐步转变为职业农民。也正是这样的原因,2012 年"新型职业农民"概念首次进入"中央一号文件",明确提出要"大力培育新型职业农民"。随后连续几年的"中央一号文件"都对培育新型职业农民的方法和任务提出了新要求。一旦职业农民成为中国农业生产领域的主力军,在新型农业经营主体的带动下,农业生产效率得到大幅度提高,从而在农业生产中创造更大价值。农民收入的提高又会形成正向循环效应,只要收入超过城市打工收入,就会进一步吸引青壮年劳动力进入农业生产领域,从而实现更大程度上的价值增值。在上面四川省崇州市的例子中,由于从事农业生

---

① 明娟:《工作转换对农民工就业质量影响的实证分析——基于工作原因、行业、城市转换维度》,《湖南农业大学学报》(社会科学版)2018 年第 1 期。

② 朱启臻、胡方萌:《新型职业农民生成环境的几个问题》,《中国农村经济》2016 年第 10 期。

③ 何凌霄、南永清、张忠根:《老龄化、社会网络与家庭农业经营——来自 CFPS 的证据》,《经济评论》2016 年第 2 期。

④ 徐娜、张莉琴:《劳动力老龄化对中国农业生产效率的影响》,《中国农业大学学报》2014 年第 4 期。

产有利可图，就吸引了大批种植能手、返乡农民工、大中专毕业生来这里从事农业生产活动，并孕育出大批农业职业经理人。2015年，崇州市农业职业经理人达1887人，在土地股份合作社、家庭农场等新型农业经营主体上岗的达823人。① 这些职业经理人的出现和存在，有力地带动了农业共营制发展，对当地农业发展起到了积极的促进作用。

二、生产经营型小农户价值创造

生产经营型小农户在现代农业中的发展路径主要是在现代农业中成长为新型农业经营主体。从资源基础观来看，生产经营型小农户最为关键性的资源还不是土地、劳动力、资金等显性要素，而是与其自身结合在一起不可分离的隐性要素，诸如经营管理能力、风险承受力、企业家精神等。由于其拥有的要素与资源贡献型小农户不同，生产经营型小农户在现代农业中与其他主体进行价值共创的方式和路径也有所不同。

第一，生产经营型小农户成长为家庭农场的过程，本身就是各类资源聚集的过程，其会吸收资源贡献型小农户的土地资源，也会临时雇佣一些农业劳动力作为家庭农场劳动力不足的补充。根据产权经济的基本观点，资源会流向对其利用价值最高的经济主体手中，并在这些主体的利用下产生更大价值，即小农户成长为家庭农场的过程本身就是一个重新配置各类资源，实现农业适度规模化经营、合理组织农业劳动力、优化农业生产经营方式，实现价值增值的过程，也是家庭农场创办者和上述资源的提供者共同实现价值创造的过程。比如在雇佣劳动力方面，家庭农场通常采用"雇工+自用工""长期雇工+季节性雇工+亲戚帮工"等灵活多样的方式，这就为不同类型的农业劳动力提供了时间灵活、方式多元的劳动参与方式，提高了农业劳动参与率，既为家庭农场提供了充足劳动力，又增加了这些被雇佣劳动者的收入。

第二，一旦生产经营型小农户成长为家庭农场，其价值创造方式将更

---

① 郭铖：《农业共营制效率及其利益相关者筛选、激励机制——基于崇州市的经验分析》，《湖南农业大学学报》（社会科学版）2017年第6期。

加多元化。本书第五章在分析生产经营型小农户的嵌入路径时,已经大致显示了价值创造的基本途径:

(1)由于家庭农场之间同质性较高而异质性较低,其更为关心合作社发展战略和日常经营情况,从而减少合作社发展中遇到的"搭便车"现象,交易费用的节约为合作社价值创造打下了良好基础。

(2)在以家庭农场为主的农民合作社中,由于家庭农场生产效率更高,农产品质量更有保证,农产品产量更大,这些都扩大了合作社的发展规模和赢利能力,使得这类型合作社能够和家庭农场一起创造更大价值。

(3)由家庭农场构成的合作社,对内会形成类似产业集群的聚集效应,资源结构趋同、技术方式趋同、产品类型趋同的家庭农场之间通过技术传授、人员流动、经验交流来创造更大价值;对外通过合作社获得物资采购、销售渠道、新技术采用上的便利与合作社共同创造价值。

在与农业企业的合作当中,无论是直接的"小农户+家庭农场+农业企业"还是间接的"小农户+家庭农场+农民合作社+农业企业"形式,家庭农场都在这一关系中起着承前启后的连接作用,特别是和农业企业形成嵌入关系之后,一方面,作为小农户升级版的家庭农场,可以作为农业企业与普通小农户的中介人,带动周围小农户共同发展,形成示范效应和聚集效应,溶解甚至消除小农户与农业企业之间的隔阂,从而实现三者之间的价值共创。另一方面,生产经营型小农户本身也是重要的农业生产单元,是农业企业重要的农产品供应基地。由于双方嵌入关系的形成,其价值创造过程表现为:

(1)技术知识传播和学习机制使双方对农产品生产与加工环节的很多默会知识能够迅速进行交流,技术诀窍能够迅速由一方转移到另一方,甚至在整个产业链中扩散,多主体通过技术提升从而使农产品的产量增加、质量提高、标准化程度提高,实现价值增值。

(2)资金互助机制可以有效实现价值链融资。通过农业产业价值链融资,合作的多方可以将资金信用渗透到整个价值链的各个环节之中,上下游环节信息能够共享。一方面,价值链中进行的资金互助和融通,通常是农业企业向小农户或者家庭农场提供资金支持,可以附带收集经营者信息和识别经营者能力，从而增强合作者之间的双向监督能力。另一方面，这种价值链上的内部信息也可以提供给外部金融机构比如银行、保险、贷款公司等，从而有效解决小农户与金融机构之间信息不对称问题，特别是"价值链融资特有的交易与信贷互联的制度设计天然地具有抵押替代、信息甄别以及违约控制机制"①，有效节省交易费用同时能够帮助小农户以低廉的价格获得生产性资本②。具体而言，生产经营型小农户与农业企业由于嵌入关系会达成一系列契约，这些契约相互依存且不可单独执行，这些契约所涵盖的标的会涉及并不以市场价格为参考的"折扣"或者"优惠"③，这种"折扣"或者"优惠"就成为农户与农业企业之间资金融通的一种形式或者载体，从而使得契约内交易与外部市场之间形成进入或退出壁垒，这样就可以减少农户与农业企业之间无法观测或者无法控制的道德风险问题，从而使双方在相互信任基础上实现价值共创。

（3）人力资源交流机制可以互换组织间人员，实现农业知识与技术更为灵活、迅速地交流与传播，从而提高组织间的反应速度和适应速度，一定程度上解决了"订单农业"中规模不经济问题，人员相互派驻是一种非组织型的"内部化"解决方案，既避免了纵向一体化的种种问题，又可以获得一体化带来的种种便利，从而为组织带来更大共同利益。

（4）组织形式融合机制促使双方共同出资成立新的商业化农业组织，从经营过程看，这一行为本身就是对现有资源进行调配、整合、管理以进行价值创造的过程。从实践中看，双方共同成立新的农业组织的目的也是为了更好地进行合作，谋求更大利润。

第二节　小农户在现代农业中的价值获取

前一节分析了小农户在农业产业中参与价值共同创造的问题，而与

---

① 董翀、钟真、孔祥智：《农户参与价值链融资的效果研究——来自三省千余农户的证据》，《经济问题》2015 年第 3 期。

② 卢昆、马九杰：《农户参与订单农业的行为选择与决定因素实证研究》，《农业技术经济》2010 年第 9 期。

③ 这一实例在本书前面的温氏集团有描述，有兴趣的读者可以参见。

价值创造紧密联系在一起的是价值分配或者价值获取问题。小农户与现代农业有机衔接，小农户更关心一个关键性问题，那就是他们如何在现代农业中获得更多利益，得到更大好处。进一步，不同类型小农户，由于其拥有的资源不同，与现代农业的连接结构和嵌入方式不同以及价值创造方式不同，导致其分享和获取价值的方式也有所区别，下面就从两种不同类型小农户来分别阐述其价值获取过程。

一、资源贡献型小农户价值获取

资源贡献型小农户，其拥有的资源一般是农地、劳动力以及少部分资金，其中农地是最为宝贵的资源。不同资源获取价值的方式略有不同。

（一）农地资源获取价值的途径

从农地资源来看，无论是原先的承包经营权转让，还是当前"三权"分置之后经营权的单独转让，都是获得农地租金收入，其价格全国各地有所不同，大致一年的租金收入为田 700—1000 元/亩，地 400—600 元/亩，林地大概 200—300 元/亩。显然，这种纯粹农地租金收入虽然比较有保障且风险较低，但在小农户户均耕地不足 8 亩的情况下，即使小农户悉数进行流转，户均年收入也就五六千元而已。这就意味着仅仅依靠传统农地转让方式，小农户获得的收益将非常有限，且短期内增长空间不大。再加上农地流转过程中小农户议价能力弱，在这种情况下小农户要么是直接拒绝工商资本租用土地的要求而自己继续低效率使用或者撂荒，要么就是以较低价格将土地流转给周围熟人。无论哪种情况，小农户获得的收益都将是有限的。主要原因是小农户虽然拥有土地承包权和经营权，但小农户的零散性导致其无力与强势的土地需求方进行持续博弈，加上信息上的劣势，使其所获有限。

在现代农业发展过程中，除了通过零散方式流转土地获取租金之外，在土地"三权"分置改革背景下部分地区小农户对农地资源的使用方式出现新趋势。这种趋势主要沿着两条路径展开：一是农地流转以集中化、规模化方式进行；二是农地流转以股份化方式进行。

当前地方政府通常借助集体经济组织的力量，将农地经营权首先从小农户流转过来,集中后统一租赁给新型农业经营主体。由于有地方政府作为组织者或者引导者,且能够掌握大量农地,这种方式有相当的垄断性力量,表现为出让方能够对农地流转方式、农地获得者资格、农地使用方式、农地流转价格等制定规则并进行有效监督。这一状况类似于前述价值分配理论中对"标准"的掌控,使得农地出让方能够有选择性地将农地尽可能转让给能在农业中创造更大价值的经营主体,从而在价值分配中占据优势地位。同时,在价值获取方式上也不再拘泥于传统的、一次性的农地流转费,而是采取农地入股形式,在保证农地保底收入的情况下,与农地租赁者共同分享农业生产经营创造的价值,形成利益共享、风险共担的模式。

这一模式在目前的实践中会出现以下几种具体方式:(1)每年固定租金,但金额逐年上涨。农户由于担心新型农业经营主体经营风险,不愿进行土地入股而只愿意获取固定的土地租金,一般这一固定租金每年会略有上涨。(2)单纯入股分红。这一情况多出现于农民合作社之中,小农户用土地进行出资入股,按照合作社的章程比例分红。这一方式小农户将承担较大经营风险。(3)"固定租金+股份分红"相结合。由于农作物生长有其特殊性,在初始几年一般不会产生任何效益。小农户在此期间为了规避风险会要求经营主体支付固定的土地租金,到了农产品开始产生经济效益之后,小农户才开始接受土地入股分红方式,并采取"固定租金+股份分红"方式来获取收益。这种方式经常出现在价值较高的经济农作物上。(4)"实物分红"形式。这种方式多数出现在地方政府扶贫工作中,将扶贫资金在合作社中进行入股,并将其折算为一定数量的农产品,合作社可以代销后交付现金或者直接交付实物给贫困户。这种方式在一定程度上也是双方进行了风险分担。

(二)劳动力和资金资源获取价值的途径

在现代农业中,高素质劳动力是一项非常重要的资源。资源贡献型小农户在将农地资源输送给现代农业之后,除了进入城市寻找就业机会之外,通常情况就是受雇于家庭农场、农民合作社或者农业企业,成为农业雇佣工人或者职业农民。在现实中,由于农村劳动力市场并不健全和规范,在工资水平、社保缴纳、工伤医疗等方面还无法与城市相比。农业雇佣关系具有临时性,工资通常按日结算,标准约为 60—70 元/天。这种工资水平显然无法对青壮年劳动力形成吸引力,但会受到留守农村的老年劳动力的青睐。这一状况给小农户的价值获取造成了两难困局:一是新型农业经营主体在经营过程中亟须大量且稳定的高素质农业劳动力,但农村中的青壮年劳动力数量少,只有老年劳动力;二是小农户家庭中的青壮年劳动力通常都已进城务工,留守的老年劳动力以临时雇佣工人的身份只能获取较少收入。造成这一局面的原因,主要还是农村劳动力市场发育不完善,缺乏组织性,导致优质劳动力大量流入城市,削弱了在农业中获取价值的能力,又进一步降低了对高素质劳动力的吸引,形成恶性循环。

现代农业的发展无疑为打破这一困局创造了条件。首先,现代农业中的新型农业经营主体的规模化发展,会增加对农业劳动力的需求,这就为小农户创造了更多就业机会。进一步,这会促使这些经营主体通过提高工资的方式来争夺劳动力,从而扩大了小农户的劳动力的价值获取能力。在笔者的调研中发现,一部分农民合作社和农业企业正在面临劳动力匮乏困境,而提高雇佣劳动力的工资是一个大趋势,每年大概以10%—15%的速度增长。

其次,现代农业发展会延伸农业产业链,农产品加工、运输、存储和销售等产业能够为资源贡献型小农户提供广泛且充分的就业岗位,使得小农户由传统的农业劳动力就地转变为现代产业劳动力。由于这些由现代农业延伸出来的产业经营方式更接近于城市工业和服务业,其价值创造方式更加多元化,价值创造能力也更强,这就为更好的价值分配打下了基础。一般而言,这些农业延伸产业中的企业工资能够达到其他产业标准,且这些产业又立足于当地,这对农民特别是返乡农民工非常有吸引力。换言之,现代农业及其相关产业发展,为农户劳动力资源获取价值创造了条件,一部分农民会转变成为职业农民,并在社会保险等方面与城市就业者享受同等待遇。另一部分农民会进入到农业延伸产业中就业,成为标准的产业工人,从而获取比自己从事农业更高的工资收入。

就资金资源而言,由于小农户本身的积累有限,其拥有的资金量较少。这一情况下小农户很难通过资金来获取价值。一般的途径就是在农民合作社中进行少量的出资并占有少量的资金股份,但获得的收益非常少。换言之,资金资源并不是资源贡献型小农户获取价值的主要来源。

二、生产经营型小农户价值获取

(一)价值获取模型

与资源贡献型小农户不同,生产经营型小农户在现代农业中将会向其他经营主体提供农产品。因此双方间的产品交易格局将决定小农户获取价值的多少。本书根据第三章的分析框架,结合数理模型对这一博弈过程进行详细分析。

1. 模型的假设

(1)假设农业产业价值链由上游组织 X 和下游组织 Y 构成,标准化农产品由上游组织提供,下游组织负责销售,是整个产业的终端。

(2)假设组织 X 所生产的产品的价格为 P_X ,组织 Y 对这一农产品的定价为 P_Y 。同时,组织 X 的产量就是组织 Y 的销售数量,即 $Q_X = Q_Y = Q$ 。终端市场中对该农产品的需求函数为 $P_Y = f(Q) = 1 - Q$ 。为简单起见,假定 Y 所面对的是一个完全竞争市场。

(3)假设在价值链中,农产品标准制定者能够决定价格,但这一价格下的产量由另一个组织所决定,以利润最大化为目标。

由上述假设可知,上游组织 X 的利润最大化条件为:

$$P_X = MC_X = MR_X \tag{6-1}$$

在(6-1)式当中, MC_X 表示上游组织 X 的边际成本, MR_X 表示上游组织 X 的边际收益。

下游组织 Y 的利润函数为:

$$\pi_Y = P_Y Q - TC_Y - P_X Q \tag{6-2}$$

其中 π_Y 为组织 Y 的利润, TC_Y 为下游组织 Y 的加工销售产品的总成本。下游组织 Y 的利润最大化条件为:

$$P_X = f(Q) + Q f(Q) - MC_Y \tag{6-3}$$

（4）假设 P_X 是 Q 的单调函数，由（6-3）式令：

$$P_X = \delta(Q) \text{ 或者 } Q = \delta^{-1}(P_X) \tag{6-4}$$

2. 模型的应用

（1）为简单起见，如果价值链上没有任何组织能够掌控标准制定权，则双方都没有定价权，则组织 X 会选择能够实现利润最大化的产量，而下游组织 Y 则根据边际成本等于边际收益的原则去确定最优产量，两者博弈的结果为（6-1）式、（6-3）式联立后的均衡解，令产量博弈的结果 Q_E 满足：

$$f(Q) + Q f(Q) - MC_Y - MC_X = 0 \tag{6-5}$$

当均衡产量为 Q_T 时，此时的均衡价格为 P_T，则：

$$P_T = MC_X(Q_T) = f(Q_T) + Q_T f(Q_T) - MC_Y(Q_T) \tag{6-6}$$

此时，组织 X 的最大利润为：

$$\pi_X = MC_X(Q_T) \times Q_T - TC(Q_T) \tag{6-7}$$

其中，π_X 表示组织 X 的利润，TC 表示组织 X 的总成本。

下游组织 Y 的最大化利润为：

$$\pi_Y = f(Q_T) \times Q_T - MC_X(Q_T) \times Q_T - TC_Y(Q_T) \tag{6-8}$$

从上面的分析可以看出，在上下游组织都没有控制力的情况下，其结果是一个静态的纳什均衡。

（2）在现实的价值链中，上下游组织中一般会有一个组织控制产品标准。现在假定价值链由生产领域驱动，即上游组织控制农产品标准，并因此掌握农产品定价权，而下游组织只能在由上游组织所决定的农产品价格下根据市场需求状况决定自身对农产品的需求量。由于在博弈中上游组织已知下游组织会根据自己的定价来决定最优产量，因此上游组织会根据这一最优产量也就是下游组织对自己农产品的需求量来决定农产品的初始定价。

在动态博弈中，首先下游组织 Y 决定自己能实现利润最大化的产量，其满足（6-3）式。由于在假设中上游组织 X 对农产品具有定价权，因此 X 会根据组织 Y 的产量决策来决定能实现最大化利润的最优定价 P_X。

$$Max\ \pi_X = Max\{P_X \times \delta^{-1}(P_X) - TC_X(\delta^{-1}(P_X))\} \tag{6-9}$$

由(6-9)式可知,利润最大化的条件为:

$$\delta^{-1}(P_X) + P_X \times \varphi^{-1}(P_X) - MC_X \times \varphi^{-1}(P_X) = 0 \tag{6-10}$$

假定上下游组织的成本函数分别为:

$$TC_X = a + C_X \times Q\ TC_Y = b + C_Y \times Q \tag{6-11}$$

其中 a, b 为常数。

根据(6-3)式和(6-11)式,下游组织 Y 利润最大化的产量为:

$$Q = (1 - C_Y - P_X)/2 \tag{6-12}$$

根据(6-10)式、(6-11)式、(6-12)式,则上游组织 X 的利润最大化定价和产量分别为:

$$P_X = 1 + C_X - C_Y \qquad Q_X = (1 - C_X - C_Y)/4 \tag{6-13}$$

则组织 X 和组织 Y 的利润分别为:

$$\pi_{X1} = (1 + C_X - C_Y)^2/8\ \pi_{Y1} = (1 - C_X - C_Y)^2/16 \tag{6-14}$$

如果把情况(2)中的成本函数带到情况(1)中,则可以得到无标准农产品控制权时的利润情况。可以看到,在上游组织控制农产品标准的前提下,上游组织能够获得更大的利润。

(3)在农业产业价值链中,更常见的情况是由下游组织如农业企业通过"订单农业"方式掌握了农产品生产标准,并拥有标准化农产品的定价权,而上游组织如小农户或者家庭农场为了能够融入价值链,只能被动接受这一价格并据此来决定产量。

在动态博弈中,首先上游组织 X 根据下游组织 Y 对标准化农产品的定价来决定自己能实现利润最大化的最优产量。由于在情况(3)中假定下游组织 Y 对标准化的农产品具有定价权,因此组织 Y 会根据组织 X 的产量决策来决定能实现最大化利润的最优定价 P_X。其具体的计算过程与第二种情况同理,这里就不再赘述。在这种情况下,上游组织 X 和下游组织 Y 的利润为:

$$\pi_{X2} = C_X(1 + C_X - C_Y)^2/(8(1 + C_X)^2) \tag{6-15}$$

$$\pi_{Y2} = (1 + C_X)(1 + C_X - C_Y)^2/(4(1 + C_X)^2) \tag{6-16}$$

对比(1)的情况,则可以发现在下游组织控制农产品标准的情况下,下游组织能够获得更大利润。

(二)价值获取的现实过程

从上面模型推演的情况看,在农业产业价值链中,价值链的驱动方通常是农产品标准制定方,在产业链价值获取中将占据优势地位。在中国农业发展中,农产品标准通常由位于价值链下游的农业企业来制定,如果小农户只与其建立简单连接关系,则小农户以及由小农户发展起来的家庭农场在价值链中均将处于被动地位,无法掌控农产品标准,只能根据下游农业企业的指令进行生产,变为农业企业下面的生产车间。这种格局虽然能够保证小农户产品有销路,但却使小农户在整个价值分配与获取中处于不利地位,所得有限。这也是"公司+农户"模式中农户受益不多的主要原因。

但随着小农户不断成长,与农民合作社、农业企业的连接关系会不断深化为嵌入关系,而这种嵌入关系会改变小农户在价值链中的地位和作用,从而带来价值获取格局重构。这一过程具体可以分为两个方面:

第一,生产经营型小农户会组建或者加入农民合作社,并在其中发挥主要作用。由这类型小农户构成的农民合作社,由于其成员数量较少但成员实力更强,发展上会非常注重合作社的品牌化,能够凭借农民合作社这一平台,引进新品种、新技术生产出比较有特色的农产品,并形成有影响力的农产品品牌。这会吸引下游农业企业主动来寻求合作机会。在这一过程中,生产经营型小农户会掌控农产品生产标准,并在一定程度上拥有产品定价权,从而获取更大收益。

第二,在生产经营型小农户与农业企业的嵌入关系中,由于知识技术传播和人才交流机制的催化作用,一方面生产经营型小农户对农业技术的掌握与使用水平会不断提高,这将为小农户生产名特优农产品打下技术基础,并生产出高品质农产品;另一方面也会使得小农户不断了解和熟悉市场信息,能够有目的性地调整农产品品种,进行品牌化经营,开发出适应市场需求的农产品。这两方面会促使小农户成为价值链的驱动方和产品标准的制定者,并在价值链中获取更大利益。

第三,少部分生产经营型小农户在成长过程中,会通过前述的组织融合机制与其他农业经营主体进行资金、技术、社会资本等资源的相互投入,形成新的农业经营主体,并占有一部分股权。这部分农户可以通过股份来分享农业组织的经营收益,并与组织共同成长。

第三节　小农户价值创取的现实案例

前面已勾勒出不同类型小农户价值创造和获取的理论路径,但依然需要在现实世界中找寻这一理论路径的具体实现方式。下面将以重庆市涪陵区国权蔬菜专业合作社为例,结合前述的路径设计来说明小农户在与该合作社的合作关系中是如何进行价值创取的。

一、案例基本情况介绍

重庆市涪陵区马武镇石朝门村是广袤丘陵地区中的一个自然村落。由于地理位置较为偏僻,交通运输不便,全村以农耕为生。全村有2706名村民,其中外出务工人员达1500人,占全村人口总数的55%,村民一直沿袭着传统的农业经营模式。在2010年,全村人均年收入只有4000元,与马武全镇人均年收入6000元相比相差2000元,是个典型的落后贫困村。鉴于这种情况,2010年马武镇响应国家政策与号召,以培育新型农业经营主体为切入点,通过成立家庭农场与农民专业合作社来帮助石朝门村整体脱贫。

在上述背景下,石朝门村村支两委开始积极行动起来。首先,组织村组干部、原有专业大户以及有意愿加入合作社的村民召开会议,确定以家庭农场为主体,以土地承包经营权入股为纽带,发展特色优质农产品,促进农民增收;其次,召开合作社理事会、监事会、社员大会,进行具体部署;再次,选举产生了合作社的理事会、监事会、社员代表,讨论通过了合作社的章程和有关制度;最后,鼓励原有种植大户承包合作社土地,创办家庭农场。2010年8月,涪陵区国权蔬菜专业合作社依法登记注册,主要从事高品质蔬菜种植与销售。

二、价值创取过程与效果

合作社成立之初,合作社和经营者一方面想扩大规模却苦于没有土地;另一方面越来越多的村民进城务工经商或定居,无力经营但又不愿放弃承包地,便粗放经营甚至撂荒土地。为了解决蔬菜种植用地矛盾问题,合作社探索推行"股份合作、保底分红、规模经营"的经营方式。

第一,土地要素股份化。合作社本着产权清晰、利益明确的原则,按不同土地类型,将农户的土地承包经营权合理作价折股作为参加合作社的出资。参照当地土地承包权流转的收益标准,田、地分别作价折股:入股合作社每亩田作价 4000 元、折 2 股,地每亩作价 2000 元、折 1 股。对于农户入股的土地,合作社实行"保底收入+股份分红"制度,每股年保底收入 300 元,然后再根据合作社经营效益参与分红。到 2011 年年底,以地入股的农户已经达 485 户,入股土地面积达 4223 亩。

第二,统一经营组织化。随着入股土地面积的不断增加,合作社把承包到户时分散的地块连接成片,统一规划,发展现代农业项目。合作社开展的服务内容主要包括:(1)保证入股土地保底收入按时支付。(2)解决入股农户与家庭农场经营者的纠纷。(3)开展社员教育。(4)监督家庭农场经营者不改变土地的使用用途。(5)吸收新的以地入股的农户,扩大合作社的社员规模。

第三,培养新型农业经营主体。除了统一经营外,合作社还通过引进、培育农民家庭开展规模经营,鼓励创办家庭农场。村民如果愿意在合作社统一经营管理的土地中划出 30 亩以上的土地从事蔬菜种植,合作社协助其申请创办家庭农场,享受合作社统一服务,承接经营合作社成员入股的承包地。目前合作社已培育发展家庭农场 17 户、经营土地面积 2445 亩,占总面积的 60%。而这 17 家家庭农场,产量占到了整个合作社蔬菜产量的 80%以上,规模效益明显。

经过几年的发展,国权蔬菜专业合作社的经营效益良好,合作社社员收入也得到了很大增加,有力推动了当地农业发展,总结起来体现为以下几个方面:

第一，提高了土地利用效率。合作社采取以地入股，"保底收入+按股分红"机制，不仅为外出村民开辟了管理利用农村承包地的渠道，而且为合作社和家庭经营提供了土地，提高了土地的利用效率，实现了双赢。

第二，推动了产业化经营。合作社发展优质豇豆等蔬菜1200亩，实施稻—芋轮作技术种植水稻洋芋3200亩，发展水稻制种500亩，土地利用效率较传统农业模式大幅度提高，以优质蔬菜和水稻种植为主导产业的高效农业基地雏形基本形成。

第三，提供了就业机会。通过以地入股，留在农村的部分农户放弃了传统家庭经营方式，成为合作社产业基地的农业工人。目前，合作社产业基地常年雇佣当地村民165人，临时用工超过600余人。

第四，增加了农民收入。石朝门村以合作社为平台，承包地入股为纽带，家庭农场为主体，创新了农业经营方式，带来了村民收入多元化增长。据统计，在合作社带动下，石朝门村人均纯收入达到6530元，其中务工收入达3610元、财产收入达1200元，超过所在的马武镇的平均水平，一举摘掉贫困村的帽子。

三、案例的启示和结论

重庆市涪陵区国权蔬菜专业合作社的实践表明，"小农户+家庭农场+农民合作社"的新型农业生产经营模式，完善了农村基本经营制度，在一定程度上实现了小农户与现代农业有机衔接和促进了小农户在现代农业中的价值创取。按照前述分析框架，可以得到以下启示和结论。

第一，资源贡献型小农户与农民合作社等新型农业经营主体的衔接中，是通过优化要素资源配置来创造更大价值的。在上面案例中，蔬菜种植要取得良好的经营效益，必须达到一定规模，而且要进行标准化、统一化管理，原有的分散种植是无法达到这一要求的。为达到这一目标，合作社对周边小农户的资源进行了适度集中。小农户将拥有的分散土地资源流转给合作社，同时一部分小农户也为合作社提供劳动力，在合作社的统一安排和指挥下进行劳作。有了适度规模化的农地、协同一致的劳动力再加上统一的经营管理，该农民合作社才能创造出比原先分散小农户更大的价值。这一过程和结果的主要原因就是小农户资源要素的优化配置。

　　第二,生产经营型小农户与农民合作社等新型农业经营主体的衔接中,是通过优化组织资源配置来创造更大价值的。从案例中可以看到,合作社除了雇佣周边农户进行蔬菜种植之外,还着力培养具有生产经营能力的小农户,通过租用合作社的土地(30亩以上)来成立家庭农场,并在合作社中起到了重要作用。与普通小农户相比,当家庭农场作为合作社社员时,它更能满足合作社对蔬菜种植生产标准和质量要求,也更关心合作社的经营发展状况。更为重要的是,合作社中的家庭农场主之间经常相互交流经验,相互学习蔬菜种植技术,使得家庭农场生产的蔬菜产量大而且品质高。由于只有17家家庭农场,农场主也经常在一起开会讨论合作社发展事宜,积极开辟合作社蔬菜销售渠道,对合作社经营起到了很大帮助。因此,由生产经营型小农户成长而来的家庭农场是合作社的主力军,也是合作社价值创造的主力军。

　　第三,在合作社盈余分配上,不同类型小农户获取价值的方式有所不同。在国权蔬菜专业合作社的案例中,资源贡献型小农户通过资源流转获取收入,其基本形式是"保底收入+风险收入"。但在此案例中,小农户流转土地的保底收入并不高,略低于重庆市土地流转收入的平均水平,小农户主要收入部分是通过按股权分配的风险收入。资源分配型小农户接受这种分配格局的主要原因,是周边小农户对合作社领办人非常熟悉,认可他的业务能力和道德品质,看好合作社的赢利能力和长远发展,双方的关系嵌入在这里发挥了重要作用。从实际效果来看,股权模式既能够部分解决社员劳动监督问题,又能够给农户带来更多收入,是资源贡献型小农户参与价值分配的较好形式。当然,这种模式的前提是合作社经营效益良好,且小农户与合作社之间存在良好的关系嵌入。

　　生产经营型小农户通过创办家庭农场的方式参与到合作社中来,主要功能是进行直接的生产活动和协助合作社的经营管理。由于家庭农场的产量在合作社中占比较大,它们主要是依靠向合作社交纳蔬菜产品以及二次分配中的盈余返还来获取收益。不仅如此,由于这些家庭农场基本具备了"规模性、专业性、类企业性"特征,在蔬菜种植上各有各的优势品种和技术诀窍,能够向合作社提供品种新奇、质量可靠的特色蔬菜,加上合作社的技术支持和宣传拓展,这些特色蔬菜品种很快获得了市场认可,售价高出普通蔬菜30%左右,这部分溢价也成为小农户主要收入来源。换言之,由于生产经营型小农户通过组织资源优化,对农产品(蔬菜)标准有一定控制权,在为合作社创造价值的同时也从合作社中获取了价值。

第四节　对价值创取问题的进一步思考

本章主要分析不同类型小农户在现代农业中的价值创取过程。首先值得说明的是,小农户的价值创取过程会受到他们在现代农业中的嵌入方式影响,本书分析中反复强调和印证了这一观点。

资源贡献型小农户在现代农业中的价值创造逻辑,主要是对拥有的土地、劳动力等资源要素进行优化配置,这种优化的具体方式就是新型农业经营主体通过土地的流转实现适度规模化经营、通过劳动力的雇佣和培训实现劳动生产效率的提高等。小农户与新型农业经营主体之间的社会关系网络对资源配置的优化过程起到了润滑作用,使之更加顺畅。生产经营型小农户在现代农业中的价值创造逻辑,主要是在自成长后实现组织资源的优化配置,这种优化的具体方式就是在与合作社、农业企业等新型农业经营主体的互动过程中依托技术知识传播和学习机制、资金互助机制、人力资源交流机制、组织形式融合机制来实现。这些机制同样要依赖于小农户与新型农业经营主体之间的社会关系网络。但不同的是,资源贡献型小农户在价值共创中,更依赖基于主体联结型驱动的社会关系网络,而生产经营型小农户在价值共创中,更依赖基于资源需求型和任务推动型驱动的社会关系网络。

在价值获取或者分配过程中,小农户受制于价值创造过程,也受制于在结构嵌入中的位置。一般而言,由主体联结型驱动的结构嵌入中,资源贡献型小农户通常处于整个结构的边缘位置,只能获得各类资源要素的固定租金,而由资源需求型推动的结构嵌入中,他们可以凭借股权获得部分盈利,"固定租金+股权分红"是价值获取的常见模式。生产经营型农户在资源需求型和任务推动型驱动的结构嵌入中通常位于更靠近中心位置,获得的是经营性质的收入。由于在结构嵌入中存在位置差异,生产经营型小农户更容易掌控产业价值链中的标准制定权,这是价值获取的关键。

第七章　小农户与现代农业有机衔接的政策选择

　　农业政策的制定与选择,不同学者基于不同的理论,有着不同的看法与观点,其涉及的范围和涵盖的内容非常广泛,从政策类型上看大体上可以分为几类:一类政策涉及农业生产经营所需要的资源,主要是通过对资源的来源、整合、使用以及分配等环节进行优化,比如农地流转政策、农村财政补贴政策、农村金融政策等;一类政策涉及农业生产经营主体,主要是通过对新型农业经营主体的生成、发展、壮大过程进行政策支持,比如对家庭农场、农民合作社以及其他农业经营主体进行扶持,对农业进行人力资本投资等;一类政策涉及农业社会化水平的提高,主要是通过培育和发展多元化的社会化服务组织,比如充分发挥某个村集体经济组织和政府公共服务组织的作用等。[①]

　　无疑,这些政策是从不同方面、不同角度和不同出发点提出的,都在一定程度上推动了中国农村和农业的现代化发展。本章首先会根据前述小农户与现代农业有机衔接的"连接—嵌入—价值创取"路径,构建一个小农户与现代农业有机衔接的评价指标体系,综合前人提出的各类政策,以小农户与现代农业有机衔接的三个动态过程为指引,结合评价指标体系来推动政策选择,特别着重于每个过程的关键点来阐述与之对应的农业政策,从而使得每个环节都能够顺利运转并最大限度地发挥作用,从而有效促进小农户与现代农业有机衔接。

---

① 孔祥智、何安华:《城乡统筹与农业增长方式转变:2001—2010 年的中国农业政策》,《教学与研究》2011 年第 2 期。

第一节　小农户与现代农业有机
衔接的评价指标体系

实现小农户与现代农业有机衔接,是要构建一个以坚持家庭经营制度、保障小农户基本权益为基础的,多种农业社会化服务组织共同参与的多层次生态体系,通过连接、嵌入与价值创取三个紧密联系的动态过程实现农业现代化和乡村振兴的大战略。要促进和提升小农户与现代农业有机衔接的程度和水平,在政策选择和实施上必须要有较强针对性,才能够有利于小农户与现代农业连接结构的建立、嵌入关系的深化和价值创取的优化。

中国当前正处于全面深化改革的关键时期,农村改革面临诸多挑战,推动中国农业现代化是当前刻不容缓的历史性任务。在这一过程当中,应处理好小农户与现代农业之间的关系,确保现代农业中农户家庭经营的基础性地位,激发农村广大小农户的生产积极性。对小农户与现代农业有机衔接的程度进行评价,一方面可以衡量和比较不同地区小农户与现代农业的衔接程度;另一方面也可以总结现代农业发展中的经验和教训,有方向有目的地改善小农户融入现代农业的情况,促进现代农业健康发展。因此,本书在下面将设计和建立一套衡量小农户与现代农业衔接程度的评价体系,以更好地促进小农户与现代农业有机衔接。

一、设计原则

小农户与现代农业有机衔接是一个涵盖内容广泛的概念,涉及小农户与现代农业的诸多方面,为了准确反映两者之间的衔接程度,需要采用数理模型方法,提出一套相对科学、合理、准确、易用的多维度指标体系。

(一)系统性原则

小农户与现代农业有机衔接是一个涉及广泛、综合、系统的范畴,设计和建立的指标体系必须能够反映所研究内容的综合性与系统性,各个指标之间应该有一定的逻辑联系,并进行有序排列,力求能够全面综合地反映小农户与现代农业有机衔接情况。

(二)独立性原则

由于小农户与现代农业有机衔接的指标评价体系所涉及的指标范围比较多，因此一是在构建过程中要加强指标选择的精准性，使指标能够尽可能准确地反映所要研究的问题，尽量做到各个指标之间不重叠；二是指标之间可能具有非常强的联系，导致出现共线性问题，因此在指标选择上应具有独立性，减少相互之间的干扰。

(三)易得性原则

在指标体系的设计上，要方便获取相应的数据资料，才能够保证指标体系的可行性，否则即使指标体系设计得再科学，也会因为无法获得相关资料而失去应用价值。因此在指标设计上，大部分指标所需数据应该能从官方公布的统计资料采集，少部分、个别指标数据可以采取实地调研方式取得，以保证整个指标体系的实用性。①

(四)可比性原则

在指标体系的设计上，为了评价体系能够进行国际上的横向对比以及国内不同省区市、不同地区之间进行比较，统计资料选择的口径、范围应该尽可能一致。

二、结构框架

为了全面、合理、科学地反映小农户与现代农业有机衔接在某一地区的进展情况，在上述四项原则的基础上，根据前面对小农户与现代农业有机衔接的内涵理解和路径框架，按照有机衔接的三个环节，将整个指标体系分解为小农户连接现代农业的状况评价、小农户嵌入现代农业的状况评价，以及小农户在现代农业中价值创取的状况评价三个子系统。在指标选取上，主要参考了相关文献资料，并对文献中使用的指标进行整合和频度统计，选取一批高频度指标，并采用德尔菲法向相关领域的专家征求

---

① 蒋永穆、刘涛：《浅论现代农业产业体系评价指标的构建》，《福建论坛》(人文社会科学版)2012年第12期。

意见,最后确定每个子系统的指标。

（一）小农户与现代农业连接状况评价

小农户与现代农业有机衔接的第一步是小农户要与现代农业的各类经营主体建立联系,这是小农户衔接现代农业的起步阶段。从当前的理论研究和现实情况看,这种连接关系直接体现为两个方面:一是小农户在土地、劳动力、资金等资源要素方面与新型农业经营主体发生关系;二是小农户作为农业最基本的生产单元和组织与新型农业经营主体发生关系。因此该子系统的评价指标分为两类共 9 个可量化影响因子(见表7-1)。一是小农户的资源连接水平,用于评价小农户所提供的资源要素连接到现代农业的程度。可以用土地流转面积、土地流转增长率、从事农业雇佣劳动的天数、非农从业人员比例、投入农业生产的资金数共 5 个影响因子来评价。二是小农户的组织连接水平,用于评价小农户作为农业生产最基本单元连接到现代农业的程度。可以用专业农户比重、家庭农场增长率、农民合作社覆盖率、农业企业数量 4 个影响因子来衡量。

表 7-1　小农户与现代农业连接水平评价指标表

一级指标	二级指标	指标单位
资源连接水平	土地流转面积	亩
	土地流转增长率	%
	从事农业雇佣劳动的天数	天
	非农从业人员比例	%
	投入农业生产的资金数	元
组织连接水平	专业农户比重	%
	家庭农场增长率	%
	农民合作社覆盖率	%
	农业企业数量	家

（二）小农户与现代农业嵌入状况评价

小农户与现代农业有机衔接的第二步是小农户在连接基础上的深入

融合阶段,即嵌入环节。从当前的理论研究和现实情况看,这一嵌入关系直接体现为:一是小农户与新型农业经营主体在资源与产品互换上是否存在信任、"情份"、行政性行为等非经济性因素影响;二是小农户与新型农业经营主体之间是否存在深度合作方式①;三是小农户是否能得到社会服务组织支持②。在这一背景下该子系统的评价指标可以分为2类共8个可量化因子(见表7-2)。一类是小农户与新型农业经营主体在资源与产品互换方式上的独特性,用来衡量小农户的关系嵌入水平。可以用土地流转中非书面契约的比重、农户获得合作对象资金支持的比重、农户获得合作对象技术支持的比重、"订单农业"契约履约率4个影响因子来衡量。另一类是小农户在现代农业体系中得到的支持力度,用来衡量小农户的结构嵌入水平。可用与农户有合作的组织数量、农业技术推广示范基地比重、农业信贷比、农业保险深度4个影响因子来衡量。

表7-2　小农户与现代农业嵌入水平评价指标表

一级指标	二级指标	指标单位
关系嵌入水平	土地流转中非书面契约的比重	%
	农户获得合作对象资金支持的比重	%
	农户获得合作对象技术支持的比重	%
	"订单农业"契约履约率	%
结构嵌入水平	与农户有合作的组织数量	个
	农业技术推广示范基地比重	%
	农业信贷比	%
	农业保险深度	%

(三)小农户在现代农业中价值创取状况评价

小农户与现代农业有机衔接的第三步是在现代农业中进行价值创

---

① 谢家平、刘鲁浩、梁玲等:《农业社会企业价值网络协同机理:社会嵌入视角的实证分析》,《财经研究》2017年第10期。

② 李世杰、刘琼、高健:《关系嵌入、利益联盟与"公司+农户"的组织制度变迁——基于海源公司的案例分析》,《中国农村经济》2018年第2期。

取。从当前的理论研究和现实情况看,小农户价值创造和获取体现为:一是小农户在连接、嵌入现代农业之后,生产方式与过程的变化、生产效率与结果的变化以及市场化程度的变化;二是小农户在利益联结机制中的收入变化、成长速度变化等。在这一背景下,该子系统的评价指标可以分为两类共8个可量化因子(见表7-3)。一类是小农户在现代农业中经营方式与组织方式的变化,用来衡量小农户创造价值的能力。可以用农业生产总值增长率、农产品商品化率、农产品品牌化率、农产品加工业产值与农业总产值比、机耕面积5个影响因子来衡量。另一类是小农户在现代农业中的收益情况,用来衡量小农户获取价值的能力。可以用农户人均可支配收入、农户人均年收入增长率、龙头企业与农户分配比例3个影响因子来衡量。

表7-3　小农户价值创取水平评价指标表

一级指标	二级指标	指标单位
价值创造水平	农业生产总值增长率	%
	农产品商品化率	%
	农产品品牌化率	%
	农产品加工业产值与农业总产值比	%
	机耕面积	%
价值获取水平	农户人均可支配收入	元
	农户人均年收入增长率	%
	龙头企业与农户分配比例	%

(四)指标体系的整体构建

小农户与现代农业有机衔接的指标评价体系是一个有众多指标统计群所构成的整体系统,每项指标对二者有机衔接程度的影响各异,对每项指标的赋权采用熵值法,以确保赋值的客观性(见表7-4)。当然,在进行上述方法之前,应该对上述指标做无量纲的标准化处理。

表7-4 小农户与现代农业有机衔接的评价指标体系表

序号	一级指标	二级指标	三级指标	指标单位	权重
1	小农户连接水平	资源连接水平	土地流转面积	亩	
2			土地流转增长率	%	
3			从事农业雇佣劳动的天数	天	
4			非农从业人员比例	%	
5			投入农业生产的资金数	元	
6		组织连接水平	专业农户比重	%	
7			家庭农场增长率	%	
8			农民合作社覆盖率	%	
9			农业企业数量	家	
10	小农户嵌入水平	关系嵌入水平	土地流转中非书面契约的比重	%	
11			农户获得合作对象资金支持的比重	%	
12			农户获得合作对象技术支持的比重	%	
13			"订单农业"契约履约率	%	
14		结构嵌入水平	与农户有合作的组织数量	个	
15			农业技术推广示范基地比重	%	
16			农业信贷比	%	
17			农业保险深度	%	
18	小农户价值创取水平	价值创造水平	农业生产总值增长率	%	
19			农产品商品化率	%	
20			农产品品牌化率	%	
21			农产品加工业产值与农业总产值比	%	
22			机耕面积	%	
23		价值获取水平	农户人均可支配收入	元	
24			农户人均年收入增长率	%	
25			龙头企业与农户分配比例	%	

三、评价方法

当前研究指标体系评价的方法非常多,常见的有熵值法、层次分析法、DEA 评价法、灰色关联分析法等。为了保证各个指标赋权的客观性,本书采用熵值法。

熵值法是一种客观赋权法,其根据各项指标观测值所提供信息的大小来确定指标权重。如果有 m 个待评项目,n 项评价指标,则形成原始指标数据矩阵 $X = (x_{ij})_{m*n}$,对于某项指标 x_j,指标值 x_{ij} 差距越大,则该指标在综合评价中所起的作用越大;如果某项指标的值全部相等,则该指标在综合评价中不起作用。[①] 熵值法的基本步骤为:

(1)先将收集到的原始数据进行离差标准化处理。为了避免标准化后数据取对数无效,对标准化后的数据进行幅度为 1 的平移处理。

正向指标: $x_{ij} = (x_j - \min\{x_j\})/(\max\{x_j\} - \min\{x_j\}) + 1$

负向指标: $x_{ij} = (\max\{x_j\} - x_j)/(\max\{x_j\} - \min\{x_j\}) + 1$

其中,x_{ij} 为经过离差标准化的标准数据,x_j 为指标项,$\max\{x_j\}$ 为某一年中某一指标中的最大值,$\min\{x_j\}$ 为某一年中某一指标中的最小值,i 为年份,j 为指标项。

(2)计算第 i 年第 j 项指标所占的比重。

$$p_{ij} = \sum_{i=1}^{m} x_{ij}$$,其中 m 为年数。

(3)计算第 j 项指标的熵值。

$$e_j = -k \sum_{i=1}^{m} p_{ij} * \ln(p_{ij})$$,$k = 1/\ln h$,其中 h 为样本数。

(4)计算第 j 项指标的变异系数。

$$g_j = 1 - e_j$$

(5)计算第 j 项指标的权重。

$$w_j = g_j / \sum_{j=1}^{n} g_j$$,其中 n 为具体指标的数量。

---

① 　叶浩、刘云:《金融系统性风险述论》,《国际研究参考》2018 年第 6 期。

（6）计算小农户与现代农业有机衔接情况的总得分。

$$T_i = 100 \sum_{i=1}^{m} w_j \, p_{ij}$$

本部分采用定性与定量的方法构建了衡量小农户与现代农业有机衔接的评价指标体系和评价方法，以后可以从统计角度解释两者的衔接状况以及演进趋势，可以用来对一个国家和地区小农户与现代农业有机衔接的程度进行评价，认识和发现不足之处和改进路径，为制定该地区的相关政策提供科学依据。

第二节　巩固小农户与现代农业的连接结构

第四章详细论述了小农户与现代农业的连接路径。小农户在现代农业中的连接对象、连接工具以及它们共同形成的连接结构是这一路径中的关键点，也是形成二者连接关系的主要内容。因此，巩固小农户与现代农业连接关系的政策措施也将围绕上述内容展开。

一、充分发挥小农户资源优势，夯实小农户的连接基础

拥有一定数量现代农业生产不可或缺的资源要素是小农户连接现代农业的前提。从前面分析可以看出，小农户拥有的资源主要是土地、劳动力和少量资金。因此确立小农户拥有上述资源的权利，增加小农户资源的数量和质量，并提高它们的使用效率是小农户连接现代农业的基础。

（一）推进"三权"分置改革，搞活农地流转工作

目前，农地资源是小农户所掌握的最为宝贵、最为重要的资源，其政策安排会对小农户与现代农业的关系产生重要影响。国家实行的农村土地所有权、承包权和经营权的"三权"分置，目的就是要在稳定农村土地所有权和承包权的基础之上，放活农地经营权，让小农户拥有的土地资源变为资产并参与农业生产经营过程。众所周知，由于农地承包权在当前农户的思想观念中有着重要的社会保障功能，是很多小农户的"心理底线"，也是其在城市就业失败后的"退路"。这一状况使得小农户与现代

农业进行连接时,土地无法进行顺畅流转,表现为农户不愿进行长期土地流转,土地流转多为转包或者出租方式,而不是采取转让、互换等失去土地承包经营权的方式进行。因此,农地的"三权"分置改革顺应了农民要求继续拥有和保留承包权、流转经营权的迫切愿望,是中国农村改革又一个重大制度创新。农地的"三权"分置改革,一方面有利于完善农村基本经营制度,坚持家庭经营的基础性地位,明细农地的产权关系,兼顾了农民集体、个体农户和新型农业经营主体三方利益;另一方面也有利于小农户高效顺畅地利用手中的农地资源,促进新型农业经营体系的生成与完善,发展多元化的适度规模经营形式,提高农地产出率、劳动生产率和资源利用率,推动现代农业发展。推进农地"三权"分置工作的具体措施,包括落实农地集体所有权、稳定农户承包权和放活农地经营权三个方面。

落实农地集体所有权,一是积极稳妥地推进农村集体所有权的确权颁证工作,明晰农地所有权的权利主体,壮大和发展农村经济组织的实力与话语权,为农地的集中化、规模化流转打下坚实基础;二是在明确农地所有权归属于农村集体经济组织的基础之上,发挥集体经济组织在农地流转过程中的组织与协调作用,增强小农户在土地流转中的话语权,保护小农户在土地流转中的合法权利,在村委会的共同作用下促进农地资源高效流转;三是构建农地流转监督管理机制,农地流转的方式、用途、对象、规模要符合国家相关政策规定,要向全体农户说明和公示,并获得农户们的衷心拥戴,特别是要保护小农户的合法权利,要坚持自愿原则,不能因为政绩需要就盲目推进农地流转。

稳定农地承包权,一是要明确农地承包权作为一种成员权,其只能归属于集体经济组织内部成员,组织之外的其他人一律不得非法获得农地承包权,这一原则应严格坚持。二是要通过土地确权,严格区分农地承包权与经营权,明确不同层次土地权利之间的关系,防止承包权与经营权之间产生混淆与模糊。特别是在进行农地抵押时,要明确指出抵押物是农地经营权而非承包权,防止其中的风险。三是要尽快完善相关法律法规,阐明"土地承包关系稳定并长久不变"的具体内容,在全社会形成对农地承包权的统一认识。

放活农地经营权，就是要"允许农户将土地经营权依法自愿配置给有经营意愿和经营能力的主体，发展多种形式的适度规模经营"。从本质上看，放活农地经营权就是要完善土地要素的市场化配置，推动农地承包权的拥有者与经营权的需求者之间的动态匹配，提高农地使用效率和使用价值。放活农地经营权，一是要做好农地流转的基础性工作，其中最为重要的就是农地经营权的确权工作。各个地区应该成立专门的农地经营权登记工作小组，制定和出台专门的农地经营权管理规章，明确农地经营权确权颁证的条件和程序。在农地流转过程中，要由当地政府主要领导担任农地流转工作负责人，对辖区内农地经营权流转管理工作进行专项指导、协调与监督，实时解决土地流转过程中出现的各种问题。二是要积极探索多元化的农地经营权流转模式，深入分析农地托管、联耕联种、农地经营权互换，以及农地经营权抵押、农地经营权入股等模式的利弊，根据各个地区的实际情况灵活采用农地经营权的流转模式，最大限度地提高农地流转效率。三是要建立健全农地经营权流转的服务保障机制，主要包括建立农地经营权流转的中介机构，强化流转服务的平台建设，规范农户土地经营权流转的业务流程，防范强势主体对农地流转行为的寻租性干预与控制。

（二）稳固农村劳动力队伍，培育现代化的职业农民

小农户除了拥有农地这一重要资源之外，另一重要的资源就是劳动力，即"谁来种地"的问题在现代化农业的发展过程中变得日益重要。中国农村劳动力由于受城市化进程影响，以老年、妇女和儿童居多，整体留守人群呈老龄化趋势，青壮年劳动力不足，整体素质和劳动技能较差。农业劳动力的总体状况不利于小农户进入现代农业体系，阻碍了劳动力资源向现代农业输送。因此，从促进小农户与现代农业有机衔接的目的出发，应采取措施来强化小农户与现代农业在劳动力资源方面的连接。

一是增强农民职业认同感。强化农民的职业性质教育，其内容包括让小农户了解现代农业的自然性质、经济性质和社会性质，特别是现代农业在新时代中国特色社会主义市场经济中的地位、作用、功能，要让小农户有深刻了解，从而让小农户明确自身在现代农业中的责任，增强小农户

从事农业的职业自豪感和荣誉感。

二是强化农业实用技术培训。现代农业中的职业农民是农业科技的学习者、使用者和创造者。因此要成为现代农业中的合格劳动力，就必须掌握农业科学知识和农业实用技术。应加强小农户生产实用技术、市场营销技术、农产品加工技术、电脑和网络技术、农业政策与法规以及文化基础知识等方面的传授和教育。

三是引导农户成为管理者。现代农业有两个重要发展方向：一是生态型农业；二是功能型农业。因此在进行小农户农业教育中，要向他们灌输这种理念。在生态农业方面，要向小农户宣传"保护生态环境、合理施肥、节约用水、保持土地肥力、循环利用能量等"[①]生态理念；在功能性农业方面，要让小农户了解到现代农业不仅具有生产功能，还具有生态保护功能、旅游休闲功能、文化传承功能等。从前面的分析可以看出，生产经营型小农户的最佳成长路径是变为家庭农场，这些家庭农场会再次联合成为农民合作社。因此对于小农户的知识文化传授，不仅限于农业生产技术方面，还应延伸到组织的运营管理、财务管理、营销战略、人力资源管理、风险控制等诸多方面，新型职业农民不仅是一个生产者，更是一个经营者。

（三）多渠道增加农户收入，提高小农户的资金保有量

除了农地和劳动力之外，资金在现代农业中的作用依然非常重要。在与新型农业经营主体建立合作关系时，资金入股是一种常见方式。中国小农户家庭可支配收入有限，家庭储蓄不多，可用于农业生产经营的资金数额少，资金资源一直是小农户连接现代农业的薄弱环节。因此要增加小农户家庭的资金，就需要通过多种渠道来增加小农户收入。

一是在农民的经营性收入上，现阶段主要是鼓励农户进行适度规模经营，在社会化服务组织带动下，降低农业生产成本、采用农业新技术、开发新品种、提高赢利空间，通过增加从事农业生产的收益来增加收入。同

---

① 朱启臻、胡方萌：《新型职业农民生成环境的几个问题》，《中国农村经济》2016年第10期。

时也要完善农业产业链中的利益分享机制，让更多农户更好地受益。

二是在农民的工资性收入上，主要是要利用一、二、三产业融合机会，大力发展农村二、三产业，以休闲农业、田园旅游等方式增加农民就业机会，扩展增收空间。

三是在农民财产性收入上，着力点就是给予农民更多财产权利。首先是通过农地"三权"分置工作，在农地承包权和经营权上下功夫，特别是要积极探索承包权抵押模式和机制；其次是要发展和壮大村集体经济实力，将闲置资产通过股份投资方式重新利用，使农民更好地享受集体收益的分配权。

四是在转移性收入上，要将中央各种惠农支农政策真正落到实处，进一步建立健全农业支持保护体系，精准化农业补贴制度，开辟城乡资源交流通道并重点向农村地区倾斜，提升农民转移性收入。

二、培育多元化农业经营主体，差异化连接对象的功能

小农户与现代农业是通过新型农业经营主体连接的，应充分发挥家庭农场的生产作用、专业合作社的平台作用和农业企业的带头作用，切实有效采取相应政策措施来发展和培育小农户的连接对象，使其各司其职。

（一）发挥家庭农场在衔接过程中的生产作用

家庭农场是现代农业中家庭经营的最优形式，也是生产经营型小农户在现代农业中成长的必由之路，在现代农业经营体系中占据着重要地位。对于家庭农场发展，一是要大力向广大小农户宣传家庭农场在现代农业中的优势，鼓励和引导有能力的小农户通过资源集中来创建家庭农场，升级原有家庭生产经营模式，让家庭农场成为农业生产中最基本的单元和形式。二是要不断提高家庭农场的经营管理水平，走标准化、集约化、品牌化的生产经营之路。具体而言，要制定好农产品产前、产中、产后各个环节的技术要求和操作规范，开展全程质量控制，特别是要大力推行农产品标准化，这些标准包括品种标准、品质标准、检测标准、包装标准等。三是要完善针对家庭农场的财政金融和税收扶持政策。在财政支持方面，地方财政的支农项目应专门向家庭农场倾斜，通过法规留出固定比

例用于家庭农场发展项目,利用土地平整、灌溉系统修建、农业科技开发等方式或环节,促进家庭农场规范化成立、标准化生产和品牌化建设。在金融支持方面,要鼓励商业金融机构对登记注册的家庭农场特别是示范性家庭农场在融资贷款方面给予更多支持和优惠,结合政策性金融提供的低息资金为家庭农场发展提供更多资金支持。在税收支持方面,应参照小微农业企业标准对家庭农场实行税收优惠,采用最低税率甚至免税政策,减轻家庭农场成本支出。四是要走大宗农产品与特色农产品结合发展之路。家庭农场作为最基本生产单元,不同地区条件不同,发展方式也有所不同。部分地区主要进行大豆、稻谷、玉米等大宗农产品生产,对于这部分家庭农场,规模化与标准化尤其重要。规模化能够有效增加大宗农产品产量,降低农产品成本,从而增强农产品市场竞争力。标准化能够促进农产品符合一般性市场标准,更好促进家庭农场生产产品与市场接轨,与同类大宗农产品在同一标准下竞争。对于这种类型家庭农场,地方政府首先是要做好土地流转工作,在尊重农民意愿的基础上,切实促进各类资源向家庭农场集中,为家庭农场实现规模化经营打下基础。其次是要向家庭农场宣传和灌输农产品的市场标准,组织农户学习标准化程序的制定方式,并对实行标准化生产的家庭农场给予奖励。部分地区主要进行水果、药材、畜禽等特色农产品生产,对于这部分家庭农场,特色化与差异化是重心。这就需要在政府组织和带动下,广泛收集市场信息,在熟悉农产品现有结构的基础之上,聘请农业技术专家出谋划策,共同开发市场前景好的新型农产品,拓展家庭农场产品线和产品结构,形成差异化竞争。

(二)发挥农民合作社在衔接过程中的平台作用

农民合作社作为小农户的连接对象,其主要作用一是对农地、劳动力和资金资源等进行组织,使得分散的各类资源汇聚于合作社,从而实现资源有效配置与利用;二是对作为生产单元的家庭农场进行组织,使得分散家庭农场的生产行为能够协调统一于合作社,从而更好地实现农产品生产的规模化、标准化、品牌化和市场化。

因此在农民合作社发展的主要政策措施上,一要发展多元化、多类型的新型合作社,如土地股份合作社、农机合作社、内部信用合作社、加工运输合作社、联合社等,不断拓宽合作范围和领域,增强合作社汇聚农业资源的能力。地方政府要充分了解和发挥当地的特点和优势,选择行之有效的合作对象和合作机制,实现区域内小农户资源在集中基础上的合理化、高效化使用。

二要强化农民合作社,加强内部管理制度的规范性,既要回应农民合作社中核心农户的利益诉求,又要兼顾普通农户的合作需求,平衡异质性农户之间的利益天平,引导农民合作社进行民主管理、民主监督,逐步改变当前合作社的成员结构,在增强单个成员实力的基础上适当减少农民合作社成员数量,充分发挥每个合作社成员的积极性。同时,农民合作社要在"民办、民管、民受益"的大前提下,遵循合作社根本理念,遵循新时代特色社会主义市场经济的基本原则,健全农民合作社的理事会、监事会、社员民主大会等内部管理机构,纠正"合作社性质偏离"倾向[1],健全合作社的财务管理、人事管理、利润分配等制度,对合作社进行现代企业化管理。在成员异质性还比较明显的现实情况下,农民合作社在利益分配上要将按资分红和盈利返还相结合,加大公共资本对农民合作社的投入力度,抑制商业资本对农户利益的过度侵蚀。

三要创建农民合作社品牌。与单个家庭农场相比,农民合作社具备更强的实力,有独立面对大市场的可能性,因此合作社所面对的问题不仅仅是生产问题,更重要的是农产品营销问题。因此新型合作社在品牌建设方面,首先,要总结合作社在品牌发展的经验和教训,特别是成功合作社在品牌建设方面的先进做法,树立合作社品牌建设意识,制定合作社品牌政策、品牌设计、品牌信息、品牌战略。其次,要充分利用信息技术,通过互联网等主流媒体大力宣传、推介合作社特色产品和品牌,增强合作社的辨识度,树立农产品的良好形象和口碑,形成差异化竞争策略。再次,要利用大数据平台,收集消费者对农产品偏好,有针对性地进行宣传,培养和增强消费者对农产品的品牌意识,引导消费者的习惯与行为。最后

---

① 秦愚、苗彤彤:《合作社的本质规定性》,《农业经济问题》2017 年第 4 期。

要搭建品牌营销平台,各级地方政府、职能部门要大力探索品牌农产品营销渠道,支持合作社通过网络等现代化的营销渠道销售其产品。

(三)发挥农业企业在衔接过程中的带头作用

农业企业处于整个连接链条的最前端,是整个连接结构发展的引擎。从稳定连接结构、优化连接结构的目的出发,一是要深入研究农产品市场状况,发现和开发适合市场需求的农产品,并将这一信息传导至整个连接结构之中,带动产业链上包括小农户在内的所有农业生产经营主体的发展,成为广大农户可以信赖的领军者。二是要稳定小农户与农业企业的连接,依靠社会声誉机制,解决二者之间因为信息不对称和契约不完全所导致的机会主义行为。因此对于农业企业而言,应摒弃短期逐利行为,采取适当的措施让利于小农户,为自身的长远发展建立良好的声誉基础,从而赢得小农户的长期信任。三是要农业企业在供给侧结构性改革的大背景下,要尽快实现转型升级,优化企业的产品结构,充分利用企业的技术优势、资金实力和管理能力,专注于高附加值农产品的生产与加工,为产业链中包括小农户在内的各个主体开辟共同赢利的空间,稳定它们之间的利益联结关系。

第三节　深化小农户与现代农业的嵌入关系

第五章详细阐述了小农户在现代农业中的嵌入路径,小农户与现代农业的各种经营主体的关系嵌入以及由此发展出的结构嵌入是这一路径的关键。因此,深化小农户与现代农业嵌入关系的政策措施的着眼点在于促进小农户与新型农业经营主体嵌入关系的生成,并在此基础上小农户逐步在结构嵌入中占据相对优势地位,从而稳固小农户与现代农业的有机衔接。

一、培养宣传农村能人,造就深化小农户嵌入关系的个人载体

从前面的理论分析中可以看出,新型农业经营主体之间错综复杂的

社会关系网络的形成，主要由经营主体之间的熟人关系来推动，这就意味着这些组织背后的各个主体间的情感认同与个体信任在社会关系网络中发挥着非常重要的作用。深化小农户在现代农业的嵌入程度时，要特别重视人与人的关系。在农村地区，小农户与现代农业嵌入关系的起点就是人与人之间的社会关系网络，特别是广大的小农户与农村中的能人之间的关系。在农业现代化的进程中，农村能人一般有四种类型：一是"科技创新型"，即带头推广应用新品种、新技术、新成果，或运用掌握的技术和管理知识开展科普宣传、技术培训、技术指导、农业信息服务，自身经济效益较好，辐射带动能力强的种养能手。二是"中介服务型"，即熟悉农产品市场营销规则，掌握农村市场发展规律，带领农民开拓市场，为农业生产提供农业信息、咨询服务、市场流通和产品营销服务的农村经纪人。三是"经营管理型"，即运用农业产业化、农业品牌等新思维，领办或创办合作组织、产业协会，发展民营企业等，盘活农村集体资产，在项目建设、产业发展等方面发挥带动作用和示范效应的能人。四是"强村带动型"，即具有一定政治头脑，带领群众发展富民产业、兴办公益事业、加强基础设施建设，改善农村现状面貌，凝聚群众力量，化解干群矛盾，促进社会和谐的村级组织带头人。上述四种能人往往成为众多小农户资源汇聚的节点，也成为这个农村网络关系的节点。因此如何更好地发挥农村能人作用，对于小农户在现代农业中的嵌入关系的形成和深化有着至关重要的影响。基于此，作为这一嵌入关系的个人载体，政策措施要从以下几个方面展开。

一是要注重农村能人的示范效应对社会关系网络的建立作用。那些具有种养经验、管理能力、农业技术能力、德才兼备的农村能人，是广大小农户学习的样本和标杆，这是中国乡村中存在的简单、实用、有效的学习机制。因此加大对这部分能人的宣传，培养一大批农村能人，对于农村社会关系网络的形成和深化大有裨益。

二是要形成合理的农村能人队伍结构。要大力培养和启用农村的各类专业能人，特别是那些具有丰富农业技术诀窍和广泛社会关系的人才，形成一批规模化、专业化、效率化的乡村人才队伍；要发展包括乡镇干部、创业能人、乡村德高望重之人相结合的农村能人综合模式,形成讲政治、有热情、愿奉献、能创新的多元人才队伍;要多方吸纳懂农产品研发创新、懂农业生产管理、懂农业生产技术、懂农产品存贮运输、懂农产品营销策略的农村能人,促进农业生产和农业产业发展。

三是要加大对农村能人能力培养的投入。主要是要采用政府补贴和购买的方式,通过社会办学力量,为农村能人提供素质提高和能力增强的空间和条件。在考核地方政府政绩时,应把农村人才培养数量指标和质量指标纳入考虑范围,促使地方政府加大投入;在财政资金上应有专项列支用于农村人才培养工作,且形式上应该多样化,既可以采取讲授农业技术知识、经营管理知识等方式,也可以采用外出实地考察交流的形式,理论知识与实际操作密切结合。

四是要建立农村能人与广大小农户的互动交流机制。农村能人将自己的先进经验和知识定期向小农户传授,增进二者之间的情感,通过能人们带头领办合办合作社、产业协会和互助社等形式,能够更有效地吸纳有发展潜力的小农户加入,减少二者之间的合作成本,将二者的关系建立在非经济利益因素之上,从而深化小农户的嵌入程度。

二、优先发展家庭农场,造就深化小农户嵌入关系的组织载体

人与人之间的关系只是农村社会经济中嵌入关系形成的起点,是小农户嵌入关系的初级形态。在现代农业中,错综复杂的社会关系网络是在各类农业组织之间进行编织的,各类农业生产经营主体的交往与联系是形成社会关系网络的主要方式。因此小农户要进一步深度嵌入现代农业之中,就需要在人与人关系的基础之上,将小农户融合进组织之中,并通过组织作用来实现这一目的。

在前文分析中,家庭农场在小农户嵌入现代农业这一过程中扮演着承上启下的重要角色。"承上"指家庭农场与小农户有着天然的紧密联系,有利于嵌入关系发展。家庭农场一般是由生产经营型小农户也就是一大部分农村能人所创建,其与众多小农户的私人关系将内化于家庭农

场之中，通过家庭农场对周边农户的带动作用，在农村传统的亲缘、地缘基础之上进一步发展出业缘；"启下"是指家庭农场是农民合作社等农村合作组织的最合适参与者，"小农户—家庭农场—合作组织"的连接结构更能滋生和发展出嵌入关系，而家庭农户也易于在结构型嵌入中占据有利地位。正是因为家庭农场在现代农业中的特殊作用，它是深化小农户在现代农业中嵌入关系的关键组织载体，着力优先发展家庭农场是促进小农户与现代农业有机衔接的必然选择。具体可从以下政策措施着手：

一是要明确家庭农场经营主体。从坚持中国农村基本经营制度的目的出发，中国家庭农场的经营主体应该是农户家庭，而不能是外部工商资本所有者；在家庭农场的创办者上，应该是踏踏实实从事农业生产的小农户，其本身在农村地区具有一定的威望和公信力，拥有较多社会资本，使其有能力带动其他小农户深化嵌入关系之中。

二是要规范家庭农场的形式，补充相应的"软性"标准。家庭农场是2013年提出来的新生事物，当前农业农村部对于家庭农场的基本原则和运行方式都还处于摸索阶段，并没有出台具体统一的认定标准，是由各个地方根据当地实际情况自行制定认定标准和注册登记办法。在现实中，大多数地方对家庭农场的认定标准一般都包括经营规模、注册资金、土地规模等，基本上都是从"硬件"方面做了规定。为了增强家庭农场在社会关系网络中的作用，除了这些硬性规定之外，还应该增加一些软性指标和标准，比如创办者过往的农业经验、创办者的社会声望口碑、创办者对周边农户的带动情况等，作为家庭农场认定或者评选优秀时候的参考，真正发挥家庭农场的作用。

三是要优化家庭农场的资源来源和结构。在农地资源方面，除了要加快农地"三权"分置工作之外，在农地流转具体方式上，应该主要采用农地自发流转。土地自发流转是由于人口流动、农民分化引起的农地在熟人之间、乡邻之间的流转，是一种流转成本低、对社会负面影响小的流转方式，这种流转方式有利于家庭农场的培育。一方面，由于社会关系网络原因，熟人之间农地流转成本较低，可以减轻家庭农场发展负担，有利于家庭农场健康发展；另一方面，自发流转中出让土地的农民一般都在城市中能获得稳定的非农就业收入,恋土情节弱化,这个时候政府主要工作和责任就是制定合理的土地流转规则,保障土地流转顺利进行。在劳动力资源方面,家庭农场以家庭劳动力为主,但可适当雇佣少量劳动力进行辅助性农业生产活动。对于这部分临时性劳动力,一方面,要鼓励家庭农场雇佣周边邻近的劳动力,特别是那些提供了农地资源的小农户,这样既可以为他们提供就业机会,减少劳动力浪费,又有利于农地顺利流转,减少流转阻力;另一方面,也要鼓励家庭农场雇佣一部分有技术、有文化、有知识的青壮年劳动力,有意识培养他们成为家庭农场中的职业农民,使其与家庭农场共同发展,结成更为紧密的关系。在资金资源方面,除了家庭农场的自有资金之外,要形成多元化、多形式的家庭农场筹资途径。首先,积极鼓励家庭农场通过农村地区自发的民间借贷来获取生产经营资金,"这种金融借贷主要是以互惠为主,体现血缘群体间的伦理关系与人情庇护,较少收取利息,即便收取利息,也是以低息为主"①。这种民间自发借贷不仅可以使得家庭农场获得成本低廉的资金,也可以使得小农户与家庭农场的关系变得更加紧密。其次,鼓励家庭农场以入股形式来获取发展资金。以适度资金入股方式发展家庭农场,可以实现家庭农场所有权与经营权分离,既解决了家庭农场发展中的资金难题,让农户专注于农场发展,又让实力弱小的小农户通过少量出资就能够分享家庭农场收益,同时解决了小农户入股农民合作社所导致的监督问题和利益容易受到侵犯的难题,使小农户与家庭农场更容易结成利益联合体,深化双方的嵌入关系。

四是要完善家庭农场与小农户的互动环境。小农户嵌入现代农业中的重要中介点就是家庭农场,因此完善二者的互动关系将有利于小农户在现代农业中的嵌入和价值创取过程。首先,要注重家庭农场的示范效应,对于特色家庭农场、示范家庭农场,要进行大力宣传,树立为当地榜样;其次,对于能够带动周边小农户的家庭农场要给予政策上的优惠和支

---

① 任芄兴、陈东平:《农村民间借贷行为中农户社会资本匹配研究——关系嵌入视角》,《现代财经》2014 年第 9 期。

持,特别是要专门出台税收优惠政策,对于达到一定带动标准的家庭农场,进行税收上的优惠和减免;再次,要定期安排和组织家庭农场负责人对周边小农户进行培训,传授家庭农场的生产技术知识和经营管理经验,引导小农户按照家庭农场标准安排农业生产;最后,家庭农场与周边小农户的矛盾与纠纷,乡镇政府要本着公平公正的原则,及时处理和解决,实现双方合作共赢。

五是要加强基础设施建设力度。针对中国农业中土地零碎、交通不便、农田基础设施条件较差的现实情况,加大投入力度,加强对农田基础设施的建设与维护,加强抗旱、防汛、基层服务等组织机构建设。农经、国土、水利、科技、交通等部门须重点面向家庭农场加强水利水电、通信网络、交通道路的建设,修建临时设施,为农产品仓储、加工、运输等提供便利,改善家庭农场的经营条件。

三、健全合作互助机制,造就深化小农户嵌入关系的制度载体

现代市场经济体系的参与主体是多种形式的组织,而经济体系的正常运转要依靠不同组织之间的合作行为来共同维持和推动。传统农业之所以效率低下,一个重要原因就是农户之间缺乏规模化、经常化和系统化的合作行为,导致各种资源在农户之间交流受限,难以产生专业化分工。因此有意识地触发农村合作互助行为,推动农村合作组织的建设对小农户嵌入现代农业具有重要意义。依靠农村"熟人社会"触发合作行动,并在此基础之上发展各类农民合作组织,可以为组织成员提供交流场所和机会,发展小农户的社会关系网络。在发展农民合作组织过程中,要充分意识到中国乡村文化中血缘、地缘和业缘对小农户行为的影响,充分利用乡村中的圈层文化来建立小农户之间、小农户与新型农业经营主体之间的深度合作关系。换言之,中国所特有的乡村文化并不需要完全摒弃,在农业现代化过程中依然有其独特价值,应着力对其进行深度挖掘,发挥它在小农户长期协作意愿形成、信息沟通能力扩展、任务分工细化等诸多方面的作用,并在此基础之上形成超越单纯经济利益的稳定关系结构。

　　一是要积极以制度建设和资源导入方式帮助乡村重塑合作文化，推动合作组织民主治理的制度化，让乡村中各种组织成为公共精神的载体。通过凝练中国传统农耕文明中蕴含的优秀的、符合时代精神的思想观念、人文精神、道德观念，凝聚、团结广大小农户，使其成为社会关系网络的精神基石。利用乡村声誉机制，大力宣传制度健全、运行规范、绩效良好的农村合作组织，介绍他们的先进经验并加以推广，同时对制度缺失、绩效低下甚至损害小农户利益的合作组织也进行公布，赋予小农户退出权，建立合作组织"优胜劣汰"机制。

　　二是要完善多元化的农村社会合作机制。首先，加强政府在农村社会合作服务机构的投入。一方面深化农业投资管理体制改革，建立农业主管部门统一管理的农业投资体制，保证有专门资金投入到农村社会合作组织和机构的建立中去，重点进行农业基础设施建设，为包括小农户在内的农业经营主体进一步合作打下基础。另一方面可以尝试政府购买方式，支持和鼓励有能力的社会合作服务机构提供服务，逐步构建和完善一元为主、有机结合、互为补充的社会合作服务体系。其次，要努力培育市场主体，通过政府政策和资金支持，形成一批以农户和各类服务组织为基础的经营性社会合作服务主体，搭建合作服务平台，向小农户经常性、持久性、价格低廉地提供涵盖范围广泛的社会合作服务内容，真正让小农户受益。最后，在合作服务内容上精挑细选，以农业科技推广、经营管理知识、人才输送、商业信息咨询等为主，通过信息化方式，以"公共服务机构为支撑、市场服务机构为补充"①的模式，实现社会合作服务在人员供给、监督评价、信息传送等方面全面覆盖。

　　三是要培育和利用多元化的社会合作服务主体。社会合作服务主体既包括专门提供各种服务的主体，如社会化服务公司、农业数据信息咨询公司等，也包括能提供部分服务的新型农业经营主体。首先是明确各个主体间的分工。小农户、合作经济组织、集体经济组织、专业化的社会合

---

　　① 蒋永穆、周宇晗：《农业区域社会化服务供给：模式、评价与启示》，《学习与探索》2016年第1期。

作服务机构、政府公共机构要有界限,分工明确、各司其职,在各自领域最大限度地发挥作用。其次是各个主体之间要有协同。搭建共同平台,加强相互之间的合作与交流,取长补短,扩大合作服务范围,提升合作服务能力。最后是适当放松社会合作服务主体的进入门槛,鼓励新型社会合作服务主体,以市场化方式提供现代农业中亟须的各种服务。

四是要形成差异化的合作服务模式。中国农村地区地域宽广,地区之间资源禀赋差异巨大,应针对地区具体情况形成不同的区域性社会合作服务模式。当前中国农业社会合作服务有五种基本模式,即公共服务机构主导型、集体经济组织主导型、合作经济组织主导型、农业企业主导型以及农户主导型,这五种模式的应用条件各有不同:如果土地资源、财政涉农资金以及农业服务人员都集中掌控在地方政府手中,则相应地采用公共服务机构主导型模式,其他农业社会服务合作组织进行适当补充;如果当地集体经济组织力量比较强,农业基础设施比较健全的地区,则适宜采取集体经济组织主导型模式,并联动其他经济组织;在农业资本比较丰富,同时农业产业化、组织化发展较早,实践经验比较丰富的东部和沿海地区,则可以依靠成熟的农民合作社等组织,形成以合作经济组织主导型模式;在适宜进行特色农产品生产经营的西部地区,应该积极引进农业企业进行特色农产品经营,引导农业企业对区域内农户提供服务,逐步形成农业企业主导型模式;在土地集中度不高、农户分散且实力不强的偏远地区,应根据小农户当前亟待解决的问题和自身的迫切需求,有针对性地选择合作服务的内容与项目,并深化农户之间的相互交流,形成农户主导型模式。

第四节 优化小农户在现代农业中的价值创取机制

第六章详细阐述了小农户在现代农业中的价值创取过程。从价值创造分析中可以看出无论是资源贡献型小农户还是生产经营型小农户,增强价值创造能力的内在逻辑都在于优化了资源(要素资源和组织资源)配置方式,使要素资源和组织资源在现代农业产业价值链中得到更为高效地利用,并在这一过程中实现"合作造饼";从价值获取的分析中,可以看出小农户价值获取的内在逻辑在于能否对提供的资源或者产品进行标准化进而掌控定价权,这种能力和权力越强,小农户获取的收益也就越大。因此,小农户在农业产业价值链中将对这种能力和权力进行争夺,并在这一过程中实现"竞争分饼"。基于此,从小农户角度而言,"合作创饼"过程的关键点是优化要素资源和组织资源的配置过程和方式,"竞争分饼"过程的关键点是小农户要在现代农业中不断成长,提升在价值链中的"话语权"。因此政策措施也将围绕这两个关键点进行阐述。

一、提升小农户在现代农业中的价值创造能力

资源贡献型和生产经营型是小农户的两种基本类型,其价值创造方式在第六章进行了详细的分析,要素资源与组织资源二者参与价值创造的具体过程有比较明显的差别。针对这种差别,本书将提出不同的政策措施来提升不同类型小农户在现代农业中的价值创造能力。

(一)积极推进"三变"改革,优化小农户要素资源的配置方式

资源贡献型小农户通过向现代农业提供农地资源、劳动力资源和资金资源来实现价值创造。如何建立健全这些要素资源的配置机制,使其得到更高效地利用,一直是困扰中国农业发展的一个现实问题。2017年农村"三变"改革正式写入当年"中央一号文件",为优化小农户要素资源的配置指明了方向和路径。农村"三变"改革 2014 年肇始于贵州省六盘水地区,核心就是要"资源变资产、资金变股金、农民变股东"。具体而言,"资源变资产"指村集体将确权的集体资源如土地、房屋等折价入股到企业、合作社或其他经济组织,变成代表股份权利的资产;"资金变股金"指村集体在不违背规则的情况下将各类收益投资到企业、合作社及其他经济组织中,变成代表股份的资本金;"农民变股东"指农民将自己的土地、房屋、劳动与技术等,入股到企业、合作社及其他经济组织,定期

收益、定期分红，农民变成股权投资人。[1] 在"三变"改革中，与小农户要素资源密切相关的就是第三项，即"农民变股东"，其基本逻辑是指明资源要素流动方向，疏通资源要素流动路径，塑造资源要素流动载体，从而改变当前农民手中资源的配置方式，使其在现代农业中发挥更大作用。因此结合农村"三变"改革工作，具体政策措施如下。

一是要为资源要素流动提供制度基础，完善"三变"改革有关的体制机制。要让各类要素资源发挥作用，第一步就是要明晰产权，物有所属。这里的重点工作就是积极稳妥地推进农地所有权、建设用地使用权、农地承包权与经营权、林地、山地，以及农户的房屋所有权的确权、登记、颁证工作，完善农村各项资产的产权管理制度，建立农村产权交易平台，为资源要素有效流转打下基础。第二步，着力盘活农村资产资源资金，赋予农民对集体资产股份占有、收益、有偿退出以及抵押、担保和继承的权利。深化农村土地制度改革，推动农村土地有序流转，放活土地资源。合理利用新增耕地，积极开发利用"四荒地"，探索农村闲置房屋和闲置建设用地利用方式创新。落实"两权"抵押融资功能，建立完善农村土地产权交易平台，完善"两权"抵押物市场化处置渠道，盘活农民土地用益物权的财产属性。

二是要大力兴办农村新型经营主体，为价值创造条件和载体。农村资产确权颁证工作只是价值创造的基础，要让资源真正变为资产从而创造价值，还要培育出各种要素资源的吸收、容纳主体，即各类农村生产经营主体。除了种养型经营主体之外，还要鼓励在农村中创办物流运输、建筑施工、劳动外包、休闲旅游等产业项目，将它们与种养殖业有机结合起来，积极创办小微企业，引导小农户将土地资源、劳动力资源和资金资源以股份形式投入到这些主体中去，实现资源到资产的有效转变。政府在这一过程中要通过小微企业联合会、联谊会等形式，搭建企业创建者能力素质提升的平台，引导他们进入本区域的优势特色产业，配合引入外部资

---

① 谢治菊：《"三变"改革助推精准扶贫的机理、模式及调适》，《甘肃社会科学》2018 年第4 期。

源,带动整个区域产业发展和升级,让这些优质资源得到充分利用,让"青山绿水"真正变为"金山银山"。

三是要推进合股联营机制。创新财政资金支持方式,村集体和农民股份资金的来源,可以是原来补助给农业企业、农民合作社等新型农业经营主体的专项资金,这样既不会改变资金用途,影响农业经营主体发展,又能够让广大小农户真正得到实惠,参与农业经营主体的利润分红。同时,以股份合作方式适当放开社会商业资金进入农业的渠道,既避免了社会商业资本对村集体经济和小农户利益的侵占,又能够让小农户借助社会商业资本力量来发展农业生产,以股权为纽带强化二者的利益联结。

创新金融资金扶持方式,引导农业股权投资基金、新型农业经营主体创投基金等涉农投资基金,加大对"三变"改革经营主体股权投资力度。完善政策性农业信贷担保体系,深入推进农村产权抵押融资,探索推行农林水设施证抵押贷款,推广农村土地收益保证贷款,支持金融机构增加3年期及以上的中长期贷款,落实财政贴息补助。

(二)探索多路径的成长模式,优化小农户组织资源的配置方式

生产经营型小农户对现代农业的贡献主要体现在能够通过集聚资源成长为新型农业经营主体,这种组织化过程通常以"大户"或者家庭农场形式出现,通过与其他组织共同形成农业产业价值链。因此,对于生产经营型小农户,促进其在现代农业价值创造的政策如下。

一是增加生产经营型小农户的数量。除了长期从事农业生产的小农户之外,要注重吸引和培养新的家庭农场经营者,鼓励两类群体人员积极创办新型农业经营主体,一个群体是具有创新创业精神的大学毕业生,另一个群体是在城市中积累了资金和经验的返乡农民工。大力扶持农业企业这类最有经济带动效应和辐射作用的经营主体,提供水电和道路等农村公共产品和基础设施,营造良好的投资环境,引导他们做成具有示范带动作用的龙头企业。

二是坚持小农户多渠道发展。传统专业大户发展空间仍然很大,需要继续支持发展,鼓励那些有信心、有愿望、有热情但实力较弱的小农户

率先成为专业大户、种养大户，稳步发展；积极探索家庭农场与其他经营主体的连接结构，比如家庭农场与农民合作社的关系、家庭农场与农业企业的关系、家庭农场与行业协会、农村基层组织，以及相关涉农部门的关系等，提升农户家庭经营在农业产业价值链中的地位和作用，引导有实力的家庭农场建基地、带农户，向农业产业的下游延伸。

三是要创新政府扶持方式。针对由小农户成长而来的新型农业经营主体，在公共投入和政策扶持方式要有所创新，在农业公共政策和公共投入上要有所倾斜。对于财政支农项目，比如农村土地整理、标准农田建设、农业综合开发、特色农业产业示范基地建设等涉农项目，可以直接发包给由小农户成长而来的新型经营主体来承担，在创办注册、技术研发、农产品开发等方面予以扶持，在农机采购、技术购买等方面给予补贴，制定有针对性的金融政策和税收优惠政策，减轻其资金成本和压力。

二、增强小农户在现代农业中的价值获取能力

除对价值创造进行分析之外，也对不同类型小农户价值获取方式差异进行了分析。资源贡献型小农户主要依靠资源贡献获得收益，生产经营型小农户主要凭借产品贡献获得收益，二者获取价值的具体过程有差异，这里将分不同的情况分别提出不同的政策建议。

（一）培育资源贡献型小农户高质量的资源要素联结机制

资源贡献型小农户对价值的获取主要来源于土地、劳动力和资金三类资源要素的转让，归结起来有两种形式：租赁和入股。租赁方式是小农户通过要素转让获得固定收入，要素价格通常是在市场价格的基础上由双方协商而定，价格不会太高，但风险较小；入股方式是小农户将所拥有的资源要素折算为一定数量股权，并根据股份数量来获取收入，收入多少取决于经营主体的经营状况，存在风险性。这种情况下，形成多元化利益联结和分享机制以及保证稳定性就成为小农户获取价值的关键问题。

一是要创新利益联结的体制机制，实现固定收入与风险收入二者相结合。可以推行固定分红、利益兜底等方式，让小农户直接获益；推行利润返还、收益分成等方式，让农户充分获益；推行分红比例递增、入股制等

方式让小农户长期获益。多元化利益联结机制可以相互补充、相互竞争，让小农户自由选择最合适的契约方式，尊重小农户的自由意愿。

二是要强加对小农户契约精神的教育与培育，让其充分意识到在合作关系中的地位、作用、责任与义务，减少随意违约的现象。同时地方政府要从法律层面规范各类主体间契约的签订，加强各类经营主体的内部管理，鼓励经营主体内部建立风险基金或风险保障金，并由有关机构专项管理，当利益联结关系出现问题时最大限度地保护小农户利益；在外部监管上，首先要建立健全公正、鉴证、合同制度等，司法、工商、税务等部门要加强对组织经营的法律化管理，针对农业经营主体的违约行为，要按照相关法律法规及时处罚，维护小农户的合法权益。

三是要通过引入集体谈判增加小农户话语权。在与农业组织的交往过程中，单个小农户往往势单力薄，在资源出让方式和价格上缺乏话语权，因此小农户要通过农民合作组织的力量，联合起来，通过农地、劳动力和资金的汇聚，形成类似土地银行之类的资源存贮池，以提供规模化资源为核心竞争力，使小农户真正获得与农业经营主体特别是大型组织的平等谈判权，在资源转让方式和价格方面真正保证小农户利益，并维护契约的稳定性和长期性。

（二）提升生产经营型小农户关键性的产业链地位

生产经营型小农户获取价值的主要手段是向其他经营主体或者直接向市场提供优质农产品。常见情况是小农户升级为家庭农场，位于整个农业产业价值链的上游。因此要增加这部分小农户的价值获取能力，一是增强这部分小农户的成长能力，升级家庭经营的组织形式；二是提升其在整个农业产业价值链中的地位。基于这一思路，具体的政策措施如下。

一是要着力提高以家庭农场为代表的家庭经营主体内部管理水平，强化其运行效率。包括家庭农场在内的新型农业经营主体对传统小农户来说是一个新生事物，其运行规律尚在探索之中。当前阶段的首要工作是要引导这部分农户根据现代农业要求，借鉴发达国家先进经验，逐步完善小农户在生产经营中的目标定位、生产流程、质量控制体系、财务制度等，积极引进和采用现代化的管理方式和技术，特别是农业经营主体的信息化水平。同时也要在实践中总结经验，推广示范性经营主体的成功模式，探索一条"中国式"的家庭经营道路。

二是要提高经营者的素质与能力。制度是硬件，而人才是软件，农业经营的水平和效果，最终是由经营者来完成和实现的。要特别重视生产经营型小农户的培训和教育，其内容不仅是传统农业实用技术，还应包括农业组织流程管理知识、农产品营销知识、人力资源管理知识、财务知识等组织经营管理的内容，把小农户由一个单纯的生产者打造成为现代农业的经营者。培训形式可以多元化，农民职业学校、专题知识讲座、专家现场指导、项目联合培训等方式结合进行，提倡农户自愿自主地学习，避免"一刀切"的形式主义，真正让小农户从中学到对农业生产经营有用的知识。

三是要大力发展特色农产品，提高农产品品质。"打铁还需自身硬"，从前面分析可以看出，在农业产业链上掌控产品的标准对于价值获取有重要作用。生产经营型小农户要想在价值链中掌控农产品标准，目前现实的路径就是开发与生产出高品质名优农产品，并以此为基础实施营销战略，创建农产品品牌，扩大产品知名度和影响力，这样在与其他商业组织进行合作时才有核心竞争力，才能在合作中占据主导权。

四是积极拓展合作与交流渠道。要多途径、多方式地与农业企业、农民合作社、农业科研机构、地方农业主管部门进行密切的合作，相互交流，从合作单位和部门获取产品信息、技术知识、市场信息、人才资源、管理经验，不断获得对自身成长有利的要素，开创和稳固自身在农业产业价值链的独特定位，成为产业链条中不可或缺的环节。

结　语

一、本书的主要结论

本书立足于党的十九大报告提出的"实现小农户与现代农业发展有机衔接",研究了小农户与现代农业有机衔接的相关问题,阐释了小农户与现代农业有机衔接的基本内涵,在将小农户识别为两种基本类型的基础上,提出了小农户与现代农业有机衔接的总体框架,从过程视角将有机衔接分解为"连接—嵌入—价值创取"三个独立且紧密相连的完整环节,综合运用组织经济学的相关理论,在一定程度上揭示了小农户与现代农业有机衔接的路径,提出了促进二者有机衔接的政策措施。具体而言,本书主要研究结论体现在以下几个方面。

(一)小农户的类型识别与有机衔接的过程化解读

随着中国特别是农村地区社会经济的不断变化,由于资源要素特别是土地、劳动力的相对价格发生变化,引起了具有不同禀赋条件的小农户在资源配置方式上的差异化行为。仅仅具有土地、劳动力和少量资金资源的小农户,由于城市化快速推进,土地、劳动力的机会成本增加,这些要素通过流转能够获得一定收入,在现代农业中这部分小农户成为上述资源要素的提供者,即资源贡献型小农户;除了拥有土地、劳动力、资金等一般显性要素之外,另一部分小农户还拥有生产经营能力、风险承受能力、企业家精神等隐性要素,这些隐性要素作用的发挥需要和显性要素结合,以显性要素为载体。在现代农业中这部分小农户成为土地、劳动力、资金等资源要素的吸纳者,从事规模化和市场化的农业生产经营活动,即生产经营型小农户。不同类型小农户的划分,为后面进一步论述小农户衔接现代农业的路径打下了基础。

正确理解"小农户与现代农业发展有机衔接"是非常重要的。通过研究，本书把"有机衔接"解构为小农户与现代农业的连接、小农户对现代农业的嵌入和小农户在现代农业中的价值创取三个紧密相连的动态过程，从而形成研究小农户与现代农业有机衔接的"连接—嵌入—价值创取"路径设计，明确指出实现小农户与现代农业有机衔接，就是要构建一个以坚持家庭经营制度、保障小农户基本权益为基础的，多种农业社会化服务组织共同参与的多层次生态体系，通过连接、嵌入与价值创取三个紧密联系的动态过程实现农业现代化和乡村振兴战略。

（二）小农户类型、连接对象和工具共同影响连接结构稳定性

现代农业由产业体系、生产体系和经营体系三大部分构成，其间包含各种各样的农业经营主体，小农户在现代农业中的主要连接对象有三种类型的组织：家庭农场、农民合作社和农业企业。除了不同的连接对象之外，小农户和它们是通过连接工具链接在一起的，连接工具有三种类型：资源链、产品链和创新链。

两种类型的小农户（资源贡献型与生产经营型）、三种类型的连接对象（家庭农场、农民合作社与农业企业）和三种类型的连接工具（资源链、产品链与创新链）在现实世界中组合成为六种基本的连接结构，不同连接结构由于构成要素差异，其稳定性不同。影响这些连接结构稳定性的一般性规律是：小农户如果仅仅通过产品链与连接对象发生关系，则连接结构稳定性最差，连接关系容易破裂；如果通过资源链与连接对象发生关系，则连接结构稳定性较好，连接关系容易维持；如果通过创新链与连接对象发生关系，则连接结构具有较大不确定性，且这种链接需要特殊条件支持；如果在产品链基础上借助资源链铰合，则会改善连接结构稳定性，但资源链与产品链的铰合在现实世界中较少发生，其一般出现在小农户与少数实力雄厚的农业企业之间；最为理想的状态，自然是三种链条的铰合，这是未来的发展方向。除此之外，生产经营型小农户与现代农业的连接有其特殊性，表现为它在现代农业中会通过自成长方式发展成为家庭农场,使得它与家庭农场之间有着天然的连接关系。

从稳定连接结构的目的出发,资源贡献型小农户应重点借助资源链与家庭农场、农民合作社和农业企业搭建连接关系。如果资源贡献型小农户通过产品链与新型农业经营主体进行连接,则应该通过农业社会化服务组织的中介作用,尽可能地催生产品链与资源链铰合,"小农户—家庭农场—农民合作社—农业企业"的连接结构就是这种铰合的典型形式。

(三)连接结构影响关系嵌入以及由此形成的结构嵌入

在小农户与现代农业建立初步连接的基础上,存于它们之间的社会网络关系会使连接关系进一步深化,形成小农户在现代农业中的嵌入。不同类型小农户应选择不同情境下的嵌入方式来进一步巩固它与现代农业的关系。具体而言,资源贡献型小农户适宜在资源链下利用传统社会网络关系要素如亲戚、邻里、村能人、村干部等,与新型农业经营主体建立双边的关系嵌入;资源贡献型小农户难以在产品链下利用上述社会网络关系形成深入的关系嵌入,因为双方对经济利益的争夺会侵蚀传统社会关系网络。生产经营型小农户具有自成长性,可以在产品链和创新链下通过经济利益关系与传统社会关系网络的交织来强化和巩固它与新型农业经营主体的关系嵌入。

小农户在现代农业中的多重关系嵌入会在主体联结型关系延伸、资源需求型关系延伸和任务推动型关系延伸三大推动力下交织,最终演进为小农户的结构嵌入。研究发现,资源贡献型小农户在整个网络中的中心度较低、中介中心性较高且处于非结构洞位置,因此它在结构嵌入中处于边缘位置,如何进一步提高这类型小农户的位置优势需要进一步研究,本书没有给出答案。生产经营型小农户在成长为家庭农场之后,由于在资源配置与组织形式上具有优势,能够获得较高的节点度、较低的中介中心性甚至制造结构洞的能力,其会逐步走向结构嵌入的中心位置,成为整个产业网络的枢纽,如何发挥生产经营型小农户这一优势值得进一步研究。

(四)嵌入方式影响小农户在现代农业中的价值创取

不同类型的小农户与新型农业经营主体会形成不同的关系嵌入和结

构嵌入，上述不同的嵌入方式则会进一步影响小农户的价值创取过程。资源贡献型小农户主要是利用传统社会关系网络来实现土地、劳动力和资金等要素资源的优化配置，与其他主体共同创造价值，并在此基础之上获取价值。生产经营型小农户则在嵌入关系中利用知识扩散机制、资金互助机制、人才交流机制和组织融合机制，通过组织资源的优化配置来创造价值。进一步，在结构中居于优势位置的小农户能够通过控制"标准"制定权来获取更多利益。这种"标准"既包括农产品标准，也包括各类资源标准。

二、本书的基本观点

本书紧跟学术研究前沿，理论创新和实践应用兼顾，研究体现了多学科交叉的特点，与已有研究相比较，本书特色主要体现在：(1)深入到行为层面，从资源配置方式的角度，研究了小农户的异质性；(2)立足于过程视角审视小农户与现代农业有机衔接的路径，将其分解为三个紧密联系的动态环节；(3)从动态过程视角对小农户与现代农业有机衔接的效果进行评价，并据此提出相应政策措施。依托上述研究特色，本书可能的基本观点体现在以下三个方面。

(一)应基于资源基础理论对小农户进行类型划分

小农户作为中国农业生产经营活动的最基本单元，与其他农业生产经营主体一样，是农业产业体系、生产体系和经营体系的重要组成部分。在过往研究中，小农户经常被视为同质组织，但实际上随着社会经济不断发展，小农户之间的分化正在不断加剧。小农户之间并不是简单"在农"与"离农"的区分。换言之，同样从事农业生产活动的小农户，其行为方式也是有所差异的，其与现代农业的关系也是不同的。

与先前的研究不同，本书借用组织经济学的资源基础理论，识别了不同小农户在土地、劳动力、资金等显性资源和经营能力、风险承受能力、企业家精神等隐性资源上不同的禀赋差异，结合经济学"成本—收益"分析框架，从理论推演和现实情况两个方面揭示了禀赋异质的小农户在寻求效用最大化的过程中对各类资源配置方式上的差异，并凝练出小农户的两种基本类型:资源贡献型和生产经营型,为进一步研究小农户有机衔接现代农业的路径打下了基础。这一方面有助于弥补当前研究忽视小农户类型的缺陷,另一方面也有助于进一步深化小农户在现代农业的作用研究。

(二)应从组织互动的视角揭示有机衔接的路径

小农户与现代农业有机衔接是党的十九大报告的最新要求,当前研究还处于起步阶段。本书从过程研究视角出发,将"有机衔接"解构为小农户与现代农业的连接、小农户对现代农业的嵌入和小农户在现代农业中的价值创取三个动态过程,构建了"连接—嵌入—价值创取"这一总体框架。

第一,在连接阶段,不同类型小农户通过不同的连接工具与现代农业相连,而现代农业的不同主体在连接小农户时具有不同的动机和诉求,本书挖掘了小农户通过连接工具与现代农业多主体的连接结构,以及影响结构稳定性的主要因素。

第二,在嵌入阶段,借用社会网络理论、产业组织理论等,本书勾勒了小农户在连接结构的基础上深度嵌入现代农业的过程,特别是由关系嵌入演进至结构嵌入的路线图。在路线图中具体阐明了深化关系嵌入的条件,并分析了不同类型的小农户在结构嵌入中可能的位置。

第三,在价值创取阶段,为现代农业创造价值,为小农户获取价值,是小农户与现代农业衔接的目标。借用组织经济学中的价值链与价值网络理论,在嵌入的基础上,从要素资源配置优化和组织资源配置优化两个方面论证了不同类型小农户在现代农业中的价值共创方式。同时,通过价值分配博弈模型,本书揭示了有利于小农户价值获取的方式。

(三)应以有机衔接的评价指标体系为基础推动政策选择与执行

根据小农户与现代农业有机衔接的三个动态过程,本书构建了包含3个一级指标、6个二级指标和25个三级指标的评价指标体系,使用熵值法赋权每个指标,从而能够从小农户的连接水平、小农户的嵌入水平、小农户的价值创取水平三个维度来综合评价小农户与现代农业有机衔接的基本状况,使得在判断和评价小农户与现代农业有机衔接的状况时,既可以针对每一环节单独进行,又能掌握整体衔接状况。

根据小农户与现代农业有机衔接的三个动态过程,结合前述评价指标体系的结论,提出了以巩固连接结构、深化嵌入关系、优化价值创取机制为核心的政策选择建议,保持了政策措施与理论分析的一致性和与评价指标体系的一致性,保证了政策建议在促进小农户与现代农业有机衔接时的针对性。

三、对小农户衔接现代农业问题的进一步思索

（一）不足之处

第一,从学科视角上,本书主要运用了组织经济学相关理论,如交易费用理论、委托代理理论、资源基础理论、价值链理论等,同时借用新经济社会学中的社会网络理论对"小农户与现代农业有机衔接"这一命题进行了解构,符合组织经济学的学科范式。但对这一现实命题的解读,一方面需要借鉴管理学、心理学等学科理论,对小农户连接和嵌入到现代农业组织体系,以及价值创造和分配机制上分别进行微观描述;另一方面需要综合公共政策学、法学、政治学等学科视角,对理论解构的合理性、合法性,促进"有机衔接"的宏观政策制定、执行、评估等问题进行研究分析。由此,才能从理论上对新时代中国特色社会主义建设道路上的重要命题进行全面的剖析和解构,限于笔者的水平与能力,对不同学科理论和知识的综合性运用还非常不足。

第二,从研究内容上,本书把小农户与现代农业有机衔接分为三个环节,其具体内容有很多需要继续完善和补充的地方。比如在连接工具上,虽然做了资源链、产品链和创新链的划分,但资源链可以继续细分为土地资源链、劳动力资源链和资金资源链等,产品链可以分大宗农产品链与特色农产品链等,其对小农户与现代农业的连接结构会有不同影响,但文中没有进行仔细区分和研究,可能会影响本书结论的说服力;比如价值创取是在小农户嵌入之后的过程,但本书中对嵌入方式如何影响小农户在现代农业中价值创取方式的挖掘不够深入,仅从价值链角度进行了阐述,但

现实中特别是价值获取过程还需要考虑其他诸多因素;再比如在指标评价体系的构建中,单项指标的合理性还值得进一步推敲,是否能反映小农户与现代农业的实际衔接程度还需要进一步思考。

第三,从研究结论上,本书尝试探究小农户与现代农业有机衔接的路径,其宗旨在于架设一条抽象理论到现实情况的"实用化"桥梁,以期指导农业现代化进行中小农户和多元社会化服务组织互动实践中的行动方案。本书提出的"有机衔接"路径的完整性和合理性仍需进一步检验,需要更多运用田野调查、多案例研究、数理模型、大样本统计等方式对本书提出的假设进行验证。

(二)研究展望

鉴于研究的结论和存在的不足之处,计划在以下几个方面进行深入探索:

第一,继续完善小农户与现代农业有机衔接的内涵理解,将其置于新时代特色社会主义市场经济发展的宏大图景中进行更为全面的考虑,对"有机衔接"的理解可能需要扩展和完善。

第二,中国幅员辽阔,区域差异大,整体性的理论框架可能无法很好地适应每个地区的特殊情况,因此在考虑小农户的连接、嵌入和价值创取问题时,应充分注意到各个地区的实际情况,认真考虑衔接路径的内外部环境。对前面提到的关于连接工具、价值创取和指标体系等问题上的不足,更应结合各个地区的实际情况进行完善。

第三,对于本书提到的关系嵌入与结构嵌入过程,还需要根据研究主题设计科学问卷和量表对这一过程进行更为详细的研究。由于当前社会关系网络研究传统上还属于社会学的范畴,其问卷和量表都是基于社会学研究的范式来开发的,把这一问卷和量表运用到经济学范式上来,还有大量的工作要做。

参 考 文 献

[1][美]奥尔森:《集体行动的逻辑》,陈郁、郭宇峰、李崇新译,上海三联书店、上海人民出版社 2004 年版。

[2][英]艾利思:《农民经济学:农民家庭农业和农业发展》,胡景北译,上海人民出版社 2006 年版。

[3][美]布罗姆利:《经济利益与经济制度》,陈郁、郭宇峰、汪春译,上海三联书店 2006 年版。

[4]陈昕:《财产权利与制度变迁》,格致出版社 2014 年版。

[5]陈明鹤:《论新型农业生产经营主体:家庭农场》,《农村经济》2013 年第 12 期。

[6]陈纪平:《家庭与现代农业经济组织的功能与界限》,《西部论坛》2017 年第 5 期。

[7]陈纪平:《家庭农场抑或企业化——中国农业生产组织的理论与实证分析》,《经济学家》2008 年第 3 期。

[8]陈奕山、钟甫宁、纪月清:《为什么土地流转中存在零租金?——人情租视角的实证分析》,《中国农村观察》2017 年第 4 期。

[9]陈军民:《制度结构与家庭农场的运行效率及效益》,《华南农业大学学报》(社会科学版)2017 年第 5 期。

[10]崔宝玉、张忠根:《农村公共产品农户供给行为的影响因素分析——基于嵌入性社会结构的理论分析框架》,《南京农业大学学报》(社会科学版)2009 年第 1 期。

[11]崔宝玉、王纯慧:《论中国当代农民合作社制度》,《上海经济研究》2017 年第 2 期。

[12]崔宝玉、高钰玲、简鹏:《"四重"嵌入与农民专业合作社"去内卷化"》,《农业经济问题》2017 年第 8 期。

[13][美]斯科特、[美]戴维斯:《组织理论:理性、自然与开放系统的视角》,高俊山译,中国人民大学出版社 2011 年版。

[14][荷]杜玛、[荷]斯赖德:《组织经济学》,原磊译,华夏出版社 2006 年版。

［15］邓衡山、王文烂：《合作社的本质规定与现实检视——中国到底有没有真正的农民合作社?》，《中国农村经济》2014 年第 7 期。

［16］邓秀新：《现代农业与农业发展》，《华中农业大学学报》（社会科学版）2014 年第 1 期。

［17］邓宏图、马太超、徐宝亮：《理性的合作与理性的不合作——山西省榆社县两个合作社不同命运的政治经济学透视》，《中国农村观察》2017 年第 4 期。

［18］窦炜、施军、魏建新：《价值链理论与应用研究述评》，《中国管理信息化》2013 年第 2 期。

［19］董翀：《农业产业价值链金融、价值链组织与农户技术采纳》，《农村经济》2017 年第 12 期。

［20］杜鹏：《社会性小农：小农经济发展的社会基础——基于江汉平原农业发展的启示》，《农业经济问题》2017 年第 1 期。

［21］戴中亮：《城市化与失地农民》，《城市问题》2010 年第 1 期。

［22］戴中亮：《农村土地使用权流转原因的新制度经济学分析》，《农村经济》2004 年第 1 期。

［23］戴中亮：《委托代理理论述评》，《商业研究》2004 年第 19 期。

［24］戴中亮、李苑凌：《现代农业中的"家庭经营+合作经营"模式研究》，《全国流通经济》2019 年第 26 期。

［25］戴中亮、李文辉：《中国制造业对城市人口流入的影响机制研究》，《西南政法大学学报》2020 年第 3 期。

［26］［美］福山：《信任：社会美德与创造经济繁荣》，郭华译，广西师范大学出版社 2016 年版。

［27］［法］费埃德伯格：《权力与规则》，张月译，格致出版社 2017 年版。

［28］费孝通：《乡土中国　生育制度》，北京大学出版社 1998 年版。

［29］房桂芝、马龙波：《家庭农场研究：共识、争论及展望》，《农林经济管理学报》2014 年第 4 期。

［30］付会洋、叶敬忠：《论小农存在的价值》，《中国农业大学学报》（社会科学版）2017 年第 1 期。

［31］付晓亮：《农业适度规模经营及其效益实证研究——以四川省为例》，《中国农业资源与区划》2017 年第 5 期。

［32］［美］格兰诺维特：《镶嵌》，罗家德译，社会科学文献出版社 2015 年版。

［33］高强、刘同山、孔祥智：《家庭农场的制度解析：特征、发生机制与效应》，《经济学家》2013 年第 6 期。

［34］高庆鹏、胡拥军：《集体行动逻辑、乡土社会嵌入与农村社区公共产品供给——基于演化博弈的分析框架》，《经济问题探索》2013 年第 1 期。

[35]郭亚萍、罗勇：《对家庭农场中新型雇佣制度的思考》，《中国人口·资源与环境》2009年第1期。

[36]苟建华：《基于小农户组织化的农产品供应链优化探究》，《当代经济》2007年第21期。

[37]郭晓鸣、曾旭晖、王蕾等：《中国小农的结构性分化：一个分析框架——基于四川省的问卷调查数据》，《中国农村经济》2018年第10期。

[38]郭晓鸣、廖祖君、付娆：《龙头企业带动型、中介组织联动型和合作社一体化三种农业产业化模式的比较——基于制度经济学视角的分析》，《中国农村经济》2007年第4期。

[39]郭铖：《农业共营制效率及其利益相关者筛选、激励机制——基于崇州市的经验分析》，《湖南农业大学学报》（社会科学版）2017年第6期。

[40]管珊：《多重网络结构嵌入下的农场规模选择》，《华南农业大学学报》（社会科学版）2017年第6期。

[41]高越、徐邦栋：《中国农产品加工业价值链分工地位研究》，《农业技术经济》2016年第5期。

[42]戈锦文、范明、肖璐：《社会资本对农民合作社创新绩效的作用机理研究——吸收能力作为中介变量》，《农业技术经济》2016年第1期。

[43][美]汉斯曼：《企业所有权论》，于静译，中国政法大学出版社2001年版。

[44]贺雪峰、印子：《"小农经济"与农业现代化的路径选择——兼评农业现代化激进主义》，《政治经济学评论》2015年第2期。

[45]韩明谟：《农村社会学》，北京大学出版社2001年版。

[46]何增科：《农业的政治经济分析》，重庆出版社2008年版。

[47]黄宗智：《长江三角洲小农家庭与乡村发展》，中华书局1992年版。

[48]黄宗智：《中国的隐性农业革命》，《中国乡村研究》2011年第8期。

[49]黄胜忠：《利益相关者集体选择视角的农民合作社形成逻辑、边界与本质分析》，《中国农村观察》2014年第2期。

[50]黄中伟、王宇露：《关于经济行为的社会嵌入理论研究述评》，《外国经济与管理》2007年第12期。

[51]胡新艳、沈中旭：《"公司+农户"型农业产业化组织模式契约治理的个案研究》，《经济纵横》2009年第12期。

[52]韩振国、刘启明、李拾娣等：《社会资本与治理视角下"公司+农户"养殖模式契约稳定性分析》，《农村经济》2014年第8期。

[53]洪银兴、郑江淮：《反哺农业的产业组织与市场组织——基于农产品价值链的分析》，《管理世界》2009年第5期。

[54]胡宗山：《农村合作社：理论、现状与问题》，《江汉论坛》2007年第4期。

[55]洪名勇、钱龙:《声誉机制、契约选择与农地流转口头契约自我履约研究》,《吉首大学学报》(社会科学版)2015年第1期。

[56]何凌霄、南永清、张忠根:《老龄化、社会网络与家庭农业经营——来自CFPS的证据》,《经济评论》2016年第2期。

[57]何国平、刘殿国:《影响农民加入合作社的决策的因素:一个新制度经济学视角及其来自海南的经验证据》,《江西财经大学学报》2016年第2期。

[58]蒋永穆、戴中亮:《小农户衔接现代农业中的价值创造和价值获取》,《社会科学研究》2019年第4期。

[59]蒋永穆、戴中亮:《小农户与现代农业:衔接机理和政策选择》,《求索》2019年第4期。

[60]蒋永穆:《中国农业支持体系论》,四川大学出版社2000年版。

[61]蒋永穆:《社会主义和谐社会的利益协调机制研究》,经济科学出版社2011年版。

[62]蒋永穆、赵苏丹:《中国农村基本经营制度:科学内涵、质规定性及演变逻辑》,《当代经济研究》2018年第1期。

[63]蒋永穆、高杰:《农业经营主体与农业产业体系的多层级共同演化机理》,《财经科学》2013年第4期。

[64]蒋永穆、刘虔:《新时代乡村振兴战略下的小农户发展》,《求索》2018年第2期。

[65]蒋永穆、刘涛:《浅论现代农业产业体系评价指标的构建》,《福建论坛》(人文社会科学版)2012年第12期。

[66]蒋永穆、周宇晗:《农业区域社会化服务供给:模式、评价与启示》,《学习与探索》2016年第1期。

[67]蒋永甫、张小英:《农地流转主体的交易费用——基于种养大户、家庭农场、合作社及龙头企业的比较》,《学术论坛》2016年第2期。

[68]姜长云:《关于构建新型农业经营体系的思考——如何实现中国农业产业链、价值链的转型升级》,《人民论坛·学术前沿》2014年第1期。

[69][美]康芒斯:《制度经济学》,赵睿译,华夏出版社2013年版。

[70][美]科斯:《企业、市场与法律》,盛洪、陈郁译,格致出版社2014年版。

[71]孔祥智、楼栋、方婵娟:《成员异质性背景下农民合作社的收益分配机制研究》,《农林经济管理学报》2015年第2期。

[72]柯福艳、徐红玳、毛小报:《土地适度规模经营与农户经营行为特征研究——基于浙江蔬菜产业调查》,《农业现代化研究》2015年第3期。

[73]康建英:《农民合作社发展中社会资本流失的成因及对策研究》,《中州学刊》2015年第2期。

[74]《列宁选集》，人民出版社 1995 年版。

[75]林毅夫：《再论制度、技术与中国农业发展》，北京大学出版社 2000 年版。

[76]林坚、黄胜忠：《成员异质性与农民合作社的所有权分析》，《农业经济问题》2007 年第 10 期。

[77]罗必良：《农地经营规模的效率决定》，《中国农村观察》2000 年第 5 期。

[78]陆倩、孙剑：《农民合作经济组织演进轨迹与国际镜鉴》，《改革》2016 年第 12 期。

[79]刘西川、徐建奎：《再论中国到底有没有真正的农民合作社——对〈合作社的本质规定与现实检视〉一文的评论》，《中国农村经济》2017 年第 7 期。

[80]刘有贵、蒋年云：《委托代理理论述评》，《学术界》2006 年第 1 期。

[81]刘洪仁、杨学成、陈淑婷：《科学把握农民分化内涵减少和富裕农民》，《前沿》2007 年第 8 期。

[82]刘灿、黄城：《新型农村土地股份合作社的形成及治理机制——基于四川崇州调研案例的分析》，《四川师范大学学报》(社会科学版)2017 年第 2 期。

[83]刘启明：《家庭农场内涵的演变与政策思考》，《中国农业大学学报》(社会科学版)2014 年第 3 期。

[84]刘凤芹：《"公司+农户"模式的性质及治理关系探究》，《社会科学战线》2009 年第 5 期。

[85]廖成林、孙洪杰：《均势供应链及其利润分配机制探讨》，《管理工程学报》2003 年第 4 期。

[86]廖媛红：《农民合作社的社会资本与绩效之间的关系研究》，《东岳论丛》2015 年第 8 期。

[87]李世杰、刘琼、高健：《关系嵌入、利益联盟与"公司+农户"的组织制度变迁——基于海源公司的案例分析》，《中国农村经济》2018 年第 2 期。

[88]李宪宝、高强：《行为逻辑、分化结果与发展前景——对 1978 年以来我国农户分化行为的考察》，《农业经济问题》2013 年第 2 期。

[89]李文辉、戴中亮：《一个基于农户家庭特征的耕地抛荒假说》，《中国人口·资源与环境》2014 年第 10 期。

[90]李云新、王晓璇：《农民合作社行为扭曲现象及其解释》，《农业经济问题》2017 年第 4 期。

[91]李长健、徐丽峰《村民委员会在土地流转中的职责研究》，《延边大学学报》(社会科学版)2009 年第 4 期。

[92]李俏、李辉：《社会化小农框架下家庭农场发展机制构建研究》，《农村经济》2014 年第 1 期。

[93]李文辉、戴中亮：《新型城镇化进程中的城市土地供给模式研究——来自部

分试点城市的经验》,《惠州学院学报》2016 年第 5 期。

[94]李成贵:《农民合作组织与农业产业化的发展》,《河北科技师范学院学报》(社会科学版)2002 年第 11 期。

[95]李宇、杨敬:《创新型农业产业价值链整合模式研究——产业融合视角的案例分析》,《中国软科学》2017 年第 3 期。

[96]梁雯、陈广强、袁帅石:《"农户——农产品加工中心"二级供应链激励契约研究——基于 Rubinstein 讨价还价博弈模型》,《哈尔滨商业大学学报》(社会科学版)2017 年第 2 期。

[97]楼栋、孔祥智:《农民合作社成员异质性研究回顾与展望》,《华中农业大学学报》(社会科学版)2014 年第 3 期。

[98]刘雨欣、李红、郭翔宇:《异质性视角下农机合作社内部监督缺失问题的博弈分析——以黑龙江省为例》,《农业经济问题》2016 年第 12 期。

[99]卢昆、马九杰:《农户参与订单农业的行为选择与决定因素实证研究》,《农业技术经济》2010 年第 9 期。

[100]陆倩、孙剑、向云:《农民合作社产权治理现状、类型划分及社员利益比较——中国为何缺乏有效的农民合作社》,《经济学家》2016 年第 9 期。

[101]马克思:《资本论》,人民出版社 2018 年版。

[102]《马克思恩格斯选集》,人民出版社 2012 年版。

[103]马华、姬超:《中国式家庭农场的发展》,社会科学文献出版社 2015 年版。

[104]马强:《对于管理的考察——基于马克斯·韦伯的方法》,《现代管理科学》2006 年第 7 期。

[105]孟枫平、尹云松:《公司与农户间商品契约稳定性问题的进一步探讨》,《财贸研究》2004 年第 6 期。

[106]米运生、罗必良:《契约资本非对称性、交易形式反串与价值链的收益分配:以"公司+农户"的温氏模式为例》,《中国农村经济》2009 年第 8 期。

[107]明娟:《工作转换对农民工就业质量影响的实证分析——基于工作原因、行业、城市转换维度》,《湖南农业大学学报》(社会科学版)2018 年第 1 期。

[108][美]诺斯、[美]托马斯:《西方世界的兴起》,厉以平、蔡磊译,华夏出版社 2009 年版。

[109][美]诺斯:《制度、制度变迁与经济绩效》,杭行译,上海人民出版社 2014 年版。

[110]聂建亮、钟涨宝:《农户分化程度对农地流转行为及规模的影响》,《资源科学》2014 年第 4 期。

[111]欧阳昌民:《"公司+农户"契约设计及价格形成机制》,《经济问题》2004 年第 2 期。

[112][匈]波兰尼：《大转型：我们时代的政治与经济起源》，冯钢、刘阳译，浙江人民出版社 2007 年版。

[113]潘旭明：《组织间的合作关系：基于嵌入关系的视角》，《经济学家》2008 年第 2 期。

[114][俄]恰亚诺夫：《农民经济组织》，萧正洪译，中央编译出版社 1996 年版。

[115]秦愚、苗彤彤：《合作社的本质规定性》，《农业经济问题》2017 年第 4 期。

[116]钱贵霞、李宁辉：《不同粮食生产经营规模农户效益分析》，《农业技术经济》2005 年第 4 期。

[117]任帆兴、陈东平：《农村民间借贷行为中农户社会资本匹配研究——关系嵌入视角》，《现代财经》2014 年第 9 期。

[118][英]斯密：《国富论：国民财富的性质和原因的研究》，谢祖钧译，新世界出版社 2007 年版。

[119][美]斯科特：《农民的道义经济学》，程立显、刘建译，译林出版社 2013 年版。

[120][美]舒尔茨：《改造传统农业》，梁小民译，商务印书馆 2009 年版。

[121][日]速水佑次郎、[美]拉坦：《农业发展：国际前景》，吴伟东、翟正惠译，商务印书馆 2014 年版。

[122]苏昕、刘昊龙：《中国特色家庭农场的时代特征辨析》，《经济社会体制比较》2017 年第 2 期。

[123]苏群、汪霏菲、陈杰：《农户分化与土地流转行为》，《资源科学》2016 年第 3 期。

[124]申云、贾晋：《土地股份合作社的作用及其内部利益联结机制研究——以崇州"农业共营制"为例》，《上海经济研究》2016 年第 8 期。

[125]盛亚、范栋梁：《结构洞分类理论及其在创新网络中的应用》，《科学学研究》2009 年第 9 期。

[126]涂满章、詹朝裕、陈敏洁：《地方政府农村土地流转网络治理机制探索——以陕西杨凌示范区为例》，《西安财经学院学报》2018 年第 2 期。

[127][美]威廉姆森：《资本主义经济制度》，段毅才、王伟译，商务印书馆 2011 年版。

[128]万江红、朱良瑛：《中国农民合作经济组织研究：视角、维度及其反思》，《武汉大学学报》(哲学社会科学版)2014 年第 4 期。

[129]温涛、王小华、杨丹等：《新形势下农户参与合作经济组织的行为特征、利益机制及决策效果》，《管理世界》2015 年第 7 期。

[130]万俊毅：《"公司+农户"的组织制度变迁：诱致抑或强制》，《改革》2009 年第 1 期。

［131］伍开群：《家庭农场的理论分析》，《经济纵横》2013 年第 6 期。

［132］王进、赵秋倩：《合作社嵌入乡村社会治理：实践检视、合法性基础及现实启示》，《西北农林科技大学学报》（社会科学版）2017 年第 5 期。

［133］王定祥、谭进鹏：《论现代农业特征与新型农业经营体系构建》，《农村经济》2015 年第 9 期。

［134］王长江：《考茨基和德国社会民主党的土地问题争论》，《当代世界与社会主义》1986 年第 6 期。

［135］王红旗、许洁、吴枭雄等：《中国土壤修复产业的资金瓶颈及对策分析》，《中国环境管理》2017 年第 4 期。

［136］王贤卿：《基于马克思人性理论视阈的人与自然关系探析》，《中州学刊》2011 年第 2 期。

［137］王丽双、王春平、孙占祥：《农户分化对农地承包经营权退出意愿的影响研究》，《中国土地科学》2015 年第 9 期。

［138］王春超、李兆能：《农村土地流转中的困境：来自湖北的农户调查》，《华中师范大学学报》（人文社会科学版）2008 年第 4 期。

［139］文长存、崔琦、吴敬学：《农户分化、农地流转与规模化经营》，《农村经济》2017 年第 2 期。

［140］徐旭初：《中国农民专业合作经济组织的制度分析》，经济科学出版社 2005 年版。

［141］徐勇：《中国家户制传统与农村发展道路——以俄国、印度的村社传统为参照》，《中国社会科学》2013 年第 8 期。

［142］徐金海：《契约的不完全性对"公司+农户"农业产业化组织效率影响的经济学分析》，《扬州大学学报》（人文社会科学版）2000 年第 6 期。

［143］徐忠爱：《"农联模式"的产权结构和治理机制——基于公司与农户契约关系的视角》，《山西财经大学学报》2009 年第 9 期。

［144］徐忠爱：《社会资本嵌入：公司和农户间契约稳定性的制度保障》，《财贸经济》2008 年第 7 期。

［145］徐勇、邓大才：《社会化小农：解释当今农户的一种视角》，《学术月刊》2006 年第 7 期。

［146］徐旭初、吴彬：《异化抑或创新？——对中国农民合作社特殊性的理论思考》，《中国农村经济》2017 年第 12 期。

［147］徐志刚、朱哲毅、邓衡山等：《产品溢价、产业风险与合作社统一销售——基于大小户的合作博弈分析》，《中国农村观察》2017 年第 5 期。

［148］徐娜、张莉琴：《劳动力老龄化对中国农业生产效率的影响》，《中国农业大学学报》2014 年第 4 期。

[149]谢家平、刘鲁浩、梁玲等:《农业社会企业价值网络协同机理:社会嵌入视角的实证分析》,《财经研究》2017 年第 10 期。

[150]谢安民、薛晓婧、余恺齐等:《重建乡村共同体:从村民自治到社区自治》,《浙江社会科学》2017 年第 9 期。

[151]谢治菊:《"三变"改革助推精准扶贫的机理、模式及调适》,《甘肃社会科学》2018 年第 4 期。

[152]薛振莉:《法国农业经济的发展状况及其制度构建》,《世界农业》2014 年第 4 期。

[153]姚洋:《土地、制度和农业发展》,北京大学出版社 2004 年版。

[154]杨成林、屈书恒:《中国式家庭农场的动力渐成与运行机理》,《改革》2013 年第 9 期。

[155]杨柳、万江红:《生产要素、身份特征与家庭农场组织形态》,《改革》2018 年第 1 期。

[156]杨华:《论中国特色社会主义小农经济》,《农业经济问题》2016 年第 7 期。

[157]杨玉波、李备友、李守伟:《嵌入性理论研究综述:基于普遍联系的视角》,《山东社会科学》2014 年第 3 期。

[158]叶祥松:《国外农业组织理论的新发展及其应用》,《甘肃社会科学》2015 年第 5 期。

[159]叶剑平、蒋妍、丰雷:《中国农村土地流转市场的调查研究——基于 2005 年 17 省调查的分析和建议》,《中国农村观察》2006 年第 4 期。

[160]应瑞瑶、唐春燕、邓衡山等:《成员异质性、合作博弈与利益分配——一个对农民专业合作社盈余分配机制安排的经济解释》,《财贸研究》2016 年第 3 期。

[161]周雪光:《组织社会学十讲》,社会科学文献出版社 2003 年版。

[162]周应恒、胡凌啸:《中国农民合作社还能否实现"弱者的联合"?——基于中日实践的对比分析》,《中国农村经济》2016 年第 6 期。

[163]周伟:《管理理论丛林发展研究评介》,《社会科学战线》2008 年第 1 期。

[164]张路雄:《耕者有其田:中国耕地制度的现实与逻辑》,中国政法大学出版社 2012 年版。

[165]张玉利:《创业研究经典文献述评》,南开大学出版社 2010 年版。

[166]张玉利、谢巍:《改革开放、创业与企业家精神》,《南开管理评论》2018 年第 5 期。

[167]张益丰、陈莹钰、潘晓飞:《农民合作社功能"嵌入"与村治模式改良》,《西北农林科技大学学报》(社会科学版)2016 年第 6 期。

[168]张藕香:《农户分化视角下防止流转土地"非粮化"对策研究》,《中州学刊》2016 年第 4 期。

［169］赵光勇：《经济嵌入与乡村治理——来自浙江农村的思考》，《浙江学刊》2014 年第 4 期。

［170］赵娴、刘佳、吕泓成：《法国家庭农场经营特征、发展经验及启示》，《世界农业》2017 年第 11 期。

［171］赵丹丹、周宏：《农户分化背景下种植结构变动研究——来自全国 31 省农村固定观察点的证据》，《资源科学》2018 年第 1 期。

［172］钟真、张琛、张阳悦：《纵向协作程度对合作社收益及分配机制影响——基于 4 个案例的实证分析》，《中国农村经济》2017 年第 6 期。

［173］朱启臻、胡方萌：《新型职业农民生成环境的几个问题》，《中国农村经济》2016 年第 10 期。

［174］郑方、彭正银：《基于关系传递的结构嵌入演化与技术创新优势—— 一个探索性案例研究》，《科学学与科学技术管理》2017 年第 1 期。

［175］Burt R. S., *Structural Holes*, Harvard University Press, 1992.

［176］Graaff R. P. M. D., Vlieger J. J. D., *Vertical Coordination in the Dutch Livestock Industry: Determinants*, *Developments and Performance*, Physica Verlag HD, 1999.

［177］Hayami Y., "On the Use of the Cobb Douglas Production Function on the Cross Country Analysis of Agricultural Production", *American Journal of Agricultural Economics*, Vol. 52, No. 2, 1970.

［178］Hines P., Rich N., "Outsourcing Competitive Cdvantage: The Use of Supplier Associations", *International Journal of Physical Distribution & Logistics Management*, Vol. 28, No. 7, 1998.

［179］Posner R. A., *Aging and Old Age*, Published by University of Chicago Press, 1995.

［180］Williamson O. E., *The Economic Institutions of Capitalism. Firms, Markets, Relational Contracting*, China Social Sciences Publishing. House, 1999.

［181］Shank J. K., Govindarajan V., "Strategic Cost Analysis", *Matsuyama University Review*, Vol. 11, No. 5, 1989.

后　记

　　本书是我在四川大学经济学院读博士期间研究成果的进一步深化和拓展。1998 年我进入四川大学经济学院，开始在经济学这座圣殿求学，一路走来已然过去 21 年。像我这样本、硕、博一直就读于川大的学生，常被戏称为"川三甲"。可能是命运安排，这 21 年正好分成 3 个 7 年。本、硕 7 年在四川大学渡过，毕业后去了西南政法大学商学院工作，等再回到经济学院当学生已然是 7 年之后的事情了，然后又 7 年方才毕业，期间幸得母校和老师不弃，方能完成此书。

　　对中国"三农"问题的兴趣和关注，始于读硕士期间，和我的导师蒋永穆教授有莫大的关系。那个时候蒋老师喜欢带着我们一起去农村做调研，让我这个从小在农村周边长大的城市孩子对农村有了更直观的认识，"说农话、吃农饭、住农家"这三点后来一直是我做研究时对自己的基本要求。读博士期间，我毫不犹豫地选择了继续研究"三农"问题。大方向确定下来，但具体研究主题的选择着实不是件容易的事情。家庭农场、农民合作社、农村集体经济这些好的主题我都曾经尝试过，但始终不得要领。随着党的十九大召开，小农户和现代农业发展的关系问题成为新时代"三农"问题的焦点，这也让我找到了博士论文的选题。小农户自古至今都是中国农村社会的基本单元，也是"三农"问题研究的天然逻辑起点。农业的发展问题、农村社会的发展问题，归根到底都是中国 2 亿多小农户如何发展的问题。正是基于这样的考虑，本书选择小农户和现代农业如何实现有机衔接作为研究的主题。同时，这个选题也侥幸获得了教育部项目的支助，这进一步给了我进行这项研究的动力。

　　蒋永穆教授是我的恩师。师恩如海！老师 21 年的教诲和培养，我很难找到恰如其分的言语来表达感激之情,想想我人生中有一半多的时间有老师照顾,何其幸也!本书从主题选择、大纲结构、内容撰写、修订完稿,老师处处殚精竭虑,悉心指导,其宽阔的研究视野和严谨的治学态度令我受益颇多。书名是选择"路径和政策"还是"机理和政策",老师和我商量甚久,最后决定还是选择"路径"一词。从科学的角度讲,"机理"的研究要比"路径"更复杂、更深入,他建议我还是选择研究"路径"为好,因为对于一个年轻人而言,研究"路径"更容易驾驭和把控,而把对"机理"的研究放在以后进行。此一事足见老师对学问的严谨和对学生的爱护,也为我以后的研究指明了方向。

本书在写作过程中还得到了西南政法大学商学院李苑凌老师的大力支持。作为课题组成员,她协助我完成了资料收集整理和书稿校对工作,也对本书的内容提出了很多真知灼见。

我还要感谢四川省社科院郭晓鸣院长和西南政法大学商学院韩炜教授,他们对本书的框架提出了宝贵意见;感谢黄晓渝师妹,对书中内容提出了很多很好的意见;感谢江玮和周红芳两位同门在写作过程中对我的鼓励和帮助。同时,感谢教育部人文社科项目(18XJC790001)、教育部人文社会科学研究专项任务项目(18JF111)、重庆市哲学社会科学规划项目(2018QNGL25)对本研究成果在资金上的支助。最后,本书得以顺利出版还要再次感谢人民出版社编辑团队的鼎力支持!

当然,本书是对小农户与现代农业有机衔接问题的尝试性研究,难免有疏漏和不当之处,亦有很多值得商榷的地方,这都需要在接下来的研究中进一步探索,不断完善。同时希望本书能起到抛砖引玉的作用,引起更多学者对小农户和现代农业发展关系问题的关注,形成更多更高水平的研究成果。

戴中亮

2020 年 6 月于重庆